税理士実務必携

難問事案のさばき方 第3集

豊富な相談事例からわかる「税法の見方・考え方」

税理士
山田俊一 [著]

ぎょうせい

難問事案のさばき方〈第3集〉
発刊によせて

　今は去ること20年前の平成13年に，東京地方税理士会が設ける税法研究所の研究員に就任してから，長い月日が過ぎました。この間に専門家である会員から，筆者に寄せられた様々な相談事案から，これはと思う事例を取り上げ，実務の参考となればと月刊『税理』に連載する機会に恵まれ，平成25年4月には「難問事案のさばき方」の「初版」を，平成28年11月には「第2集」を，そしてこの度は「第3集」を発刊する運びとなりました。

　筆者が受ける会員からの相談は，相談料の負担を伴うものでもあり，相当に専門的で，判断に困るような内容が多数を占めています。そして高齢化社会を反映したお一人様の遺言執行や，認知症などの法的能力のない方に関わる税務のあり方などが相談されるようになりました。

　相談を受ける実際の場面では，あるときは相談者の考えと全く異なる方向を示す，あるいは課税庁との論争を厭わずに自らの主張を貫くようにその背中を押す，そしてダメ出しをすることもあります。

　相談に対する下調べなどはかなり大変で，骨の折れる仕事ですが，元気な限りこれからも続けていきたいと思っています。

　本書ではこのような相談事案を題材として，実務に参考となる論点を明らかにし，その解決には裁判所や国税不服審判所の判断を用いて，質問への回答に至る道筋を示し，どのように裁くかを記述し，筆者の考えを明らかにしたつもりです。そして令和2年4月に施行された改正民法の定めや，事案の解説に用いた裁判所の判断につき，上級審の判断があるものについては，加筆をいたしました。

　我々が扱う租税法は総合科目，あるいは総合法学と呼ばれています。租税法独自の固有概念を持ちつつ，憲法を始めとする民法・商法・会社法・信託法などで定められている概念を借用しているのがその所以でしょう。本書では租税法の定めだけでなく，問題の解決に当たっては他の分野での要素を加えて記述するように努めました。

　これまでと同様に，それぞれの事案は一回完結の読み切りスタイルで

あるので，関心を持たれた事案から読むことが可能です。

　本書が読者の皆様の業務に役立つことがあれば幸いに存じます。

　最後になりましたが，「第3集」の発刊に当たっては，これまでと同様に㈱ぎょうせいの皆様に大変お世話になりました。紙面を借りて厚く御礼申し上げます。

令和3年5月吉日　　山田　俊一

CONTENTS

難問
File
01

「損害賠償請求権」の相続と，受領した賠償金の課税関係

事例

　相談者の父親甲は，永くチョコレート店舗を展開する乙社の執行役員・菓子職人として勤務し，定年後も70歳まで嘱託として勤務できる制度を利用して現場での指導や，若手の育成担当として活躍していました。退職を間近に控えたある日，高温の製菓材料の容器が転倒し，若い職人を助けようとして，自らが火傷を負って危険な状態となり，緊急に病院に運ばれましたが，3日後に亡くなりました。

　乙社は甲を社葬にて弔い，香典の他に遺族の求めに応じて，慰謝料という名目で5,000万円を支給しました。この乙社から遺族に支給された金員の課税関係を，ご教示ください。

回答

　身体を負傷し，死に至る苦痛を受けたのは甲であり，遺族は甲の受けた損害への損害賠償請求権を相続により承継し，これによって乙社から弔慰金等を受けている。他方，これは甲自らが請求したものでなく，遺族が請求し，乙社が支払いに応じた合意により確定し，甲の死亡時には実在性の乏しい財産であること，また，甲は就労可能年齢とされている67歳を超え，平均余命表を用いた算定方法においても逸失利益は少額にとどまり，その内容は弔慰金と慰謝料であることから，相続税と所得税の課税の洗礼は受けないものと考える。

はじめに

　悲しい出来事である。乙社は社員を安全に働くことができるように努める「安全配慮義務」*1があり，事故の原因はこれを怠ったものとされる。この債務不履行の責めによって，乙社は被害者である甲（遺族）に

対して損害を賠償する責任が生じ*2*3，遺族は損害賠償を請求する権利が生じるとしている。

　ただし，甲は，古稀を迎える年齢であり，今後の就労の蓋然性が少ないことから，賠償額の算定の場面では逸失利益は少額に止まり，その請求の中身の多くは慰謝料請求権となる。

　租税法の世界では，経済的取引や家庭内での出来事を課税の機会として捉え，課税関係が生じる。他方，あらゆる場合に課税関係が生じるかというと，決してそうではなく，財産の移転があってもこれを非課税とする定め*4もあり，また，相続税法では権利や財産そのものが，課税の対象となるかどうかについても，明快な基準は存在しない。例えば，未支給の老齢基礎年金については，受給者の死亡後に遺族がこれを請求し，年金機構の裁定，及び支払通知が遺族名義で行われるため，死亡時に遺族がその請求権を確定的に取得したものでなく，その相続性を否定し，相続税の課税財産としないとされている*5。

　それでは，甲の遺族が受けた金員が，課税の洗礼を受けるか，否かを検討し，回答へのアプローチを試みることとしたい。

Ⅰ　不法行為による損害賠償請求権の相続性

　まずは，本問にいう権利の相続性に関する考え方を整理してみよう。

　民法は896条に，相続の対象となるのは「被相続人の財産に属した一切の権利義務」と定めている。一見すると，非常に明快な基準である。しかし，抽象的な面は否めず，対象となるか，否かの区別は単純ではない。

　甲は，乙社の安全配慮義務違反により身体に損傷を受けていることから，乙社に対して，不法行為（債務不履行）責任の追及として，損害賠償を請求する権利を取得し，これは「不法行為に基づく損害賠償請求権」である。

　しかし，甲は，損害賠償の請求をすることなく死亡している。では，この権利は遺族に承継されるのであろうか。以下の二つの考え方がある。

①　認められないとする説

　甲がすでに亡くなっているため，権利の主体が消滅し，権利を有することは観念できず，よって，死亡の時点で不法行為に基づく損害賠償請

求権も消滅する。旧民法の起草者である梅謙次郎博士と穂積陳重委員の説明からは，次のように理解されている*6。

① 財産的損害に関して，生命に関する権利を有するのは本人である。

② 被害者が死亡した以上は，権利侵害による損害賠償を請求することはできない。

③ 他方，被害者の遺族は固有の権利である扶養請求権の侵害を理由に，その損害賠償を請求することができる。そしてこの説は現在でも有力*7*8であり，この立場を取る下級審の判例も少なくない。

また，このような損害賠償請求権は，裁判や和解などによって確定するまで，その内容や金額が不確定であるので，相続されることはないとする考え方である。

② 認めるとする説

上記の否定説に立つと，①事故によって重傷を負った後に死亡した場合と，②即死の場合とで，両者のバランスが取れないという問題がある。

①の場合は，受傷した後も存命であるため，受傷によって生じた損害賠償請求権は，その請求が可能である。また，生存中に権利が確定すると，これは不確定な権利ではなくなり，この請求権は相続の対象となる。

他方，②の場合は，何らの賠償請求もできずに被害者が死亡し，加えて債権額が定まらない不確定な状態に止まるので，相続の対象に当たらないとせざるを得なくなる。①に比べて②が明らかに違法・不当の度合いが大きいにかかわらず，即死の場合の方が被害者の保護ができない，他方，加害者にとっては，①よりも②の場合にその賠償責任の程度が著しく軽くなり，不均衡・不合理な扱いになるという問題である。

上記の批判に応えるために，その後に裁判所は即死と受傷後の死亡とを問わず，相続説を採用するようになり，学説もこれを根拠づける努力がなされ，現実の裁判実務（司法政策）を重視する，傷害との均衡，国民感情，加害行為の抑止などの観点から，これを認める肯定説*9がある。

③ 裁判所の判断

(1) 先例とされる大審院*10の大正15年2月16日判決*11

① 事実の概要

荷物の運搬業を営む45歳のJが，荷車を引いて信越線北塩尻駅付近の

遮断機の下りていない踏切に入り，進行してきた汽車に触れて即死した。Jの家督相続人は，踏切看守が職務を怠ったのが原因で，この加害行為により生じた損害は賠償すべき義務がある，家督相続により損害賠償請求権を承継したとして，逸失利益として498円の支払いを求めて，訴訟を起こした。

被告の国は，踏切は閉鎖されていた，Jが無理に侵入したものである，また，Jは即死であり，死亡と同時に人格権が消滅して，Jには損害賠償請求権は生ぜず，家督相続によって損害賠償請求権を承継する理由はないとして争われた事件である。

② 判決の大要

大審院は，Jは受傷後，亡くなるまでには観念的に時間的な間隔があり，その際にJには損害賠償請求権が生じて，死亡により権利が相続されると判示し，これを時間間隔説*12と呼んでいる。

「他人に対し即死を引起すべき傷害を加えたる場合にありても，その傷害は被害者が通常生存し得べき期間に獲得し得べかりし財産上の利益享受の途を絶止し，損害を生ぜしむるものなれば，傷害の瞬時に於て，被害者に賠償請求権が発生し，その相続人は当該権利を，承継するものと解するを相当とする」

この後，大審院は昭和3年3月10日*13に，次の判断を示している。

前述の事件と同じ鉄道事故に於いて，死亡した職員の遺族が雇用主である国を相手に，その損害賠償や慰謝料を求めたのに対し，上記の時間間隔説ではなく，遺族の救済については，遺族自身の慰謝料請求権が認められているので，これにより行うべきとし，被相続人の死亡によって相続人が原始的に取得するという考えを示した。

しかし，その後の裁判所の判断は，再び時間間隔説に戻っているようである*14。

(2) **最高裁判所　昭和42年11月1日判決*15**

(1)でみたように，不法行為（債務不履行）に基づく損害賠償請求権は，遺族に相続できるとするのが通説・判例である。

他方，負傷による「精神的苦痛」に対する慰謝料請求権は，被害者の一身に専属する権利であるとする考えがある。しかし，このような事件の遺族への救済に配慮し，裁判所はなるべく相続の対象となるように，

被害者が損害賠償請求の意思表示をすれば，その後はこの権利は相続されるとするなどの工夫*16をこらしていた。この救済の立場を広げるかのように，被害者は損害の発生と同時に慰謝料請求権を取得し，その遺族は当然に慰謝料請求権を相続するとしたのが，本判決である。

① 事実の概要

自転車にて走行していた A は，X 社の社員が運転する X 社保有の大型トラックに衝突されて重傷を負い，数日後に死亡した。A の兄弟姉妹らは，A の死亡による慰謝料は60万円が相当であるとして，その支払いを求めた事件である。

② 裁判所の判断

第一審*17は請求を棄却，控訴審*18も「生命侵害等による慰謝料請求権の行使が被害者の一身専属の権利であることは，大審院の判例が示すとおりであって…，A は事故当日…から…死亡の日までの間において慰謝料請求の意思を表明……したとの主張をしないし，そのような事実を認むべき証拠もない」と判示して請求を棄却した。

上告審*19は，次のように述べて原審の判断を破棄し，差し戻した。

(ア) ある者が他人の故意過失によって財産以外の損害を被った場合には，その者は，財産上の損害を被った場合と同様，損害の発生と同時にその賠償を請求する権利即ち慰謝料請求権を取得する。

(イ) 権利を放棄したものと解する特別の事情がない限り，これを行使することができる。

(ウ) 損害の賠償を請求する意思を表明するなど格別の行為をすることを必用としない。

(エ) 被害者が死亡すると，その相続人は当然に慰謝料請求権を相続するものと解する。

以上に見たように裁判所は，遺族の補償を重視して相続説を採用し，その後もこれを維持し，前述の昭和42年の最高裁判決にて被相続人の意思表示も要さないとする，当然相続説を採用するに至り，最高裁のレベルでは確立した判例の見解と解されている*20。

Ⅱ 租税実体法における損害賠償金の扱い

次に，相続税法（以下，相法という）の定めを眺めてみよう。

1 実体法の定め

相法2条に「相続又は遺贈により取得した財産の全部に対し，相続税を課する」とある。そうすると課税要件は「相続又は遺贈」により取得したものであること，及び「財産」といえるものであることの二つである。

しかるに，相法には「相続」・「財産」の定義規定は存在しない。そのため民法の定めを借用して用いることになる。民法896条は一身専属権を除いて，相続人は相続開始日に被相続人の財産に属した一切の権利義務を承継すると定める。これを相法に当てはめると，一身専属権に属するものか，否か，そして遺族が得た損害賠償金が，相続によって承継して取得したものかどうか，否かを判断することになる。

大審院や最高裁の扱いが，財産と精神的な損害に対する請求権は遺族の救済を広げるという背景もあって相続によって遺族に承継するとの立場である。これに従うと本問の遺族が受領した金員も相続によって取得した財産（金銭債権）となり，相続税の課税の洗礼を受けることになる。

他方，相続税は相続人などが被相続人から相続・遺贈により無償で取得した財産に対して，これを課税の機会と捉えるものであるため，その財産は抽象的なものでなく，具体的な財産で金銭に評価することが可能でなければならない。これを見るに生命侵害による損害の代償額は，それぞれの被害者の状況により区々であり，簡便に画一的に評価することは困難であると思われ，また，精神的な損害に対する慰謝料は被害者の一身専属権であるから，その譲渡性を否定する説もある*21。すなわち，確実な財産と言い切れないのである。このように考えると，裁判所の言うように，全てを相続によって取得したと考えてよいのかどうかの，疑問が生じる。

2 課税庁の見解

課税庁の扱いは，次に紹介するように裁判所の扱いと異にし，租税法独自の考えを採用している。

(1) 個別通達

資産税の解説書*22を紐解くと，参考法令として「昭和57年5月17日直資2－178（相続税法基本通達の一部改正に伴う相続税等関係事務の運営について）が掲載されている。いまでは公表されていないが，内容

は次のとおりである*23。

① 被害者の生命侵害に基づく損害賠償金

　事故等の不法行為による生命侵害があった場合に，これに基づく損害賠償請求権は，遺族及びその被害者（被相続人）自身について生じると解されているが，相法上は，これらを区別せずに，全て遺族固有の請求権に基づくものとして相続税の課税価格に算入しない。

② 被害者の財産損害に対する損害賠償金

　標記の財産的損害*24に対する損害賠償金は，通常の金銭債権と同様にその損害賠償請求権が相続されるので相続税の課税対象とする。

(2) タックスアンサー*25

　上記(1)は現在でも変わらずに扱われ，次のように公表されている。

「交通事故の加害者から遺族が損害賠償金を受けたときの相続税の取扱い」

　被害者が死亡したことに対して支払われる損害賠償金は，相続税の対象とならない。この損害賠償金は遺族の所得になるが，所得税法上非課税規定があるので，原則として税金はかからない。

　なお，損害賠償金の受領が被害者の生存中に決まったが，未支給のうちに死亡した場合は，その権利は金銭債権となり，相続税の対象となる。

Ⅲ 本問への当てはめ

① 課税庁の扱いへの私見

　前述したように，相法 2 条の解釈について課税庁は，大審院や最高裁の扱いと異なり，被害者の死亡に伴う損害賠償請求権は，遺族固有の権利と扱っている。この扱いの背景を考えてみよう。筆者の私見にとどまるが述べてみたい。

① 大審院や最高裁の判決は，遺族の事後の生活保障や，その救済に力点を置き，その趣旨に沿った損害賠償額の算定ができるように配慮した政策的な事情が背景にあること。

② 被害者自身の精神的な損害に対する慰謝料請求権は，立法者の梅謙次郎博士の説をはじめとして，これは一身専属権であるとする学説が有力であり，下級審では相続性を否定する判決が相当にあること。

③ 被害者自身は既に死亡しているため，損害賠償の交渉にあっては遺

族がこれに当たることになり，被害者自身が生前に形成した実在性の
ある財産とはいえないこと。

④　損害賠償請求の協議は，時には長期にわたること，また，遺族がこ
れをしない場合も否定できない。よってその評価も定まらず，財産と
しての実在性に疑問が残る。

⑤　以上のことから，民法711条の考えを取り入れて，遺族が固有の権
利として損害賠償請求権を有するものとし，相続税ではなくして，権
利が具体化して現実に金銭の授受が行われた時を課税の機会とし，所
得税の範疇に含めるのが相当である。

このように考えると，課税庁の扱いは合理的となる。そうすると甲の
遺族が受けた賠償金が，遺族自らが固有の権利として請求したものとな
り，相続によって継承したものとはならない。

②　遺族が受けた賠償金の内容

本問の金員に甲の逸失利益が含まれるか，否かを見てみよう。

甲は再雇用の期間が満了する直前の嘱託であり，また，甲も今後は引
退するとの意思であったので，事後の就労の蓋然性はないとされ，逸失
利益はないものとして賠償額が決められていた。また，交通事故に際し
ては，自賠責保険からは慰謝料が支給される（相続人の数で変動し，最
大で1,350万円*26）ことから，甲の遺族が受け取った5,000万円は，甲
の財産的損害でなく，甲自身と甲の遺族が受けた精神的な苦痛に対する
慰謝料となるものと考える。

よって，所得税法9条により非課税となる。

以上により，本問の遺族が受けた金員は，相続税と所得税の課税の洗
礼を受けない。

> ## おわりに

裁判所の判断と異なる課税上の扱いの，その論理的な背景を考えると
いうのは，筆者の能力を超え，手に負えない場面である。これを承知し
て十分ではない私見を述べてみた。民法と租税法とでは，その扱いが異
なる場面があり，興味深いところである。さらに深めるには，「不法行
為」とこれに伴う損害賠償の実務を学修しなければならない。機会を見

て，更に検討したいと考えている。

注釈

* ＊1　平成20年3月施行の労働契約法5条（労働者への安全への配慮）。判例では労働契約に具体的に定めがなくても，信義則上，雇用主は当然に労働者を危険から保護するように配慮する安全義務を負うとされている。この代表例として，陸上自衛隊事件（最（三小）判昭50.2.25・民集29巻2号143頁）があり，隊員が車両の整備中にバックしてきた車両に轢かれて死亡し，遺族が国に対して損害賠償請求をし，裁判所がこれを認めている。
* ＊2　民法709条
* ＊3　民法710条
* ＊4　所法9条，相続税法8条など。
* ＊5　最判平7.11.7・民集49巻9号1829頁（LEX/DB 文献番号27828271）
* ＊6　高橋眞「生命侵害による損害賠償請求権の相続性」（別冊ジュリ No.176）202頁
* ＊7　加藤一郎『不法行為』〔増補版・法律学全集22ーⅡ〕（有斐閣，昭和49年）260頁
* ＊8　田井義信「慰謝料請求権の相続性」（『民法判例百選Ⅱ債権』〔第6版〕（有斐閣）194頁，高橋眞「生命侵害による損害賠償請求権の相続性」（別冊ジュリスト No176）202頁を参照
* ＊9　前掲＊8参照
* ＊10　大審院　明治から昭和22年まで設置され，現在の最高裁に相当する。
* ＊11　生命侵害による損害賠償請求権の相続性事件（大審院民事判例集5巻150頁）
* ＊12　橋本守次『三訂版　実務家のための資産税重要事例集』（大蔵財務協会）158頁
* ＊13　大審院民事判例集7巻152頁
* ＊14　前掲＊12・158頁
* ＊15　最（大）判昭42.11.1・民集21巻9号2249頁
* ＊16　被害者がいまわの際に「残念・残念」と言ったことを意思表示と認定して，その相続性を認めた「残念事件」と呼ばれる大審院昭和2年5月30日判決などがある。
* ＊17　宇都宮地判昭38.4.6・民集21巻9号2271頁
* ＊18　東京高判昭38.9.17・民集21巻9号2274頁
* ＊19　最（大）判昭42.11.1・民集21巻9号2249頁，判タ211号224頁
  判決は9対4で，奥野健一裁判官の補足意見，大審院判決の見解に基づく田中二郎，色川幸太朗裁判官の反対意見，慰謝料請求権の一身専属性を主張する松田二郎，岩田誠裁判官の反対意見がある。差戻審（東京高判昭43.5.13・判時531号29頁）では相続人に10万円の慰謝料が認められた。
* ＊20　松倉耕作・後藤昌弘『相続判例ガイド』（有斐閣，平成8年）48頁
* ＊21　前掲＊7・254頁

＊22　資産税実務研究会編『ケース・スタディ資産税実務の手引き』（新日本法規出版）713頁

＊23　布川博「交通事故など生命侵害に対する損害賠償金と相続税」（参考 URL：www.nunokawa.co.jp/songai2011.pdf）に，この通達が収録・紹介されている。

＊24　被害者の逸失利益を含まず，例えば事故により破損した商品，建物，車両などの物的存在物と解されている。

＊25　国税庁 HP　タックスアンサー　No. 4111（平成27年 4 月 1 日現在法令等）

＊26　国土交通省 HP・自動車総合安全情報より

遺言の内容と，準確定申告における国税債務の承継割合

事例　既に後継者の長男乙に事業を任せて，会長職にあった関与先の創立者甲が年末に亡くなりました。甲の配偶者は既に亡く，子は乙の他に嫁いだ長女丙がいます。甲は丙に対し婚姻の際に資産を分け与え，その後も丙の子である孫達の学費を負担するなど，生前にかなりの贈与をしていました。このような背景もあって，創業した会社の株式など，その全てを「乙に相続させる」旨の遺言を残し，丙についての記述はありません。しかし，業績の良い会社の株式の評価額はかなり高価であり，丙から遺留分の侵害額の請求があるものと予想されています。

ところで甲には昨年に譲渡所得があり，準確定申告による所得税は約5,000万円です。これは乙丙が承継することになります。このような甲の遺言がある場合に，この納付すべき所得税は，どのような割合で乙丙に承継させるべきでしょうか。また，丙による侵害額の請求があった場合は，どうなりますか。

回答　本遺言が甲の遺産の，相続分の指定をしたものと解されるときは，その相続分が乙100％，丙０％であるため，未納所得税の全額を乙が承継する。これに対して，本遺言は相続分の指定ではなく，単なる遺贈，又は遺産分割の方法を指定したものと解されると法定相続分により，乙と丙が承継することとなる。

このように遺言の内容をどのように理解するかによって扱いが異なる。納税者が前者の扱いをしても，租税債権者である課税庁が後者と解し，無申告加算税と延滞税の賦課処分がされる可能性が存在する。したがって，後々の税務トラブルを避けるため，準確定申告に当たっては，法定相続分に従った申告と納付を行い，相続人内部の扱いとして，その後に

遺留分侵害額の算出と具体的な弁償をどうするかの場面にて，相続債務の負担割合を協議して，問題を解決するのが実務の知恵と考える。

はじめに

　遺言により，全ての財産を乙に相続させる旨の指定があった。この場合における被相続人に係る租税債務の承継割合と，その後に遺留分権者丙の遺留分侵害額の請求権が行使されると，その効果が租税債務の承継割合に影響を及ぼすかどうかの質問である。

　結論を急いで表現すると，遺言の内容が国税通則法5条2項（以下，国通法という）にいうところの「相続分の指定」に当たるかどうかが，判断の別れめである。そして遺留分侵害額請求権の行使が，この判断に影響を与えることはないのである。しかし，そうはいっても遺留分の侵害額はどのように算出されるのかどうか，これに相続債務の扱いがどのように関連するかは，理解の前提として押さえて置きたいところである。

　また，財産の承継手続きである相続に際しては，可分債権[*1]と可分債務[*2]につき，その承継割合は法定相続分に従うとする扱い[*3]と，これと異なる柔軟な分割と承継方法が行われている実務にはかなりの違いが存在する。これに加えて，国税債務の承継を定める国通法は，法定相続分，または遺言による指定された相続分とするとのみ定め，その内容については詳しい説明がない。要するに不明確な状態が現況である。そこでこの悩ましい問題への理解を助けるため，最初に裁判所で示された遺留分額の算定方法，及び可分債務である相続債務の扱いを全部包括遺贈方式[*4]により紹介し，これを踏まえて遺言の内容が国通法にいう相続分の指定に当たるかどうかの検討を行うことにしたい。

Ⅰ　遺留分侵害額の算定方法（最高裁平成8年判決）

　それでは理解の前提となる遺留分侵害額の算定方法をお温習いしておこう。

　遺留分は民法改正後は1042条〜1049条（2017年改正）により，以下の表のとおりに算定すべきとされている。

▨　全部包括遺贈

●図表－1

$$\boxed{\begin{array}{c}遺留分の\\侵害額\end{array}} = $$

{（相続開始時の財産）＋（贈与財産）－（債務）}
× （遺留分割合）× （法定相続割合）
－ （取得財産）＋ （相続債務）
↓
議論の的

　図表－1の遺留分侵害につき最高裁[5]は，被相続人がその財産の殆どを占める不動産を先妻の子に遺贈（全部包括遺贈）したことに対し，後妻とその間の子が遺留分の減殺請求を行い，遺留分の割合の確認と，持ち分割合による不動産の所有権移転登記を求めた事件[6]において，上記の表のとおりに算定すべきと判示（以下，「平成8年判決」という）し，可分債務である相続債務は法定相続分に応じて，各相続人が債務者となるので，その「負担すべき相続債務額」を侵害額に加算すると明らかにしている。

　算式にあるとおりに負担する債務を侵害額に加算しても，マイナスの債務とプラスされる債務相当額とが相殺され，いわば静止状態にある相続開始時の財産全体に占める遺留分権者の取得割合は変化しない。しかし，遺留分減殺の目的物が不動産であって，収益物件である場合は，将来に得られる利益が誰に帰属するかというかなり深刻な問題が生じる。次にその争いを見てみよう。

Ⅱ　全部を一人の相続人に「相続させる」旨の場合

　全部包括遺贈の事件を扱った「平成8年」判決は，相続債務は当然に分割されるとしたが，遺言が相続人の一人にその全部を「相続させる」という場合はどうであろうか，以下の事案を眺めてみよう。

1　裁判所の判断

(1)　第一審及び控訴審[7]

　第一審は，平成8年判決に従い遺留分侵害額は187万円とし，Xは不動産に侵害額の共有持ち分を取得するが，遺言によりYの相続分が全部と指定されているため，相続債務も全てYが承継して，Xが負担す

●図表－2　最（三小）判平成21年3月24日

当事者の関係図及び事実

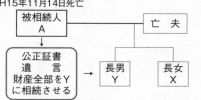

H15年11月14日死亡

Aの遺産
①　13階建の共同住宅建物とその敷地など 4 億3,231万円
②　借入金など 4 億2,483万円（95％は①不動産に伴う借入金）
③　①－②＝748万円

※　XはYに対し，遺留分減殺請求を行使する旨の意思表示を行った。

※　Yは相続を事由とする所有権移転登記をした。

遺留分の侵害額
Yの主張　　③×遺留分割合1/4＝187万円（価額弁償する）
　　　　　　遺言により相続債務を全てYが負担する。よって遺留分の額に相続債務を加算することは許されない。
Xの主張　　③×1/4＋②×1/2＝2 億1,428万円 ← ④
　　　　　　可分債務の②は法定相続分により分割され，Xも1/2の割合で負担する。よって④/①相当の共有持分権の移転登記を求める。
　　　　　　（最判平成 8 年11月26日（以下，平成 8 年判決という）を引用）

べき債務は存在しないとして，その請求の一部を認容したが，その他の請求は全て棄却した。控訴審においても地裁の判断は支持され，Xの請求は棄却された。

　これに対し，Xは本件遺言の解釈から，
　ⅰ　Yに対して相続債務を含めた指定をする意思は読み取れない
　ⅱ　原審は相続債務を加算すべきとする「平成 8 年判決」を引用しながら，「加算すべきでない」とするが，これは判例違背にあたる
　ⅲ　相続債務の返済後は，月額1,000万円の賃料を取得できるいわゆる事業用の借り入れ事案に原審の結論を認めると，遺留分制度を潜脱する
などを理由として上告の申し立てを行った。
(2)　上告審*8（以下，平成21年判決という）上告棄却
　ⅰ　「相続させる」旨の遺言は，「相続分の指定」（902条）を伴った「遺産分割方法の指定」（908条）と解する*9。
　ⅱ　遺言による相続債務の相続分の指定は，「相続債権者」の関与がないため，相続債権者には効力は及ばない。
　ⅲ　本遺言のように，相続分の全部が一人の者に指定された場合，…

…特段の事情がない限り，その者に相続債務もすべて相続させる旨の意思が表示されたと解すべきであり，相続人間ではその相続人が指定相続分の割合に応じて，相続債務を全て承継することになると解する。

iv このような場合は，遺留分の侵害額の算定に当たって，遺留分権者の法定相続分に応じた相続債務の額を，遺留分の額に加算することは許されない。

すなわち，平成8年判決の相続債務を当然分割されるという立場を前提としつつ，本遺言のように財産の全部を「相続させる」場合は，指定相続分を取得した相続人以外の相続人には負担すべき債務の割合がゼロとなるため，遺留分侵害額の算定に当たっては，相続債務を加算することはできないとしたものである。

平成8年及び平成21年判決の，遺留分侵害額算定方法の相違点は，可分債務の扱いであり，前者は法定相続分割合を侵害額に加算する，後者は特段の事情がない限り相続債務も一人の相続人に承継させる意思が表示されるとして侵害額に加算しないとすることである。このように，遺留分の減殺請求がなされた場合には，遺言の中身をどのように解するかによって，遺留分の侵害額が異なり，遺留分権者が取得することを求めた財産を，得ることができるかどうかという問題が生じ，争いの原因になるのである。

Ⅲ 国通法による「指定相続分」割合が争われた事例

上記は遺留分侵害額の算定方法と，可分債務の相続債務の負担についてのお温習いであった。これらの知識を前提にして，本題である遺言の内容が，国通法に定める「相続分の指定」に当たるかどうかの検討を始めよう。

① 東京地裁平成2年2月27日判決*10（以下，平成2年判決という）

この事件は遺留分減殺請求により受遺者である同族会社K社が，価額による弁償を行ったところ，遺贈の対象となった土地にかかる被相続人Aの譲渡所得の算出上で，譲渡収入金額から価額弁償金を控除するかどうか，また，受遺者の法人税法における土地の受贈益の評価，及び価額弁償金の損金性について最高裁*11まで争われた有名な事件であり，

相続人はAの子である7名　　　　Aより同族会社K社が
　　　　　　　　　　　　　　　建物を譲り受けて所有

S58年5月20日死亡

```
┌──────────┐
│ 被相続人    │
│ Aの遺言    │
└──────────┘
     │
     ▼                  ┌────────────────────┐
┌──────────────┐  ───▶ │ 相当地代の賃貸借          │
│ 残余の遺産全部を  │      │ Aの死亡により建物の敷地を   │
│ 相続人のうち，B・C │      │ 遺贈により取得した         │
│ の二人に相続させる │      └────────────────────┘
└──────────────┘
     │              ※　所法59条によるみなし
     ▼                   譲渡課税を申告済みである
                     ※　相続人の一部がK社に減殺請求し，
                         価額弁償して，土地の返還義務を免れる

┌────────────────────────────────────┐
│ 国通法5条所定の「相続分の指定」に当たる                 │
└────────────────────────────────────┘
   課税庁
┌────────────────────────────────────┐
│ 「相続分の指定」はない。→ 法定相続分による按分計算         │
└────────────────────────────────────┘
```

その争点のひとつに国通法にいう「相続分」の指定の解釈が含まれて，先例となっている。

●裁判所の判断

　図表－3の「残余財産は相続人のうちのB・Cにのみ相続させる」とは，その二人に各二分の一の割合での相続分の指定であるとする原告の主張に対し，裁判所は次のとおりに判示してその主張を斥けた。

i 　相続分の指定とは，遺言等により遺産全体に対する分数的割合を持って相続人の相続分が表示されている場合をいうと解する。

ii 　本件遺言は公正証書によるもので，K社に対する遺贈の他に甲土地をBに，その余の一切の財産をCに相続させるものであり，これは遺贈又は遺産分割方法の指定にほかならない。

iii 　したがって，原告の主張するBC両名について各二分の一の相続分の指定をしたものとは到底解されずに，民法900条の法定相続分によるべきである。

　すなわち相続分の指定というには，遺言の表示において遺産全体に対する分数的割合を表すべきである，そうでない場合は遺贈あるいは遺産分割の方法の指定に当たり，これは国通法にいう「相続分の指定」とい

えないとする判断である。

上記の判決から随分と年月が経過した平成25年の，国通法5条に関する判決である。

●**裁判所の判断**

東京地裁は，本遺言が相続分の指定をしたものであるか否かについては，「相続させる」旨の遺言は，民法908条にいう遺産分割方法を定めた遺言であり，何らの行為を要せず，被相続人の死亡の時に遡って直ちに当該遺産がその相続人に相続によって承継されると判示した最高裁平成3年4月19判決（いわゆる香川判決＊13，以下，平成3年判決という）を参照し，以下のように説示して原告の請求を認容（確定）した。

① 相続分の指定

　i　本遺言は，公正証書及び自筆証書の2次にわたってされ，生前のAの意思はこれらの遺言をもって尽くされている。これによりAの全ての遺産はAの死亡時に直ちに，本遺言で定めた他の（X以

●図表－4

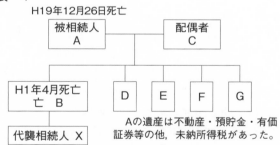

　※　Aは平成3年1月に公正証書遺言を，その後の平成5年4月に自筆証書遺言で書き直し，平成20年3月に家裁にて検認済み
　※　本遺言（公正証書，自筆併せた内容）は，Aの有していた全ての財産をX以外の相続人に「相続させる」旨のもので，Xの相続分はない（ゼロ）とするものであった。
　※　Xは相続分がゼロであり，未納所得税は承継しないとして，申告せず。平成20年3月26日に他の相続人に対して減殺請求。
　※　課税庁は法定相続分により租税債務を承継すべきとして，Xに対して決定と無申告加算税の賦課処分を行った。
　※　Xはこの決定と処分の取り消しを求めて提訴した。

外の）相続人のいずれかに承継される。

ⅱ　上記ⅰによりＡの全ての遺産を他の相続人らが承継すると，おのずとＸはＡの遺産を承継する余地は奪われることになるのは明らかとなる。

ⅲ　そうすると本遺言は，Ａの共同相続人であるＸの相続分は零と定めたものと認めるのが相当である。

② 国通法にいう相続分

ⅰ　本遺言はＸの相続分は①によりゼロと定めるもので，これは民法902条の相続分の指定に当たる。

ⅱ　Ｘが承継するＡの所得税債務の額は，国通法の規定に従い，Ａの所得税の額に零を乗じて計算した額の０円となる。

　国通法５条に関する二つの判例を眺めたが，「相続分の指定」の意義について平成２年判決は，遺言そのものに分数的割合を記載するものと判断している。これに対して平成25年判決は，平成２年判決の後に出された平成３年判決を用いて，平成２年判決に対して正面から対抗することなく，正反対の結論を導いた。遺言には相続分の分数的割合の記載がないが，遺言のいわんとするところの実質的な被相続人の意向を斟酌したものといえよう。

Ⅳ　本問への当てはめ

　本遺言は，乙に財産全てを相続させるとあり，丙については何ら触れることのないものである。この内容を平成25年判決に基づいて眺めてみると，相続債務についても乙が全てを承継するものと理解し，その結果，丙の承継すべき相続債務はゼロとなり，準確定申告にて確定する甲の租税債務を承継しないという扱いになる。

　他方，平成２年判決は遺言の実質内容を読み取るものではなく，遺言書に分数的割合を明記したものが「相続分の指定」に当たると判示していることから，両者の判決の乖離する距離を，無視できるかどうかという懸念が残る。つまりは遺言の中身をどのように見るかについて，遺言とおりの「相続分の指定」によるか，あるいは一般の可分債務と同様に，法定相続分で当然に承継するとの扱いに分かれるのである。そうすると，遺言内容をどのように理解するかの違い，すなわち単なる遺贈・分割方

法の指定・相続分の指定とするかの違いによって，後に課税庁の処分を招き，思わぬ課税処分，すなわち無申告加算税などの負担が生じる可能性が残ると考える。

　よって，より安全な方法として法定相続分の割合にて申告し，乙丙の両名にて別々に納付を行う，そして相続人内部の問題として，遺留分侵害額の算定の協議に併せて租税債務負担割合を調整するのが，現実的な解決となる。

おわりに

　被相続人の租税債務は，遺産分割協議に先立って，遺産のうちから納付するのが本来の姿であり，国通法5条3項もこのような趣旨にあると読めるところでもある。

　遺言の内容の理解の相違によって，租税負担が異なるというのはいかにも法的安定性に欠けるものであろう。混乱を避けるには対外的な租税債権者である国は，租税の安定徴収の見地からも，法定相続分にて各相続人に負担を求め，実際の相続取得割合による租税債務負担を選択する場合は，事後的な調整，すなわち相続人間の協議に委ねるのも一つの方法であると考えるが，いかがであろうか。

　遺言の内容が法定相続分の範囲内での遺産分割方法の指定になるのか，法定相続分を変更する相続分の指定となるのか，あるいは単なる遺贈となるかの判定は，遺言者の意思がどこにあったかということからも，大変悩ましい問題なのである*14。

注釈

＊1　金銭債権などのように，目的物を分割しても，その性質や価値が損なわれない債権
＊2　価値や性質を損なわずに分割して，履行することができる債務
＊3　可分債権（預貯金）は法定相続分により当然に分割され，遺産分割の対象外とする従来からの最高裁の判断（ただし，相続人の合意により分割の対象とすることも可能であり，一般的にこれが行われている）は，最大決平成28年12月19日により，普通預金，通常預金，定期預金債権のいずれも相続開始と同時に相続分に応じて分割の対象となると判示された。これにより民法も改正されて

いる。その後，最高裁は平成29年4月6日判決にて「共同相続された定期預金
債権及び定期積金債権は，いずれも相続開始と同時に当然に相続分譲渡に応じ
て，分割されることはない」と判示し，定期預金や定期積金についても，普通
預金などと同様に，当然分割とはならないことが，確認されている。

＊4　この場合の遺言書の記載は，例えば「遺言者の有する一切の財産を○○○に
与える」であり，遺産分割協議を要さずに，受遺者が全ての財産を承継する。
複数の受遺者に割合を示して遺贈する場合は，例えば「…一切の財産を配偶者
に1/2，子である○○及び△△に1/4の割合で与える」となり，遺産分割協議を
して各相続人の承継する遺産を決める必要がある。

＊5　最（三小）判平8.11.26・民集50巻10号2747頁，家月49巻34頁，判時1592号66
頁

＊6　民法改正により，遺留分侵害額は金銭債権とされ，本判決のように遺留分の
目的物を不動産とすることはできなくなった。

＊7　福岡地裁平成19年2月2日判決・控訴審福岡高裁平成19年6月21日判決

＊8　最判平成21年3月24日・民集63巻3号427頁

＊9　最判平成3年4月19日・民集45巻4号477頁　以下，本文では平成3年判決と
いう。

＊10　訟月36巻8号1532頁　LEX/DB文献番号22004003　この判決は藤岡祐治助教授
によってジュリスト平成27年6月号の租税判例研究No509「遺留分減殺請求と
国税通則法5条2項の「相続分の指定」にて紹介されている。本稿でもその紹
介を参考にさせていただいた。2017年改正前の事件である。

＊11　最高裁平成4年11月16日判決・訟月39巻8号1602頁

＊12　裁判所HP　平成24年（行ウ）第104号　所得税の決定処分及び無申告加算税
の賦課決定処分取り消し請求事件

＊13　民集45巻4号477頁，裁判所HP

＊14　平成2年判決に対する調査官解説・訟月36巻8号1537頁

税理士の説明責任

　関与先から，その友人の方の相続税の申告を依頼されました。故人は元公務員で相続人である依頼者は妻とサラリーマンの兄妹です。増税前であれば小規模宅地特例により，申告は要するものの納税額はほとんどない案件で，私の事務所が用意したリーズナブルな料金システムを利用され，必要な資料は自らが用意するとの申し出をされています。

　そして遺産の中に傾斜地であるため利用されていない土地（図表－1を参照）があります。宅地として利用するには，盛り土及び土留の擁壁を設ける必要があり，故人は生前に工事の見積もりを依頼されていました。それによると約1,800万円弱を要します。他方，財産評価基本通達に定める標準的な造成費は僅かな金額にとどまります。私は見積額を用いて評価する予定で，課税庁との論争も厭わないつもりです。しかし，課税庁より更正処分を受けた場合に，今まで税理士と接したことのない依頼者から，損害賠償のクレームが出ないようにしたいと考えています。私の報酬額も多くを望めない案件であり，あまり手間をかけたくないのが本音ですが，どこまで詳細に説明すればよいのか，ご教示願います。

●図表－1

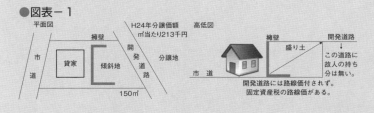

依頼を受けるに当たって契約書を交わし，依頼者から提示された見積書などの必要な資料が真正，かつ，有効なものであるとの前提に立って，税務の扱いを判断することを記載する。次いで，土地の評価に関する説明書を作成し，造成費につき，実際の見積額と課税庁の定める金額による場合の，負担すべき税額の違いを明らかにする。

そして申告内容につき，課税庁との見解の相違が生じる虞があること，加えて交渉や協議，あるいは争訟の結果によっては，追徴税額と加算税及び延滞金の負担が生じることを明記し，依頼者はその負担を承知する旨を明らかにしておくことが，大事なトラブルの防止策となる。

はじめに

増税によりこれまでは相続税の申告を要しなかった階層の方々も新たな顧客層*1となった。これに対する我が業界の対応はどうであろうか。ネットで検索すると相談は無料，そしてリーズナブルな料金設定を提示するなど，納税者（サービスの消費者）へのアプローチが盛んである。しかしである，この階層の方々は税理士との付き合いも少なく，まして課税庁との接点も殆どないと思われる。そして一生に一度あるかないかの相続税の申告は，専門家の税理士に依頼すると，全てお任せして一件落着であり，その後の課税庁の調査や，その結果による税額などの追徴があることなどは，予想もされないのが実情である。

他方，相続税実務は課税される遺産の範囲や土地の評価などは，それぞれの特有の事情があって簡単なものでなく，悩ましい事案も少なくないのである。税務調査への対応に加えて，追徴などの事態になると，納税者とのトラブルが起きる虞が潜んでいるのである。そうすると，後の面倒はできるだけ事前に避ける，実際に紛争となった場合に備えて有効な防御ができるように，明らかな証拠を作成しておくことが必須となる。

それでは最近の税理士に対する損害賠償事件のうち，税理士が防御に成功した事件と，巨額の賠償を命じられた事件の二つを眺めて，どの程度に説明すべきかを，探ることとしたい。

Ⅰ　防御に成功した事件*2

個人である原告（夫婦，以下，甲らという）らが，その営む会社3社（Y，O，YS社）の顧問税理士（監査役でもあった，以下，乙という）に対して，甲らが有する不動産（以下，A物件という）の譲渡損失について損益通算の可否や，代換として取得した不動産（以下，B物件という）につき，買換特例の適用の有無等の税務相談（以下，「本相談」という）をしたところ，乙の誤った説明により税務署からの更正処分等を受けたとして，債務不履行等を理由にして，損害賠償を求めた事案で主な争点は以下のとおりである。

① 　甲らと乙間に税務顧問契約及び委任契約が存在したか，否か，及びその内容

② 　A・B両物件の税務の取り扱いに付き，乙が誤った説明をしたか，否か。

③ 　乙の従業員の行為につき，乙の使用者責任又は監督義務違反による不法行為責任を負うか。

(1)　甲らの主張

① 　甲らは，会社の顧問である乙に対し，30年に渡って個人に関する税務相談を乙に行い，教示・回答・説明を受けていたので，税務に関する顧問契約が成立する。

② 　顧問契約が成立していなくとも「本相談」につき，その事務を乙に委任している。

③ 　A物件の損失につき，損益通算の可否，及び損益通算を可能とする方法を尋ねたところ，B物件を取得して居住用不動産の買換特例の適用を受けることにより，損益通算及び繰越控除ができる旨の回答と説明があったが，実際にはこれを行うことはできなかった。

④ 　上記は顧問契約，委任契約上の注意義務に違反し，不法行為に当たる。

(2)　乙 の 主 張

① 　甲らの申告後に実施された調査立ち会いの依頼をされるまで，甲らの税務申告を代理したことはなく，顧問契約は存在しない。

② 　A物件への問い合わせには，一般的な要件を回答したに過ぎない。正確な判断をするには取引に関する書類が必要であり，提出を求めたが提出されず，委任契約はない。

③　B物件を買換取得資産とし，甲らが受けるローンの融資先の会社が登録された貸金業者，かつ宅地建物取引業者であることを前提として，課税庁に確認をした上で回答し，誤りは無い。

④　A・B物件の売買取引に関する税務申告を甲らは自ら行い，乙は受任していない。

よって本件に付き，乙には使用者及び監督責任は存在しない。

(3)　裁判所の判断

①　過去に乙が無償で甲らの税務相談に応じたことがあっても，甲らは本件の不動産取引を踏まえた確定申告について，乙に委任せずに自ら行ったことから，直ちに甲らと乙間での包括的な税務顧問契約が成立していたと認められない。

②　A物件については，甲らから損益通算の適用の有無を正確に判断するための売買契約書などの資料が送付されず，乙の回答は業務として確定的なものではない。両者間の契約関係も認められずに，乙の業務としての確定的な回答がされたものでない。したがって乙には義務違反は存在しない。

③　B物件に関する居住用の買換特例については，甲らと乙間に一般的な制度の説明，及びB物件につき特例の適用の有無を回答することを目的とする税務相談についての委任契約は成立する。しかし，これらに関する申告は甲らが自ら行い，税務相談報酬の定めはない。よって乙の義務は甲らから受けた情報を前提に，本特例の適用の有無を検討するにとどまり，その情報の正確性を検証するまでの義務は負わない。

④　B物件購入に伴う資金の借入先が当初のY社，また，変更後のS社であってもS社が貸金業者登録を更新していれば，居住用の買換特例は適用可能であり，乙の回答時にはS社は貸金業者の登録を受けていたのであり，乙の回答は誤りではない。

⑤　甲らから受けた情報を前提にした乙の回答は，誤りでないため使用者責任や不法行為は成立しない。

本判決の留意点は，税務顧問契約は書面の契約書がなくても成立すること，その一方で契約により税理士が負う注意義務の程度は，一律ではなくその契約の内容によって異なることを明らかにしたことである。こ

れにより，有償で業務を行う際には，本例では対象不動産，売買，借入等に関する全ての資料を入手し，その資料の正確性を検証し，これらの作業を終えた後に，税法の要件の適用があるかどうかを検討することになる。

　他方，無償で行う一般的な制度の説明にとどまるときは，上記で義務とされた正確性の検討につき，「資料の収集」「情報の正確性」は，注意義務から除外され，甲らから提供された情報を前提に，税法の要件適用の判断をすればよいとも認定している。

　これらを踏まえると，無料かつ好意で行う税務相談であっても確認書を作成し，そこに「本相談は無償です。これにより税理士は，依頼者から提供された情報を前提に税法適用の判断をするものとし，それ以上に資料収集，情報の正確性等の踏み込んだ検証をしないものとする」などを記載しておくのが，身を守るための知恵となる。

Ⅱ　賠償責任を命じられた事件*3

　専門家に対する説明責任を問い，十分でない助言により誤った判断を余儀なくされ，その結果，3億円あまりの税務損失が生じたとして，顧問であったⅠ税理士法人（以下，Xという）に損害賠償を請求し，第一審の東京地裁がこれを認めた事件で，その概要と時系列は図表−2の①から⑩のとおりである。

　争点は，債務の自己資本化（以下，DES*4という）については債権の時価評価を行い，その結果次第では債務消滅益が生じて，丁社の益金に算入され，法人税の負担が生じる税務リスクを，Xが丙に対して適切に開示して，説明責任を全うしたかどうかである。

1　X の 提 案

　裁判所の認定した事実によると，多額の債務超過に陥った丁社に対する約11億円の債権（貸付金）への相続税対策に関する，丙に対するXの提案書の骨子は，以下の2方法である。

⑴　DES 方式

　丙がその有する債権を丁社に現物出資し，丁社の株式を取得するいわゆる債務の株式化方式である。丁社には10億円の欠損金があるので，丙が10億円の債権を出資しても，株式の評価額は0円となる。

●図表－2　事実の概要と時系列

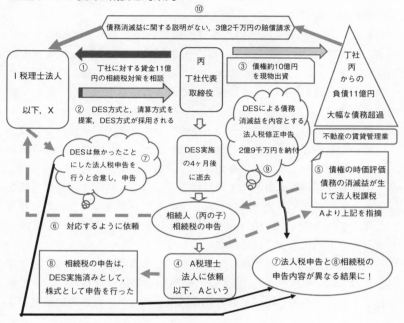

(2) 清算方式

　丁社が現物出資により新会社を設立し，その後に丁社を解散して清算する方式である。丁社には丙の債務免除により，その相当額の益金が生じる。他方，丁社を解散することで期限切れの欠損金の損金算入により，租税負担は生じない。この債権の消滅により相続税の課税がなくなる。

② 丙の判断と逝去

　丙はXの提案により，DESによっても清算方式と同様に課税の心配がないと判断し，丁社に対する貸付金の全額である9億9千万円を，丁社に現物出資を行った。そしてその4ヶ月後に逝去した。

③ その後の展開

　現物出資後の展開は，上記図表の⑤から⑩のとおりであり，丁社はDESに伴う債務免除益を益金に算入した修正申告と，2億9千万円余りの法人税の納付を行い，これはXの債務免除益に関する説明がなかったことが原因であるなどを理由として，法人税額を含む3億2千900

万円の損害賠償を X に請求し，出訴に至った。

4 **裁判所の判断**

　裁判所は X が契約に基づいた丁社の税務顧問であることから，X には DES 方式を提案するに当たり専門家として，債務消滅益にかかる税務リスクがあること，すなわち課税される可能性，その場合の予想される税額等を含めた説明すべき義務があると認め，以下の説示を行い丁社の請求を認容し，X に約 3 億 2 千万円の損害賠償を命じた*5。

① 　提案書に債務免除益課税への可能性，その場合の租税負担などについての記載がないことから，X は DES によって生じる可能性のある法人税等の試算すらしていなかったと推察される。

② 　X は免除益課税を看過，または軽視して，これに関する課税問題を丙及び丁社に全く，またはほとんど説明していなかったと認められる。

③ 　以上により X には説明義務を怠ったことが明らかであり，債務不履行及び不法行為責任は免れない。

④ 　X が債務免除益への課税のリスクを正しく説明していれば，丙及び丁社は DES 方式でなく，免除益と期限切れ欠損金の相殺によって納付すべき法人が生じない清算方式を採用したものと合理的に推認できる。

5 **本判決から学ぶこと**

　本判決の説示により，契約に基づいた税務顧問であるならば，顧客からの問い合わせに係る事項については，その目的を達成するための選択可能な複数の私法形式を検討し，それぞれの方法の優劣，及び租税負担について検討し，顧客が理解できるように明示することが不可欠となる。そして十分に説明し，顧客が十分な情報に接して，自らの判断で決定し，その予想されるリスクを承知したとの確証を残しておくことが，自らを守る道具となると考える。

Ⅲ 　本問への当てはめ

　さて最近の東京地裁の二つの判決を眺めてみたが，留意すべき点は前述したように，税務相談に応じる場合の注意義務の範囲，すなわち税務判断に必要な資料の正確性の検証は，事情を一番よく知る納税者自身に委ねるというしたたかさを身につけること，及び，有償の本来の税務相

談では，専門家として当然に行うレベルの回答の他，依頼者に十分な判断材料を提供したことの証拠と，予想される税務リスクを依頼者に承知させることになると考える。

　それでは本問で問われた土地の評価と納税額について，申告後の紛争を予防し，かつ身を守る説明義務の具体例を，筆者が相続事案に際して用いているフォームにて，明らかにしてみよう。以下の参考をご覧いただきたい。

（参考）

年　月　日

○　○　○　○　氏の相続人代表
　□　□　□　□　様

相続税申告に当たっての報告
税理士　○　○　○　○

　来る　月　日に申告期限を迎える，○○○○氏の遺産に係る相続税申告について，○○町に所在する土地の評価に関して，以下のとおりにお知らせを申し上げます。

記

1　○○町所在の土地（以下，本土地という）の評価
　　本土地については，次の2点の要素があります。
　(1)　宅地造成
　　　本土地は貸家の敷地の後ろ側にあり，○○高校のグランドなどが存する丘に至る斜面に位置し，宅地として利用するには○○市建築条例に従った擁壁を設け，且つ，客土を搬入して土地を平らにする工事を行う必要があります。
　(2)　接道
　　　宅地として利用するには，道路に接する必要があります。
　　❶　市道を用いる場合
　　　前面道路の市道に接道するには，奥行きの関係から幅3メートルの通路を設ける必要がありますが，それには家屋の一部の取り壊しと，借家人の合意を要します。加えてこの場合は前側の貸家建付け地との

高低差が生じるため，入り口として階段を設置する工事も追加的に必要となり，費用負担の問題も生じます。

❷　背面に位置する分譲地の開発道路を用いる場合

宅地造成を行い開発道路と同じ高さになっても，開発道路は「○○○分譲地」の所有者の共有する私道であり，接道として利用するには所有者の承諾，あるいは持ち分の一部を購入する必要があります。したがって相続の開始時では，道路に接していない土地に当たります。なお，この開発道路が○○市に移管されて公道になれば問題は解決しますが，現在の所有者がそのような申請をするかどうか不明であり，また，行き止まりであるため，○○市による受け入れの可能性は少ないものと思われます。このような状況から開発道路には，国税庁の定める路線価が付されていません。

(3)　評価の実際

以上の宅地造成と，接道の要素を考慮した本土地の評価には，前提として建物が建築できる宅地の時価を求める必要があり，実際の売買価額や，路線価を用いることになります。そこで，平成25年に販売された「○

○○町所在　傾斜地の評価　比較表

地積　㎡ 150	番号 ①	A方式 分譲地比準方式	B方式 固定資産税路線価 比準方式	番号
完成した宅地の㎡当たり価額	②	213,000	160,600	⑩
共通項目 不整形減額 無道路減額		0.85 0.90	0.85 0.90	
減額後の㎡価額	③	162,945	122,859	⑪
ハウスメーカー㎡当たり 造成費の見積額	④	118,000	118,000	⑫
④控除後の㎡当たりの価額	⑤	44,945	4,859	⑬
全体の評価額 ①×⑤	⑥	6,741,750	728,850	⑭
相続税の納税額		606,400	476,000	
評価通達の造成費による評価額				
㎡当たり造成費 評価通達の金額	⑦	39,100	39,100	⑦
③－⑦控除後の素地価額	⑧	123,845	83,759	⑮
全体の評価額 ①×⑧	⑨	18,576,750	12,563,850	⑯
相続税の納税額		828,900	723,200	

○○宅地」の分譲価格の中間値を平成28年に時点修正した価格（以下，A方式）と，開発道路に付された固定資産税の路線価に，前面の市道に付された相続税の路線価と固定資産税の路線価の割合を乗じた価額（以下，B方式）を用いて評価を行いました。その結果は次の図表のとおりです。

評価額の少ない額から順に⑭　728千円，⑥　6,741千円，⑯　12,563千円，⑨　18,576千円となりますが，⑯と⑨が高い評価になるのは実際の1平方㍍当たりの造成費見積額は④118,000円であるところ，国の定める造成費が⑦39,100円と④の約33％に過ぎないことによります。最も高額な評価額が⑨18,576千円で，最も少ない⑭728千円の約25倍でその差額は17,848千円にもなりました。

相続税は遺産の価額に対する課税であり，財産額が増加するほどに税負担も上昇し，申告する評価額を⑨の額とすると，⑭の額とした場合に比べて265万円（税率15％の場合）増加します。

他方，○○氏の場合は，本件土地の状況から配偶者の□□氏が相続取得することが遺族の皆様で合意されています。これにより□□氏は配偶者控除が適用されて，税負担額がかなりの割合で軽減されて，実際の納税額は⑨の評価額であっても，352千円の増加に止まっています。

以上が評価額と納税額の実際です。そうして私たちは，A方式の⑥の評価額6,741千円，すなわち実際の分譲価額に基づいた時価から，造成に要する実際の見積額を控除した評価額，並びにB方式の⑭728千円，すなわち，路線価方式に基づいた時価から，前述の造成費を控除する評価額のいずれも合理的と考えています。

申告に当たっては，どちらの評価額にするかのご指示をいただきますよう，お願いいたします。

以上の判断に当たっての基礎資料となる工事費用の見積書などは，○○○様から提供されました書面を適正であるものとしています。

課税庁との見解の相違が生じ，更正処分を受ける，あるいは修正申告を余儀なくされる場合は，追加の相続税の納付や延滞税が課されることになります。当職も自らの主張が認められるように真摯に対応する所存ですが，土地の評価については非常に幅が広いことをご理解下さり，前述した追徴額や延滞税のご負担をご承知下さいますよう，お知らせいたします。

以上

　年　　月　　日

以上の説明を受け，相続税の申告につき，本土地の評価額は⑭の728千

円を選択します。

　後に申告内容が変わる可能性があること，その場合の追加の租税負担を
することを承知しました。

　　　　　相続人　□　□　□　□　　　　　印　　　　

おわりに

　本問の事例では，依頼者は税理士にとって一見さんの顧客である。そ
して相続税の報酬も比較的少額となる事例でもある。課税庁の更正処分
を受け，顧客とのトラブルとなった場合に，損害額となる追徴額などは，
報酬額を遙かに超える事態になる。

　一手間かけて説明書を作成して事情を伝え，委任者の同意を得ておく
のが大事である。依頼者の権利意識の向上もあり，訴訟事案の増加も心
配されるところである。上記の参考は委任を受けた事案を裁く際に検討
し，考えたことを書面にするだけである。税倍保険も万能ではないため，
自ら身を守るのが何よりの防御策であると思う。

注釈

＊1　12月15日に公表された国税庁による申告状況では，15年中に亡くなった者の
　　　うち，相続税の課税対象となった者の割合は前年より3.6ポイント増加の8％に
　　　拡大し，1958年以来で最も高い割合（出典・朝日新聞2016年12月16日朝刊）
＊2　東京地判平27.5.19・LEX/DB TKC 法律情報（文献番号25530091）
＊3　東京地判平28.5.30・LEX/DB TKC 法律情報（文献番号25530091控訴（被告））
＊4　会社の債務（Debt）を自己資本（Equity Capital）に交換（Swap）する取引。
　　　平成18年改正で，債権を現物出資する際の，その時価が券面額（債権額）を下
　　　回るときは，その差額については，債務者である法人にて債務の消滅益を認識
　　　する旨，他方，法的整理に当たる場合の消滅益については，期限切れの欠損金
　　　の損金算入により相殺することができるとされている。
＊5　控訴審の東京高裁令和元年8月21日も第一審を支持。TAINS Z999－0174

遺産内に多額の債務や回収不能債権があるときの，相続放棄と財産管理の留意点

事例　顧客である居酒屋チェーン店を営むＡ社の，代表者甲が急逝しました。同社は多店舗展開が軌道に乗って急成長しましたが，食品の産地偽装などの風評被害に遭遇した結果，客離れが収まらずに行き詰まり，大幅な債務超過に陥りました。

　不採算店舗の閉鎖，不要な資産を売却するのと併せて，銀行団に対する債務削減交渉，並びに甲による代位弁済を経て，ようやくに落着きをみせた矢先のことでした。Ａ社の株式は甲が全部保有して役員も甲のみであり，同社の資産は預貯金が2,000万円，他方の債務は毎月僅かの額を弁済している信用保証会社に対する5,000万円（甲が保証人），及び甲が代位弁済した４億円です。甲の個人財産は会社への貸付金を除くと200から300万円の預金があるのみです。このため，相続人である子２名は会社の清算と相続放棄を考えています。そして甲には姉と妹がいます。

　このようないわゆる一人会社の代表者が亡くなった場合の，会社の後始末と相続放棄についての留意点を教示されたく願います。

回答　子の２名は家庭裁判所に対して相続放棄の申述書を提出する。これにより甲の姉妹が相続人となるので，同じく相続放棄の手続を行う。結果，相続人が存在しないことになるので，債権者などの利害関係人から相続財産管理人の選定を家庭裁判所に求め，株主が存在しない状態となったＡ社については，相続財産管理人と家庭裁判所によって会社の清算手続を行うことになる。

　この手続をする前に，便宜的に相続人らが株主総会にて株主の権限を

行使して取締役の選任などを行うと，財産管理の範囲を超えて積極的な運用とみなされ，相続人による財産権の行使となる虞れが生じる。その結果，相続放棄が認められずに法定単純承認となり債務の承継とともにＡ社への貸付金債権は，相続税の課税の洗礼を受けることになる。

はじめに

　相続は故人のプラスとマイナスの財産を，相続人や故人の指定する者に承継させる仕組みである。被相続人の死亡により，その財産の持ち主がいなくなることを避けるため，ひとまずは原則として，その全てを包括的に相続人に移転するとしたものである（民法896）。とはいえ，債務超過のような場合にまで単純に承継させることは，相続人の固有資産による弁済を強いることになり，困難な事態を招く虞れがある。そのため，相続の放棄と限定承認の仕組みが用意されている。本問のように債務のほかに多額な回収不能な貸付金債権があり，これへの相続税課税が想定される場合は，相続の放棄を選択するのが合理的となる。他方，この相続放棄には，かなり厳しい要件が設けられて，これに抵触するとその放棄は認められず，単純承認に当たることになる。

　加えて本問の場合は，相続人の相続放棄によってＡ社は株主が存在しないことになり，このままでは会社の業務を執行する役員の選任ができずに，どのように会社を清算すればよいかという問題が生じる。それでは，相続の放棄（以下，単に「放棄」という）と，株主が存在しない債務超過の一人会社の清算をどのようにするかについて，民法と会社法の定めを眺めて，回答へのアプローチを試みることにする。

Ⅰ　必要な法律の定め

1　民法と家事審判規則
　「放棄」に関する民法の定めの概要は，図表－1のとおりである。それではその中身について，お復習いをしておこう。

2　「放棄」の効果
　相続人は相続の任意性に基づいて，相続につき単純承認をするか，限定承認（民法922）あるいは「放棄」（民法938）をする選択権を有する。

●図表−1

相続人の不存在の仕組み（民法の定め）　→　相続財産の管理と清算を目的

相続財産（積極・消極）の存在　①〜③　→　相続財産法人に帰属

どのような場合か？

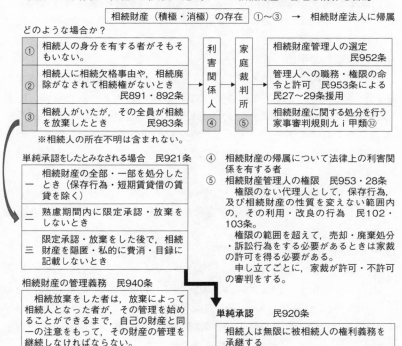

①	相続人の身分を有する者がそもそもいない。
②	相続人に相続欠格事由や，相続廃除がなされて相続権がないとき　民891・892条
③	相続人がいたが，その全員が相続を放棄したとき　民983条

※相続人の所在不明は含まれない。

利害関係人 ④

家庭裁判所 ⑤

相続財産管理人の選定　民952条

管理人への職務・権限の命令と許可　民953条による民27〜29条援用

相続財産に関する処分を行う家事審判規則九 i 甲類㉜

単純承認をしたとみなされる場合　民921条

一	相続財産の全部・一部を処分したとき（保存行為・短期賃貸借の賃貸を除く）
二	熟慮期間内に限定承認・放棄をしないとき
三	限定承認・放棄をした後で，相続財産を隠匿・私的に費消・目録に記載しないとき

相続財産の管理義務　民940条

相続放棄をした者は，放棄によって相続人となった者が，その管理を始めることができるまで，自己の財産と同一の注意をもって，その財産の管理を継続しなければならない。

④　相続財産の帰属について法律上の利害関係を有する者
⑤　相続財産管理人の権限　民953・28条
　権限のない代理人として，保存行為，及び相続財産の性質を変えない範囲内の，その利用・改良の行為　民102・103条。
　権限の範囲を超えて，売却・廃棄処分・訴訟行為をする必要があるときは家裁の許可を得る必要がある。
　申し立てごとに，家裁が許可・不許可の審判をする。

単純承認　民920条

相続人は無限に被相続人の権利義務を承継する

「放棄」を選択すると，これをした者はその相続に関しては，はじめから相続人とならなかったものとみなされる（民法939）。これにより「放棄」をした相続人には，何らの権利・義務も帰属しないとするだけでなく，「はじめから相続人とならない」とするものである。結果，相続財産は放棄者の相続分がなかったものとして，他の共同相続人間で各相続分に応じて分配される。

③　相続の順位

　相続財産である財産上の権利・義務は，同順位の他の相続人が相続し，同順位の相続人が全員，「放棄」した場合は，相続権が次の順位の相続人に移り，次の順位者が相続することになる。本問のように債務超過を理由にして「放棄」する場合は，第三順位である被相続人の兄弟姉妹に

至るまで，その相続人全員が「放棄」をしないと，しなかった者が債務と租税を負担する事態となる。被相続人の兄弟姉妹に予期せぬ負担がかからないようにするためには，法定相続人となりうる者の全員が「放棄」の手続を取る必要がある。

4 「放棄」の手続

「放棄」は，家庭裁判所（以下，「家裁」という）に対して申述する要式行為であり，相手方を必要としない単独行為とされ，家裁における審判事項である。ただし，この審判には既判力がなく，「放棄」の受理審判がなされても訴訟において，「放棄」の無効を争うことは可能である。そして民法921条の法定単純承認とみなされるかどうかが争われることになる。

「放棄」につき，家裁において受理審判が確定すると，民法の親族編に定める取消事由*1がある場合を除いて，熟慮期間内であっても撤回できない（民法919）。

5 「放棄」者の相続財産管理義務

「放棄」をして相続人でなくなったからといって，故人の遺産を放置する訳にはいかず，相続人は自己の財産におけると同一の注意義務をもって，その財産の管理を引き続いて行う責務が定められている（民法940）。したがって，他に共同相続人がいる場合は，その者が相続財産の管理を開始してはじめて，「放棄」者の管理義務が消滅する。

全ての相続人が「放棄」すると，相続人のあることが明らかでないとき（民法951）に該当し，家裁への申立てを経て，選任された相続財産管理人に財産の管理を引き継ぐことになる。

6 単純承認とみなされる場合

さて，これまでに述べたような「放棄」の手続を行うとするも，相続財産の全部，又は一部につき処分したときや，その財産を隠匿し，自ら私（ひそか）に費消したときは，「放棄」を認めずに単純承認したとみなす定めが，設けられている（民法921）。「放棄」を申述する相続人には上記5の管理義務との関係を十分に注意する必要が生じる。すなわち，相続人の行った行為が管理と処分，並びに隠匿のいずれに当たるかによって，「放棄」が認められるかどうかが，異なることになる。それでは，この点に関する裁判所の判断を以下に眺めてみよう。

Ⅱ 相続財産の処分に関する裁判所の判断

まずは，民法921条のみなす規定の趣旨についての判断を紹介する。

① 最高裁昭和42年 4 月27日判決*²

被相続人（左官業を営む事業主）が，家出の直後に自ら命を絶ったことを知らずに，相続人が被相続人の事業用資産を，相続人が設立した会社に使用させる処分をした事例である。最高裁は民法921条 1 号の相続財産の処分に当たるとするには，相続人が自己のために相続が開始した事実を知り，又は確実視しつつ相続財産の処分したことを要すると判示し，そしてこの制度の趣旨について大審院の判決*³を次のとおりに引用している。

相続財産の処分行為は「相続人が単純相続をしないかぎりしてはならないところであるから，これにより黙示の単純承認があるものと確認しうるのみならず，第三者から見ても単純承認があったと信ずるのが当然であると認められることにある」。

そうすると，処分というのは相続人が自らの所有物として処分する権限を背景とする行為であると理解することになると考える。それでは具体的な例に進むことにしたい。

② 処分に当たらないとする判断

(1) 福岡高裁宮崎支部平成10年12月22日決定*⁴

この事案は「放棄」の熟慮期間において，相続人が死亡者の法定相続人に支払う旨の約款による死亡保険金を請求・受領し，被相続人の相続債務の一部の支払に充てた後，「放棄」の申述をしたところ，家裁はこれらの行為は民法921条の本文の，相続財産の一部の処分に当たるとして「放棄」の申述を却下した審判をしたので，これを不服とする即時抗告をした事件である。

これに対して，福岡高裁宮崎支部は，以下のとおりに判示して相続財産の処分に当たらないと判断して，原審を取り消して家裁に差し戻した。

(ア) 被保険者死亡の場合に，その法定相続人に支払う旨の約款により，支払いされる死亡保険金は，特段の事情がない限り，被保険者死亡時における，その相続人であるべき者の固有財産である。

(イ) 抗告人らによる，保険金の請求・受領は，抗告人の固有の権利であ

る保険金請求権の行使であり，相続財産の一部の処分に当たらない。

(ウ) 抗告人らのした相続債務の一部弁済行為は，固有財産である前記の死亡保険金をもってしたものであり，相続財産による債務の弁済でないため，相続財産の一部を処分したことに当たらない。

(2) 大阪高裁平成14年7月3日決定[*5]

(ア) 事件の概要

乙は生前に債務を保証していたところ，主たる債務者の倒産により債務額2,000万円弱についてその履行を求められ，金融機関に対して自宅を売却した資金から1,000万円を代位弁済し，残額については免除する旨の代位弁済受取書の交付を受け，その後は他の債権者からの請求もないため乙及び家族は，債務は完済したとの認識であった。

12年後に乙が死亡し，遺族は受領した香典144万円余と乙の預金300万円余を解約して葬儀費用273万円余を支払い，残余の額と一部を遺族が負担して仏壇と墓石220万円弱を購入した。

乙の死亡後3年を経過した平成13年に，保証協会から求償権と損害金併せて5,900万円余があるとの通知を受けたので，通知後3か月の期間内[*6]に家裁に「放棄」の申述をしたところ，上記の遺族の行為は相続財産の処分に当たり，単純相続したものとみなされるとして却下されたために，抗告したのが本事案である。

(イ) 裁判所の判断

以下のように説示して原審判を取り消して，申述を受理した。

(i) 葬儀は人生最後の社会的儀式で必要性が高く，そして相当額の支出を伴うものであるから，故人の財産があるときは，それにて葬儀費用に充てることは不当なものではない。

(ii) 預貯金などの故人の財産が残された場合に，相続債務があることが分からないまま，遺族がこの財産を利用して仏壇や墓石を購入することは自然な行動である。

(iii) 上記の仏壇等は社会的にみて不相当に高額のものと断定できず，この購入費用の不足分を遺族が自己負担していることから，「相続財産の処分」に当たるとは断定できない。

3 隠匿に当たるとされた例

●東京地裁平成12年3月21日判決[*7]

被相続人に対して売買代金債権を有していた債権者が，相続人に対してその一部を請求したのに対し，相続人が「放棄」の申述をしたものの，相続人が被相続人の遺品を持ち帰ったため，これが単純承認に当たるかどうかが争われ，第一審ではこれに当たらないとされ，控訴された事件である。

　裁判所は，以下のとおりに説示して控訴人の請求を認め，「隠匿」に当たると判断している。

- (i)　民法921条の３号にいう「隠匿」には，相続人間で故人を偲ぶよすがとなる遺品の，いわゆる形見分けは含まない。
- (ii)　相続人が遺品のスーツ，毛皮，コート，靴，絨毯など一定の財産価値を有する遺品のほとんど全てを自宅に持ち帰った行為は，前述の形見分けを超えるものであり，相続財産の「隠匿」に当たる。

④　この項のまとめ

　争いになりがちな相続財産の管理と処分の境界について，上記の裁判所の判断に，教科書*8を紐解いたところを加えて簡単にまとめてみると，以下のとおりとなる。

- (ア)　単純承認となる処分は限定承認・「放棄」の前になされたものであること
- (イ)　処分は相続人が相続開始の事実を知った後のものであること
- (ウ)　処分には法律行為だけでなく，相続財産である家屋の取り壊しなどの事実行為も含まれる。
- (エ)　管理行為には財産の保全，すなわちその現状を維持するのに必要な一切の行為を含む。
- (オ)　相続債務の弁済については，相続人の固有資産による弁済は処分にならず，他方，代物弁済は処分に当たる。
- (カ)　形見分けや遺品の整理については，経済的な価値のあるものの処分に限られる。いわゆる形見分けは処分に当たらず，高価な宝飾品や骨董類を形見分けするのは処分に当たる。
- (キ)　一般的な仏壇・墓石などの祭祀財産の購入と葬儀の執行は，処分に当たらない。

Ⅲ　A社（一人会社）の後始末

これまでの検討の他に，一人会社であるＡ社の後始末の問題がある。それは相続人が甲の遺産につき放棄の申述をすると，放棄の効果は甲の有していた株式にも及ぶため，Ａ社は株主の存在しない会社となること，及び，甲の死亡により会社業務の執行者が不在となるためである。とはいえ，Ａ社は債務をどうするか，その後の清算などの会社の整理をしなければならず，何らかの対応が求められる。そうすると甲が有していた株式の議決権を如何にするかが重要となる。その行使が問題となった事件を紹介しよう。

▨ 東京地裁平成10年４月24日判決*9

（ア）　事件の概要

　原告は亡丙（以下，丙）の金融機関からの借入債務について連帯保証をし，丙に代わって代位弁済して求償権を有していたが，丙の相続人全員が「放棄」の申述を行った。相続人の１人が「放棄」の前に丙が経営していた会社の取締役選任手続において，丙の株主権の行使をしたこと，及び丙所有の貸家の入居者からの転貸料の振込人名義を会社から相続人に変更したことは相続財産の処分に当たり，法定単純承認となるので相続人に対して，求償権の請求をした事件である。

（イ）　裁判所の判断

　以下のように説示して，法定単純承認に当たるとして求償権の請求を認容した。

　（ⅰ）　株主権を行使して取締役を選任するには，行使者において誰を取締役に選任するかという積極的な判断あるいは意思決定をせざるを得ないから，選任に当たり丙の保有株を行使することは，遺産としての会社株式の管理にとどまらず，その積極的な運用という性格を有する。このような株式の行使という名目でする行為は，丙の資産に変更を加えることを意味する。これにより法定単純承認の制度的意義に照らし，相続財産の処分に当たる。

　（ⅱ）　転貸料の振込人名義を会社から相続人に変更することは，丙の相続財産の管理行為にとどまらず，その積極的な運用という性質を有する。

（ウ）　この項のまとめ

　今回の事例におけるＡ社は一人会社で取締役＝株主は甲であり，そ

の逝去によりＡ社と甲間の委任契約は終了するため，新たな取締役を選任することとなる。

　上記の扱いは，株主総会の招集は取締役の権限であり，取締役が不在となると招集すらできないのがその理由である。加えてこの選任は株主総会の決議事項であり，過半数の株主が出席して議決する必要がある。このような背景から，取締役を裁判所に選任してもらわず，株主となる相続人全員の合意により株主総会を開き，新たな取締役を選任すると，どうなるのであろうか。本判決の判示によると，相続人による相続した株式の議決権行使となり，これは管理の範囲を超えて積極的な運用となって財産の処分に当たるため，単純承認とみなされて「放棄」は認められないことになる。

Ⅳ　本問への当てはめ

　相続人の行った行為が管理，処分行為のいずれに当たるかによって「放棄」が認められるかどうかが判断されることになる。

　これまでの検討により，本問では甲の遺産である預金が少額であり，他にみるべき遺産がないことから，相続財産管理人選定の費用負担が問題となるが，会社の債権者に対して相続財産管理人の選定申し立てを依頼し，葬儀費用や祭祀への支出を除いて，甲の遺産には手を付けない，会社の財産についても必要な維持管理費用を除いて，一切手を付けないで相続人となる可能性のある者の全員が「放棄」の申述を行うことになる。管理を超えて処分となると，回収が不能な会社への債権を相続したものとなり，Ａ社が未だに営業を行い，銀行取引や僅かながらも信用保証会社への返済を継続している状況では，回収不能の債権として相続税の課税価格に算入しないという扱いを受けるのは困難であり，保証債務の承継と相続税の課税が現実の問題となる。

おわりに

　会社に対する回収不能の可能性が極めて高い債権への，相続税の課税の問題である。それなのに，何やら法律相談の様子となってしまった。「放棄」は家裁への申述をすれば後は問題なしという感覚があることを，

そうではないとの説明が相当に困難であることが，その主因である。それにしても，法律に明るくないというのは，後にいろいろな面で困難を引き起こすということを，改めて思った次第である。租税法の解釈は総合法学であることの所以であろう。

注釈

＊1　相続の放棄が，詐欺又は脅迫，未成年者の法定代理人の同意がない，成年被後見人の本人の申出などの場合である。

＊2　LEX/DB（文献番号27001085）

＊3　大正9年12月17日大審院判決　民録26輯2034頁

＊4　LEX/DB（文献番号28041212），判タ1036号192頁（平成11年度主要民事判例解説）。家裁での審判は，宮崎家裁日南支部　平成10年11月10日審判

＊5　LEX/DB（文献番号28080226）家月55巻1号82頁（原審：京都家裁平成14年3月27日審判）

＊6　熟慮期間は相続があったことを知った日から3か月である。しかし，その後に債務があったことを知った場合に「放棄」ができないと，相続人に過酷な状況が生じるため，相続人が被相続人に債務がないと信じる相当の理由があるときは，「その存在を認識した時，または通常これを認識しうべき時」から熟慮期間を起算するとされている。最判昭和59年4月27日　民集38巻6号698頁

＊7　LEX/DB（文献番号28060834）破棄自判・確定，家月53巻9号45頁，判タ1054号255頁。第一審は東京簡易裁判所平成11年9月6日判決

＊8　床谷文雄・犬伏由子編『現代相続法』有斐閣　127～128頁

＊9　LEX/DB（文献番号28040220），判タ987号233頁

相続分の譲渡

事例

　　関与先法人の会長の甲が逝去しました。一代で会社を成長させた豪傑タイプで相続人は，以下の表にあるように嫡出子３名と婚外子である認知の子２人の５名です。甲は長男を後継者に育て上げ，また，資産の多くを会社保有とし，個人資産は余り持たずに，遺産は金融資産の１億円のみでした。

　　問題は認知の子の１人Ｘが数年前に逝去し，Ｘの妻（ブラジル出身の日系人）が子供二人を連れて帰国し，相続協議に参加することが困難なことです。そこで我が国に居住するＸの姉ＹがＸの代襲相続人である子二人（Ｘ２，Ｘ３）の相続分を譲り受けることにしましたが，Ｙだけでは資金が不足するためＹの夫Ｗとともに引き受けることにし，ＹはＸ２，ＷはＸ３に対してそれぞれ750万円を給付してＸ２，３の相続分の全てを取得しました。その後の分割協議にＷも参加し，Ｙは3,000万円，Ｗは1,000万円の遺産を取得しました。

　　居住者であるＹ・Ｗ及び非居住者であるＸ２，３の課税関係を教示ください。

●図表－１

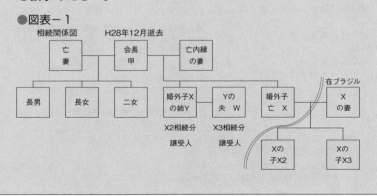

回答 X2は750万円を代償相続の代償金に準じて扱い，この額にて相続税の課税の洗礼を受け，相続人であるYは取得した3,000万円から750万円を控除した2,250万円にて相続税の課税を受ける。

X3は全ての相続分の譲渡をした後も相続人であることに変わりがないため，遺産に対する相続分の分数的割合，すなわち1／10相当額の1千万円を相続により取得したものとして相続税を申告する。WはX3に給付した750万円がX3の相続分1,000万円に不足するため，差額の250万円はX3から贈与により取得したものと扱い，贈与税の課税の洗礼を受けることになる。

はじめに

民法に相続分の譲渡に関する定めとして，905条なる定め（図表－2）がある。それも条文は，この一条だけである。

なぜこのような定めがあるのであろうか。我が国民法典の作成に当た

●図表－2　相続分の譲渡の理解図

民法には「相続分の譲渡」につき，直接の定めはないが905条に以下のように定める。

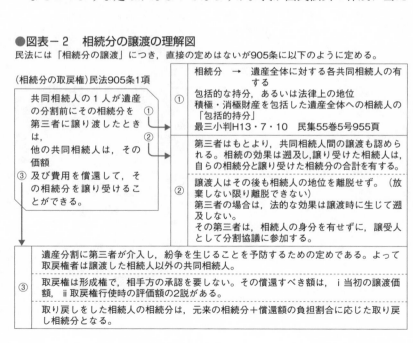

（相続分の取戻権）民法905条1項		
共同相続人の1人が遺産の分割前にその相続分を第三者に譲り渡したときは，他の共同相続人は，その価額及び費用を償還して，その相続分を譲り受けることができる。	①	相続分　→　遺産全体に対する各共同相続人の有する 包括的な持分，あるいは法律上の地位 積極・消極財産を包括した遺産全体への相続人の「包括的持分」 最三小判H13・7・10　民集55巻5号955頁
	②	第三者はもとより，共同相続人間の譲渡も認められる。相続の効果は遡及し，譲り受けた相続人は，自らの相続分と譲り受けた相続分の合計を有する。 譲渡人はその後も相続人の地位を離脱せず。（放棄しない限り離脱できない） 第三者の場合は，法的な効果は譲渡時に生じて遡及しない。 その第三者は，相続人の身分を有せずに，譲受人として分割協議に参加する。
③		遺産分割に第三者が介入し，紛争を生じることを予防するための定めである。よって取戻権者は譲渡した相続人以外の共同相続人。
		取戻権は形成権で，相手方の承認を要しない。その償還すべき額は，ⅰ当初の譲渡価額，ⅱ取戻権行使時の評価額の2説がある。
		取り戻しをした相続人の相続分は，元来の相続分＋償還額の負担割合に応じた取り戻し相続分となる。

り，お手本とされたフランス民法に同趣旨の規定があり，これに倣って明治31年民法に1009条が設けられ，現在に至るものである。

　民法典作成に当たった法典調査会での当時の検討は，「相続分の譲渡を禁止するのが日本の習慣に合致する」など消極的な意見が主張されたが，結局，相続分の譲渡を禁止するのは「財産ノ融通上枘子定規ノコト」で実際に不便であり，反対に遺産の共同所有に第三者が参加するのを許すのは「懇親ノ間柄ノ者」に「外ノ者ガ交ル」ことになって，「甚ダ種々ノ不便及感覚上面白カラヌコトガ生」ずるとされ，結果，一番穏当なものとして，本条の方法が採用されたといわれている*1。

　この点につき，筆者は次のように思う。

　相続が開始すると，故人の遺産は相続手続きによって相続人に承継される。相続人が複数であるときは，遺産分割協議の合意があるまでの間は共同相続人の共有となる。そしてこの共有状態を解消するには遺産分協議を成立させなければならない。しかし，この作業は，近年，裁判所における遺産分割調停や審判の事件が増加しているように，かなりの困難が伴うのである。そうすると共同相続人の中には，この面倒な相続手続きを避ける，あるいは早期の解決を図りたいとの思いから，可能であれば自らの相続分を譲渡し，世俗の表現でいうところの「いち抜けた」いとの意向が生じるのも，十分に理解できるところである。これに応える意味で本条の定めは，存在する価値は十分にあり，その効果も期待できるものである。

　本条について内田貴教授は「フランスの古法に由来する家産（先祖伝来の財産）維持を目的とする制度であるが，日本ではほとんど使われることもなく，存在理由は乏しい」と述べる*2が，1898（明治31）年の民法制定時から120年あまり後の現代にあっても，紛争解決の一つの手法として価値があるものと考える。

　それでは，図表－2のように民法や租税法規においても直接的な定めがなく，もっぱら法の解釈によらざるを得ない，「相続分の譲渡」を巡る実務について，相続人でない者が相続分譲渡により取得した財産は，相続税でなく贈与税の課税対象となるとされた事件を眺めて回答へのアプローチを試みることとしたい。

■ 相続人でない者への相続分譲渡は，相続税でなく贈与税の課税対象となるとされた事例

1 事実の概要

図表－3のように，丁の相続人ではない甲・乙・丙（以下，甲らという）が共同相続人の戊（甲らの母）とAから，相続分の一部（具体的な割合は明記されていない）を譲受け，その後の分割協議に参加して財産を取得し，これは丁の遺産を相続により取得したとして，相続税の申告をした。これに対し，課税庁は相続税の納付すべき税額はないとする処分とともに，贈与税（甲397万円余，乙と丙は各369万円余）と無申告加算税（甲60万円弱，乙と丙，各55万円余）の

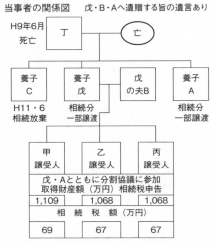

●図表－3
当事者の関係図　　戊・B・Aへ遺贈する旨の遺言あり

賦課決定処分を行ったので，甲らは相続税の納税義務者に当たり，譲り受けた相続分にかかる利益は，相続税法9条によるみなし贈与財産に当たらないとして，その取消を求めた事案である。

2 争 点

本事件の争点は，次の3点である。

(1) 相続分割合が明記されない，相続分の一部譲渡の有効性

(2) 相続人ではない甲らが相続分譲渡により，遺産分割に参加して財産を取得した場合に，甲らは相続税の納税義務者に当たるか，否か。

(3) 甲らに贈与税を課すことの妥当性

3 当事者の主張

(1) 甲らの主張

以下の理由により，甲らは相続税法（以下，相法という）1条1号の「相続により財産を取得した個人」に当たり，相続税の納税義務者である。したがって贈与を受けた者に当たらない。

① 相続分の譲渡とは，相続によって承継した権利義務の総体である相続人の地位を承継することであり，積極財産のみならず債務も承継する。

② 相続分の譲受人は，共同相続人と同じ資格で遺産分割協議に参加できる。

③ 民法909条により相続分の譲渡による権利移転は遺産分割により，遺産は被相続人からその譲受人に直接移転する。

　　控訴審での補足的主張

　　民法は相続分の譲渡という概念を認め，相続分の譲受人は譲渡人たる相続人の地位を包括的に譲り受け，譲渡人と法的に同一視されている。

　　また，譲受人が遺産分割協議を経て相続財産を取得したことが贈与に当たるとすると，相続分の譲渡は，法定相続人がその相続分に応じていったん相続した相続財産の持分の一部を具体的に贈与する場合と異ならなくなり，これでは相続分の譲渡なる概念を否定することになる。

(2) **課税庁の主張**

① 本件の相続分譲渡証書（以下，「譲渡証書」という）は，「被相続人の相続開始による相続分の一部をあなた方に譲渡します」とのみ記載され，譲渡の対象となる相続分の範囲が特定されないため，特定性を欠き無効である。

② 民法は相続人につき，配偶者のほかに法律に定められた被相続人の一定の範囲の近親者に限定して法定相続人として定め，これ以外に被相続人の指定によって相続人をつくることはできない。

③ 甲らは戊の子であり，亡丁の相続人ではないから，その遺産を相続によって取得することはあり得ず，よって甲らは亡丁の遺産を「相続」により取得した個人に当たらない。

④ 甲らを遺産分割協議に参加させた戊及びAの意向は，自らの相続分の範囲で甲らに相続財産の一部を与えることにある。これにより戊及びAと甲ら間の贈与契約が遺産分割の形式でなされたものである。

④ **裁判所の判断**

(1) 第一審さいたま地裁の判決の要旨*3

課税庁の主張を支持して以下のように説示し，甲らの請求を斥けた。

① 相法1条1項の「相続」の概念は，私法における「相続」と同じ意味に解し，自然人の財産上の地位を，その者の死亡により相続人と称する特定の者に包括的に承継させることである。

② 相続人の範囲は民法で定められ，第三者ないし相続人が，新たに法定外の相続人を創設することを許容するものでない。

③ 甲らが遺産分割協議により受けた利益は，対価を支払わないで相続人から受けた経済的利益であって，その実質において贈与と同じであるから，甲らは相法1条の2第1号*4にいう，「贈与により財産を取得した個人」に当たり，贈与税の納税義務者となる。

(2) **控訴審東京高裁の判決*5**

「譲渡証書」による相続分の譲渡は無効であり，甲らに対して遺産分割の際に戊とAから財産の贈与があったと認定し，以下のとおり説示して控訴を棄却した。

（上告，棄却，不受理最第一小判　平成18年5月22日）

① 相続分の一部譲渡が有効であるためには，譲渡の対象となる相続分*6について，その相続財産全体に対する割合が確定していなければならないと解される。甲らあてに作成された「譲渡証書」には，その具体的割合や標準等の定めがなく，解釈によっても相続分を確定することもできないものである。

② 本件の相続分一部譲渡は，当事者が譲渡すべき相続分の内容を敢えて特定せず，その具体的な内容は遺産分割協議に委ねる趣旨であって，このような経緯でされた相続分の一部譲渡は，当事者の合理的意思解釈によってその内容を確定することができず，無効である。

③ 上記により甲らは，相続分一部譲渡により相続分を取得したとはいえないから，相続分の一部譲渡を根拠として甲らが相法にいう「相続に因り財産を取得した個人」に当たらない。

④ 甲らを遺産分割協議に参加させたA，戊，Bの3名の合理的な意思は，A及び戊の相続分の範囲内で，甲らに相続財産の一部を与えることに合意したものであるから，本件遺産分割協議は，A，戊及びB間の遺産分割協議とともに，A及び戊から控訴人らに対する相続財産の一部の贈与契約（書面による贈与）が同日に締結されたものと解

するのが相当である。したがって，甲らは，A及び戊から相続財産の一部を贈与契約により取得したものであるから，相法1条の2第1号の「贈与に因り財産を取得した個人」に当たる。

⑤　相法1条1号の「相続」は私法における「相続」と同じ意味に解すべきである。共同相続人ではない相続分譲受人が相続財産の持分を取得するのは，相続によるものではなく，相続分の譲渡という人為的な行為によるものであるから，その財産取得の際に相続税が課せられる理由はない。

⑤　**本問への当てはめ**

さいたま地裁では，甲らは養子戊の子であって亡丁の法定相続人でないため，相続人となることはできず，相法1条1号の「相続」によって丁の財産を取得した者に当たらない。控訴審では「相続分の一部譲渡」も許容されるとしつつ，譲渡の対象となる相続分については，相続財産全体に対する割合が確定することが必要であり，本件ではその具体的な割合の定めがないことを理由に，「譲渡証書」は無効であるとして甲らの控訴を斥けている。それでは，裁判所の説示を本問に当てはめてみよう，

①　相続分の譲渡の有効性

X1，X2からY及びWが譲り受けた相続分は，その全てであり明確な持分割合であるため，相続分の譲渡は有効となる。

②　共同相続人間（YとX1）の譲渡

X1とYは共同相続人であり，X1が受領した750万円は相続により取得した財産（代償金）と扱い，X1は750万円に応じた相続税の負担となる。Yは遺産分割協議を経て取得した3,000万円からX1に支払った750万円を控除した2,250万円が相続によって取得した財産となり，これに応じた相続税の負担をする。

③　相続人と第三者間（X2とW）の譲渡

ⅰ　X2

相続人がその地位から離脱するには相続放棄をしなければならず，X2はWに相続分を譲渡したとしても依然として，共同相続人の地位に留まる。これにより，Wが取得した1,000万円をX2が相続によって取得した財産と捉え，実際に取得した750万円でない1,000

万円に応じた相続税の負担を行うことになる。

ii　Ｗ

　　Ｗは甲の相続人でない。このため，相続分の譲渡を受け，共同相続人と同様に遺産分割協議に参加し，その合意によって取得した1,000万円であっても，これは相続によって取得した財産とならない。そうすると相続税の納税義務者に当たらず，Ｘ2より贈与により取得したものとなり，1,000万円からＸ2に支払いした750万円を控除した250万円につき，贈与税の課税の洗礼を受けることになる。

おわりに

　相続分の譲渡については，本問のように譲受人Ｗは相続人Ｙの配偶者であり，加えて遺産分割協議に参加することから，その合意によって取得した財産は，相続によって取得したもので，相続税の課税範囲でよいと理解するのも一般人にとっては，あながち無理のないところであると思う。そして本問の「相続分譲渡」については，民法にも本条（905）が唯一存在するのみで，租税法に明文の定めがなく，解釈に依らざるを得ない。加えてこれに関する判例も多くない。やっかいな問題なのである。このような状況のなかで回答に用いた平成17年の二つの司法判断は貴重であり，相続分譲渡に関する租税実務への指針になるものと考える。読者の皆様の参考になれば幸いである。

　なお，本問では共同相続人であるＹが，夫のＷから750万円を借入し，Ｘ1，2の両名から相続分を譲受け，その後の遺産分割協議の合意によって取得した金額から，Ｗに返済することとすると，より簡明な租税負担になったものと考える。

（参考文献）

谷口知平・久貴忠彦編『新版注釈民法⒄相続⑵』有斐閣　290頁以下

添田八郎『相続分の譲渡を巡る課税上の諸問題』彦根論叢　2014／No. 400
　68頁以下

水野忠恒「相続分の一部譲渡・相続放棄と課税問題」税務事例研究　日本税
　務研究センター　Vol. 123　所収

松原正明『判例・先例相続法Ⅰ』－遺産分割－　日本加除出版　378頁

注釈

＊1　谷口知平・久貴忠彦編『新版注釈民法㉗相続⑵』有斐閣　291頁

＊2　内田貴『民法Ⅳ』［補訂版］親族・相続　東大出版会　409頁

＊3　平成17年4月20日判決　TAINS Z255－10006訟月52巻8号2661頁

＊4　平成15年改正前の定め

＊5　平成17年11月10日判決　TAINS255－10197訟月52巻8号2643頁

＊6　「相続分」の意義については，「民法900条ないし904条に規定するもののみで
　　なく，共同相続人間で相続分の譲渡があつた場合における，当該譲渡の結果定
　　まる相続分も含まれるものと解する」とする最高裁平成5年5月28日判決があ
　　る。TAINS Z195－7144

難問
File
02

債務の消滅（免除益）と，
租税の関わり

事 例

　30年ほど前に開通した高速道路インターに隣接する土地の所有者25名が，設立した倉庫会社Ｘ社が関与先にあります。設備が古くなったことから借主の物流会社の求めにより建て替えることになり，併せて役員も世代交代しました。資金計画の立案と併せて，財務や会社の運営状況を精査すると永く代表を務めたＹは，倉庫の一部を私的に第三者に賃貸し，その収益（総額１億円）を自らが得て費消していたことが判明しました。Ｘ社はＹに返還するように求め，Ｙも返還すべき債務と認めました。これによりＸ社は１億円を益金に算入し，ＹはＸ社に賃貸していた土地持ち分（時価6,000万円）にて代物弁済しましたが，4,000万円が未回収となっています。

　上記の代物弁済後のＹの資産は，居住するマンション（時価5,000万円）の他には，当面の生活費用の預金しかありません。また，Ｙの所得も年金だけとなって，その回収は困難となりました。

　Ｙからは，この不始末があるものの，永年の功績もあったことから，諸事情を考慮して債務を免除して欲しいとの要望があります。Ｘ社はＹの資産状況から回収は不能と判断して，貸倒れとして処理する方針を固めました。

　Ｘ社及びＹの課税関係をどのように律するかを，ご教示ください。

回 答

＜Ｘ社＞
　回収ができない4,000万円は貸倒損失として，本事業年度の損金の額に算入する。他方，Ｙに対して免除した4,000万円については，

Ｙの資産（マンション）価額が免除額を超える部分1,000万円は，Ｙへの給与に当たるので，源泉徴収義務が生じる。

＜Ｙ＞

　免除を受けた債務額は，Ｙの過去の勤務や功労に起因する対価であるから，Ｙに対する給与となる。他方，債務の免除時のＹは自宅マンションを保有するものの，所得は年金だけとなり，事後の弁済は不可能となる。よって，Ｙは資力を喪失しているとされ，4,000万円については給与所得の収入金額に算入しない。他方，その有するマンションの価値のうち，債務額を超える1,000万円は，新たな資産の増加となり，給与所得の収入金額に算入される。

　代物弁済にかかる譲渡所得についても，所得税法９条の非課税規定の適用を検討することになる。

はじめに

　Ｙに対して厳しい債権回収をするのであれば，Ｙの住むマンションについても換価を行い，その代金を債権の回収に充てる場面である。しかしこれを行うとＹを追い詰めることになる。このような事態を避けるため，個人の再生手続（債務整理）では，住宅ローンの残っている自宅を残したまま，それ以外の借金だけを大幅に整理できる「住宅資金特別条項（住宅ローン特則）」という制度*1が設けられて，生活基盤である住居については，一定の配慮がなされている。そうすると本問のＹは高齢，収入も年金のみという状況から，住まいには手を触れないという

●図表－１

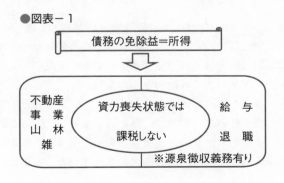

X社の判断も理解できるものとなる。

　それではこのような解決が行われた場合に，租税法がどのように対応すべきかを，2017年2月に出された倉敷青果荷受け組合事件の差戻し審の判旨に従って，本問を裁いてみたい。

Ⅰ　債務の消滅と租税法

　最初に，債務免除についての，基礎的な租税法の立場をおさらいしておこう。

① 所得の概念

＜参考＞

　所得税の課税対象となる所得については種々の捉え方があるが，図表－1のように我が国の所得税法（以下，「所法」という）は，経済的な利得をその対象とし，②の包括的所得概念を採用[2]する。

　この考え方の特徴は，その年分の所得を【消費＋貯蓄】と捉えることにある。一般的には，個人の行う経済的活動による他からの財産の流入を収入金額，又は総収入金額に算入し，必要経費や控除額を差し引いて，所得金額を求める方法であり，区分できる所得のほかに雑所得区分を設けて包括性を担保する仕組みである。

② 債務免除の原則的な扱い[3]

　ではなにゆえに債務の免除が所得になるのであろうか，例を挙げて見てみよう。

　債務が生じる代表的な例は，金銭消費貸借契約[4]に基づくもので，事業所得者を例えにすると，事業上の都合から必要となった運転・設備資金などを金融機関から融資を受けることである。融資を受ける際には財産（現金）が増加し，これは他からの金員の流入であり，必要経費の支出や資産の取得などに用いられることから，一見すると，包括所得概念にいう【消費＋貯蓄】に合致し所得を構成する。他方，この流入した金員は約定に基づいて，その元金部分を貸主に返済を要することから，流入額＝返済義務額となり，両者は相殺されるため，所得は生じない。

このように，借入れを受ける際には所得は生じない。

　しかし，債務者にいろいろな事情が生じて弁済されず，その事情に応じて債権者からその弁済を免除されると，流入額が弁済額を超える（当初に控除した債務額が消滅*5）ため経済的な利得が生じ，所得税の課税対象となる。このように金員による弁済がなされないときに課税の問題が生じるのである*6。

　ただし，債務の発生時に流入額のない保証債務や損害賠償債務につき，当初の債務額が，後に免除されても流入額が存在しないため，所得が生じることはない。

③　例外的な扱い

　債務免除についても例外の定めがある。それは債務免除が所得であるとしても，名目的かつ担税力の乏しい性質を有するからに他ならないからである。

　そうすると個人が種々の事情により，経済的な危機に陥って破産や再生手続きに拠らざるを得ないときに，原則を適用してその事情にかかわらずに，債務免除に課税すると，租税の徴収が困難であること，破産や再生手続きの円滑な遂行に大きな影響を与えることや，納税者の感情に反することになる。

　このような事態は避けるべきであり，所法では以下の別段*7の定めを設けて，対処を図っている。

① 　所法9条10項　強制換価手続きによる資産の譲渡　（所得税を課さない）
② 　同44条の2　免責許可の決定等による債務免除益の総収入金額不算入（平成26年改正により創設）

　なお，上記の②の創設以前には，所法36の解釈通達として所得税基本通達36－17（以下，「基通36」という）があり，「資力喪失*8の場合の債務免除益は，各所得の総収入金額又は収入金額に算入しない」と定め，通達ではあるが，課税が困難な場合の措置として機能していた事実がある*9。

Ⅱ　裁判所の判断

　これまでのおさらいにより，債務免除益の課税の扱いが明らかになっ

たところで原則とおりに課税，あるいは例外の扱いをすべきかが争われた事件を見てみよう。なお，いずれも「基通36」の解釈を巡る事件である。

① 仙台高判平成17年10月26日 [*10]

不動産業を営む者が受けた債務免除益について，次のように判示して，「基通36」を適用すべきとする納税者の請求を斥けた事件である。

① 「資力喪失」の状態にあるとして「基通36」を適用するには，免除を受けた後のその者の収入が，生計を維持する最低限の収入にとどまる場合に限る。

② 個人事業者の事業再生を図る民事再生法などは，事業の継続に必要な資産の保有や，収入も残債務の弁済が可能な程度に得られる場合に適用される。

③ ②の状態では，資力を喪失して債務を弁済することが著しく困難である場合に，当たらない。

すなわち，破産や清算の場合にのみ「基通36」が適用され，再生手続きによる再建が行われる場合は，その適用がないという判断である。しかし，この判断は7年後の大阪地裁事件にて大きく変更されることになる。

② 大阪地判平成24年2月28日　個人病院の事業再生に掛かる債務免除益課税事件 [*11]

兵庫県A市にて病院を営む医師が深刻な経営不振に陥って返済が滞り，大幅な債務超過の状態となった。関係者が支援を行い，新たな金融機関から融資を受け，これにて従来の債務の一部を返済し，残る債務約24億円余を債権回収機構（RCC）などから免除 [*12] を受けて再生を図った案件である。

その後は医療法人を設立し，自らはその理事長に就任し，月額250万円の報酬と病院敷地の地代60万円の収入を得ていたが，その債務免除益を事業所得の収入金額に算入しなかった。これに対し課税庁が，10億2,000万円余 [*13] の債務免除益を事業所得の総収入金額に算入する課税処分をしたことが争われた事件である。

大阪地裁は，事業再生税制の定めなどを検討し，次のように判示して，課税処分を取り消した（課税庁は控訴せずに確定）。

① 「基通36」は，所法36条の趣旨に適合する。

② 個人事業（病院）の再生手続きにおいても「基通36」は適用される

③ 資力喪失の要件は

i 所法９条１項10号及び令26条と同様に，債務者の債務超過状態が著しいこと。

ii その者の信用，才能等を活用しても，現にその債務の全部を弁済するための資金を調達することができないのみならず，

iii 近い将来においても調達することができないと認められること。

●図表－２ 時系列的な事件の流れ

時 系 列

S56		H2 12月		H6 3月	H16	H17 7月	H19 8月		同12月	同12月10日	H22 6月	同7月
甲は組合の専務理事に就任	組合は銀行から融資を受けて、甲に貸し付け、甲は株式投資などを始めた	組合は、甲への貸付金利息減免	元本の免除は応じなかった	甲は組合の理事長に就任	甲と組合は毎月５百万円で返済する合意	債権回収業者A社は甲の債務を免除した	左の免除益の更正処分が異議申立により	取り消される（資力喪失の認容）	銀行が組合に、20・4億円の債務免除	組合は甲の債務48・3億円余を免除	甲は理事長を退任（在位年数16年3月）	組合に納税告知・不納付加算税の処分

●図表－３ 甲の資産状況と収入

地裁が認定した H19年12月10日債務免除時（単位：万円）

資　産		負　債（代物弁済後）		PL		所得税の扱い
預　金	1,193	借入金等		平成19年		平成17年7月
Kグループの出資・株式	1,454	組合（元本）	460,032	不動産収入	2,749	債権回収株式会社から債務免除を受ける
委託保証金	3,737	同、未払利息	23,650	役員報酬	997	
上場株式	8,857	組合の債務（債務免除額）	483,682	合　計	3,746	課税処分を受ける
非上場株式	126			平成20年		異議申し立て
自宅・貸店舗駐車場の物件	12,679	M銀行他借入金	14,656	不動産収入	2,700	異議を認める処分
その他資産	176	KCO借入金	8,000	役員報酬	997	（資力喪失の認定）
		公租公課未払	18,485	合　計	3,697	
		その他	2,942			
資産の合計	28,222	負債の合計	527,765			
免除後の債務超過額	△15,861	債務超過額	△499,543			

④ 原告は上記の要件に当たるので,「基通36」が適用される。

　すなわち,先の仙台高裁の判断を改め,事業再生の場合にも「基通36」を適用するとし,その要件を著しく債務超過の状態にあること,近い将来にも弁済能力がないこととしたのである。そしてこの判断は次に述べる事件の地裁・高裁で採用されている。また,この判決後の平成26年の税制改正により,所法44条の2に債務免除益の総収入金額への不算入の定め*14が創設され,「基通36」は削除された。

③ K青果荷受け組合理事長事件

　図表－2に示した青果荷受け組合(以下,「組合」という)の,元理事長甲に対する貸付金48億円余の免除につき,甲はその後も関連会社から融資を受けていることから,資力喪失の状態にないとして,これを給与とする課税庁の源泉所得税18億円余を告知した処分等が争われた事件である。主な争点は①甲への債務免除が給与等に当たるか,否か,②給与に当たると,免除益を給与所得の収入金額に算入すべきか,否かの2点である。

　組合は,債務免除は甲の資力喪失の状態に基づいて行ったに過ぎず,役務の提供の対価ではない,甲から回収できない源泉所得税の徴収義務が組合に課され,不当であると主張した。地裁・高裁では組合の勝訴,最高裁では一部を破棄自判,資力喪失の事実につき原審に差し戻し,差戻し審では免除益の一部を給与と認定した事件である。

① 裁判所の判断

ⅰ 岡山地裁*15請求認容

　ア 「基通36」の定めは,給与所得に係る源泉所得税額の計算上,給与等の金額に算入しないとする趣旨も含む。

　イ 甲は52億円余の債務に対し,資産は3億円弱にすぎず,著しい債務超過の状態であった。

　ウ 甲は,年3,746万円余の収入を得ているが,債務が多額であるため,近い将来に債務の全額を弁済することが可能とはいえない。

　エ 債務免除益が給与等に該当するとしても,「基通36」を適用せずにされた各処分は,平等取扱いの原則に反し違法であり,取り消すべきである。

ⅱ 広島高裁*16控訴棄却

●図表-4 状況の説明図

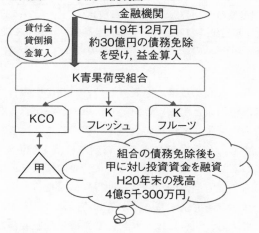

ア 甲への組合の貸付金は，元本返済の目処が立たない不良債権である。

イ 甲が受けた平成17年分の債務免除益につき，異議決定にて「基通36」の適用がされ，その後，甲の資産は増加していない。

ウ このような状況のもとで，債務免除がされた事実があり，組合の債務免除は，甲の資力喪失により弁済が著しく困難であることが明らかになったためであり，甲が理事長であったことが理由ではない。

エ よって，その免除は役員の役務の対価でなく「給与等」に当たらず，源泉徴収義務も存在しない。

iii 最高裁*17一部破棄自判・一部差戻

甲への債務免除について，次のように判示して一審，控訴審の判断を覆して給与と認定し，資力喪失につき原審に差し戻した。

ア 甲が長年にわたり，組合から多額の金員を繰り返し借り入れていたことは，甲がその地位にある者として，その職務を行っていたことによるとみるのが相当である。

イ 組合が甲の申入れを受け債務の免除に応じたことは，組合に対する甲の貢献への配慮があることなどの事情によるもので，所法にいう賞与又は賞与の性質を有する給与に該当する。

iv 差戻し審*18

●図表－5　差戻し審の認定額　　　　　　　（単位：万円）

資産総額	172,520	負債総額	527,723
資産超過額	128,479	債務免除額	−483,682
給与所得への算入額		免除後の負債	44,041

　差し戻された広島高裁は，図表－5のとおりに甲の資産を17億円余（課税庁は34億円余と主張）と認定し，甲の債務が資産を3倍以上も上回り，資力を喪失して債務の全額を弁済することは著しく困難であるが，組合からの債務免除により，資産が負債を12億8,000万円余上回ることになる。この額は組合からの債務免除により，甲の担税力を増加させるもので，経済的な利益（利得）に当たる。

　この部分は債務を弁済することが著しく困難といえず，給与所得の収入金額に算入し，組合にはこれに応じた源泉徴収義務がある。

Ⅲ　本問への当てはめ

　さて，本問は難問である。筆者なりの想いを述べると次のとおりである。

　債務免除益への課税につき，最初に紹介した仙台高裁の判断については，その後の大阪地裁やK青果荷受け組合（以下，「組合事件」という）の事件において採用されず，「基通36」は個人の再生手続きにも適用されること，そして資力喪失であるかどうかは，債務の免除時の状態で判断するとされているところから，本件には当てはまらない。これにより組合事件での裁き方を参考にして次のように律すると考える。

(1)　Yは保有していた主要な資産であったX社へ賃貸していた土地を，X社に代物弁済を行った。

(2)　残る資産は住居のマンションのみであり，これを換価して債権の回収に充てると，Yの生活に相当の困難をもたらすこと。

(3)　事後の所得は年金だけで，4,000万円の返済は困難であること。

(4)　以上により資力を喪失していると判断できる。

(5)　ただし，マンションの時価が5,000万円であることから，残る債務の4,000万円を超える部分の1,000万円は，弁済が困難といえないことから，給与に当たる。

⑹　X社は，上記の1,000万円は免除時に支給したとして，源泉徴収義務が生じる。

おわりに

　借りたお金は返さなければならない。債務者がこのとおりにすべて完済すれば課税の問題は生じない。しかし，そのとおりにならないのも世の常である。そして返済が出来ないような事態に債務者が陥ると，多くの場合は財布の中身が乏しくなり，租税負担を求めても，目の前の問題に対処することに手一杯であって，納税どころの騒ぎではないのである。

　このような場合に，どこまで租税負担を求めるかは，悩ましい問題である。しかし，現実の課題は解決しなければならず，落ち着きどころを探す他はない。問題の解決に向けて，借入金に伴う原則的な考え方と，事業や個人再生の調和を図る場面であると思う。

注釈

＊1　「住宅資金貸付債権に関する特則」といわれ，民事再生法196条以下に規定がある。

＊2　金子宏『租税法』第23版　弘文堂　195頁

＊3　増井良啓「債務免除益をめぐる所得税法上のいくつかの解釈問題（上）（下）」ジュリスト　1315号192頁，1317号268頁（2006）

＊4　民法587条

＊5　債務の消滅には，弁済（約定による返済，代物弁済）・相殺・更改・免除・混同があり，本稿では代物弁済と免除を取り上げている。

＊6　所法36条①括弧書き

＊7　「資力の喪失」による債務免除につき，本文に記載した他，措置法28条の2の2（減価償却資産等の損失の必要経費算入），法人税法では59条（会社更生法等による債務免除等があった場合の欠損金の損金算入），相続税法では8・9条に課税しない旨の定めが設けられている。

＊8　「資力の喪失（債務超過）」につき，課税庁は基通9－12の2にて，債務の免除を受けたときの状態で判断すると明らかにしている。

＊9　本通達は所法44条の2の創設により，削除された。しかし，同44条の2は「総収入金額に算入しない」，加えて，確定申告書への「記載」を要件とすると定め，その範囲を不動産・事業・山林所得を対象としているのに対し，本通達は「総収入金額または収入金額に算入しない」として算入しない各種所得の範囲が広いため，現在も同36条の解釈として用いることが可能と考える説がある。藤間

大順「債務免除益課税の基礎理論―事業再生税制の「資力喪失要件」に対する解釈を中心として―（下）」青山ビジネスローレヴュー 6 巻 2 号 33頁

＊10　TAINS Z255―10174　税資255号順号10174

＊11　TAINS Z262―11893・訟月58巻11号3913頁・税資262号順号11893

＊12　免除後もなお，約3,300万円の債務超過であった。

＊13　免除額24億円余から，純損失の繰越額を差し引いた額と思われる。

＊14　「基通36」では，「各種所得の計算上収入金額又は総収入金額に算入しない」とされていた。しかし，所法44条の二は「収入金額」を削除して「各種所得の計算上，総収入金額に算入しない」とし，さらに確定申告要件を付している。

＊15　岡山地裁平成25年 3 月27日判決　税務訴訟資料263号順号12184

＊16　広島高裁岡山支部平成26年 1 月30日判決　LEX/DB 文献番号25505116

＊17　最高裁第一小法廷平成27年10月 8 日判決　裁判所 HP　集民251号 1 頁

＊18　広島高裁平成29年 3 月13日判決　判例集等未登載のため，差戻し審については税務通信3449号　2017年 3 月13日の記事を用いている。なお，組合は，差戻し控訴審で排斥された錯誤無効について再上告。第二次上告審は，法定納期限が経過したという一事をもって，債務免除につき錯誤無効を主張してその適否を争う余地があることを認めつつ，本件では組合が納税告知処分が行われた時点までに，その主張をしていないことから，組合の主張は認められないとして上告を斥けた。平成30年 9 月25日判決　民集72巻 4 号317頁

意思無能力者の相続税申告

事例 関与先の創業者が亡くなりました。相続人は妻の甲と後継者の長男乙（代表取締役）と，専務を務める次男丙，及び嫁いだ長女丁の4名です。甲は数年前から老人施設に入所し，日常の会話などはできるものの，意思能力は衰えている様子で，遺産の分割協議に参加するのは困難な状態です。また，後見人は付いていません。

事業の承継をめぐって乙と丙に深刻な対立があり，分割協議は時間を要する見込みであることから，相続税については未分割状態での申告となる模様です。乙は私に甲の分も併せて申告を依頼していますが，丙と丁はそれぞれ別個に申告することになります。このような乙による甲の申告や納税の効力，及び乙が立替払いする甲の相続税額は，丙丁に請求できるでしょうか。

回答 意思無能力者と判断された相続人は，法的な能力は喪失する。本人に代わって選任された法定の代理人が遺産分割協議に参加する。そうして本人の法的保護の立場から，その相続分は法定相続分割合とするのが家庭裁判所の実務である。よって甲については後見人などの選任を家裁に申し立てることが必要となる。この効果により甲は相続により財産を取得し，納付すべき相続税額があると申告書の提出と納税の義務が課されることになる。これにより，甲に代わって乙が行う申告や納税は有効となる。また，乙の行為は「事務管理」となり，立て替えた相続税額については，共同相続人である丙丁に「費用の償還義務」があるので，乙は丙丁に対して請求することが可能である。

はじめに

我が国は高齢社会である。「4人に1人が高齢者」さらには80歳以上の超高齢者の人口が1千万人を超え，2035年には総人口に占める高齢者の割合が33.4%となり「3人に1人が高齢者」になると予想されている*1。そうするとこれまで経験したことのない本問のような問題が生じる。それであれば，実務家の我々は，人の持つ意思能力や，行為能力についての基礎的な素養を学修し，適切な対応ができるように備えておくことが求められる。それでは，最初に法律行為の前提である意思能力の有無をどのように捉えるとよいのか，その次に無能力者の委任及び事務管理*2が争われた事件を眺めて，本問の回答にアプローチをしてみたい。

I　法的な意思能力の有無の判定

1　遺産分割協議は法律行為

　裁判所は，「「分割協議」は，相続の開始によって共同相続人の共有となった相続財産について，その全部又は一部を，各相続人の単独所有とし，又は新たな共有関係に移行させることによって，相続財産の帰属を確定させるものであり，その性質上，財産権を目的とする法律行為」と判示*3している。

　このような法律行為である「分割協議」が有効であるには，まず前提として次の手続きを踏むことになる。

i　相続人の全員が参加し，その合意があること。

ii　行方不明者がいる場合は特別代理人の選任*4を行い，代理人が参加すること。

iii　意思無能力の無効の法理により，参加する相続人は意思能力者であること。これにより意思無能力者や未成年者については，後見人等や特別代理人が代わって参加すること。

　次に，その合意の内容を明確に記載し，参加した相続人や後見人等，又は特別代理人は，本人の印章（実印）を押印し，さらに印鑑証明書を添付して「本人の印章と文書の印章の一致」*5をすることになる。

2　「分割協議」に必要な意思能力

　それでは相続人に求められる意思能力を検討しよう。それは相続人が判断能力を持つか否かであり，その能力が欠ける原因の一つにいろいろ

なタイプの認知症がある。症状も様々で，日常会話に支障はないが金銭感覚に問題がある場合や，人物が誰であるかが分からない，日によって調子の良し悪しが異なる場合もある。高齢者や認知症の発症者を，一括りにして意思能力を否定することはできない。では，どうするのかである。

　前述したように，遺産分割は法律行為であって，財産の多寡や相続人の数，相続人の今後の生活への影響などにより，その難易度は異なるものの，判断すべき事項はそれなりにあり，加えて財産の帰属の如何によって，課される相続税の額も変動する。決して，簡単な部類に属するものではない。同じく財産の帰属や処分を決定する遺言と同等，あるいはそれ以上に判断能力を必要とするものと思う。

　そこで，意思能力の判定につき，遺言の有効性と，遺産分割に係る後見人等の選任に関する法律判断をめぐる判断基準を眺めてみたい。意思能力の判定に幅広く用いられている長谷川式認知症*6テスト（以下，単に「テスト」という）及び意思無能力者に対する支援制度から考えてみよう。なお，巻末にテストと支援制度の概要を記載しているので，参照しながらお読みいただきたい。

⑴　**遺言に関してテストを用いた裁判所の判断**

　このテストで20点以下の者は，認知機能が日常生活に及ぼしている可能性があるとされ，遺言能力については大きな目安として，15点以下の場合には能力に疑いが生じ，10点以下の場合には能力がないと指摘するものとされている*7。それでは，テストの点数や関連する本人の状態によって，遺言が無効と判断された例を挙げてみよう。

①　東京地裁平成26年11月6日判決

　自筆証書遺言の効力が争われた事案である。

　裁判所は，2回目の遺言を作成したときの亡Aの遺言能力につき，

ⅰ　記憶障害，見当識障害，せん妄様の症状，異常な言動が見られたこと

ⅱ　要介護度5の認定を受けていたこと

ⅲ　テストの検査結果が10点であったこと

などの事情から，判断能力は相当程度低下していたと認められる。

②　東京地裁平成27年7月15日判決*8

テストの点数　4点　アルツハイマー認知症であった。

③　東京高裁平成22年7月15日判決

テストの点数　7か月前20点　9か月後11点　金銭管理が困難，被害妄想的

④　東京地裁平成22年3月24日判決

テストの点数　15点　服用する薬と金銭の管理能力の欠如，言葉のやりとりの欠如，時間・場所の見当識障害，手順を踏む作業の困難，周囲の人とのトラブル，間違い行動の多発

⑤　横浜地裁平成18年9月15日判決

テストの点数　9点　介護認定審査のための認定調査において，日課を理解できない。

⑥　広島高裁平成14年8月27日判決

氏名及び生年月日が回答できず，テスト施行できず。遺言作成に関与した相続人は相続欠格者とされた。

以上からは，テストの点数と，服用する薬や金銭の管理・せん妄・間違い行動の多発などを考慮して，遺言能力の有無を法律的に判断*9されている様子が明らかである。

(2)　認知症の相続人への対応

次なる検討は相続人に認知症の者がいる時の対応である。前述したように有効な「分割協議」を行うには，その全員の合意が必要となり，加えて相続人に意思能力があることが前提となる。これにより，認知症を発症した相続人がいる場合には，その相続人に意思能力があるかが問題となる。

意思能力とは，自らの行為の結果を判断できることであり，これができない認知症の相続人は，相続人の合意の結果を十分に理解することができない。そうすると本人の利益が保護されないことになる。このため，認知症の相続人が意思無能力と判断されると，認知症の相続人が「分割協議」に同意したとしても，その同意は無効となる。

①　意思能力の判定

では，相続人の意思能力は，どのように判断すべきであろうか。先に検討した被相続人の遺言能力の判定と同じに考えて良いと考える。ここでは，判断能力が「常に欠けている」「著しく不十分」「不十分」のいず

れの段階にあるのかの区分により、「後見」・「保佐」・「補助」の仕組み
が用意され、本人の保護を法律的に守ることとされている。具体的には、
法務省がHPで公表している「成年後見制度」の中の、後見と保佐につ
いての以下の説明が参考となる。

○　後見開始事例

ア　本人の状況：アルツハイマー病　イ　申立人；妻　ウ　成年後見人：申立人
エ　概要
　本人は5年程前から物忘れがひどくなり、勤務先の直属の部下を見ても誰か分か
らなくなるなど、次第に社会生活を送ることができなくなりました。日常生活にお
いても、家族の判別がつかなくなり、その症状は重くなる一方で回復の見込みはな
く、2年前から入院しています。
　ある日、本人の弟が突然事故死し、本人が弟の財産を相続することになりました。
弟には負債しか残されておらず、困った本人の妻が相続放棄のために、後見開始の
審判を申し立てました。「家裁」の審理を経て、本人について後見が開始され、夫
の財産管理や身上監護をこれまで事実上担ってきた妻が成年後見人に選任され、妻
は相続放棄の手続をしました。

○　保佐開始事例

ア　本人の状況：中程度の認知症の症状　イ　申立人：長男　ウ　保佐人：申立人
エ　概要
　本人は1年前に夫を亡くしてから一人暮らしをしていました。以前から物忘れが
見られましたが、最近、症状が進み、買物の際に1万円札を出したか5,000円札を
出したか、分からなくなることが多くなり、日常生活に支障が出てきたため、長男
家族と同居することになりました。隣県に住む長男は、本人が住んでいた自宅が老
朽化しているため、この際、自宅の土地、建物を売りたいと考えて、保佐開始の審
判の申立てをし、併せて土地、建物を売却することについて代理権付与の審判の申
立てをしました。
　「家裁」の審理を経て、本人について保佐が開始され、長男が保佐人に選任され
ました。長男は、「家裁」から居住用不動産の処分についての許可の審判を受け、
本人の自宅を売却する手続きを進めました。

　そして、後見（保佐）の申立てについては、必要がある時は本人の判
断能力の程度を医学的に十分確認するため、医師による鑑定を行うと記
されている[10]。

②　他の相続人は後見人等になれるか

　もう一つ重要な論点がある。利益相反への対処である。

　相続以外の場面では、親族は認知症の家族の後見人等になることは、
正しくその職務を行う限りは、何ら問題はない[11]。子どもが親の身上
介護や、金銭管理を行うことは当然である。しかし、相続が生じると利

益相反の問題が生じるのである。というのは，他の相続人が認知症の相続人の後見人（保佐・補助人を含む。以下同じ）になると，自らの相続人の地位と，認知症である相続人の保護を図るべき後見人としての地位を有することになるからである。そうすると，利益相反関係が生じ，認知症である本人の利益を十分に図ることが期待できない。

　例えば，長女が認知症の母の後見人（保佐人・補助人，以下同じ）であったところ，父の相続が生じて，自らと母が相続人になったときは，

i　長女は相続放棄をして利害相反関係を解消する。

ii　後見人として「家裁」に後見監督人（臨時の保佐人・補助人）の選任を申し立て，選任された後見監督人などが「分割協議」に参加する。

iii　特別代理人を選任する。

　上記iiの後見監督人（臨時の保佐・補助人）が選任されていない場合，後見人となった他の相続人は「家裁」に，特別代理人選任の申立てをし，特別代理人が「分割協議」に参加する。

③　認知症の相続人の遺留分侵害額の請求

　上記のほか，留意点が一つある。遺留分侵害額の請求の時効の期限である。

　遺留分の侵害額の請求には時効が有り，相続の開始を知った時から1年間である。しかし，認知症の相続人は，その行使について適切な判断ができないことがある。そのため，裁判所は，その時効が満了する前の6か月以内の間に，認知症の相続人に法定の代理人が存在せず，時効の満了前に後見開始審判の申し立てをしたときは，後見人が就職した後の6か月の間は，時効は完成しないと判断している*12。

　以上に見てきたように，相続人が認知症である時は，テストや主治医の診断書，看護や介護記録などにより，その症状がどの程度であるかが判断され，「後見人」・「補佐人」・「補助人」の法定代理人によって「分割協議」が開始されることになる。

❷　乙による甲の事務管理

　次の検討は，他の相続人による，認知症である相続人に係る税務申告と納税が，効力を有するか否か，及び委任並びに事務管理と費用の償還

請求ができるかどうかである。最高裁が平成26年3月に判決した事件を眺めてみよう。

委任と事務管理による費用の償還請求事件である。そして，判断の前提として，相続人が意思無能力者である場合の，相続税の申告と納税義務のあり方について，最高裁が説示した事件でもある。

後見人や法定の代理人（以下，「後見人等」という）によって，意思無能力の相続人の財産上の権利は保護される。そして，負担すべき税額が生じる時の相続税の申告と納税は，後見人等が存在せずとも，申告と納税の義務があり，後見人等が選任されるまで，その期限が到来しない，加えて期限が到来しない前の，他の相続人による本人に代わる申告と納税も，有効とする判断が示されている。

① 事実の概要

次頁の図表−1のとおりに，「分割協議」がまとまらない状況において，意思無能力者の母Bの相続税申告と納税をした，子である相続人Cとその代襲相続人であるXが，他の共同相続人に対して，主位的に，民法650条1項所定の委任契約に基づく費用償還請求，予備的に，民法702条1項の事務管理に基づく費用償還請求として，Bに代わって納付した相続税の一部である6,953万円の11分の1ずつの支払等を請求したものである。

② 裁判所の判断*13

(1) 名古屋高裁

以下のように説示して，Xの請求を棄却した。

① 主位的請求

Bは意思無能力であるので，Cに相続税の申告納付を委任することはありえない。よって，委任を前提とする費用償還請求はできない。

② 予備的請求

法定代理人や後見人のいないBには，相続税法所定の申告書の提出義務はない，したがって，税務署長が税額を決定することも法律的になく，課税庁による税額決定を慮ってBに代わって相続税申告と納付することは，却ってBに具体的な納税義務を生じさせ，不利益になる。

(2) 最高裁の判断

原審の相続税法の解釈を是認することはできないと説示して，事務管

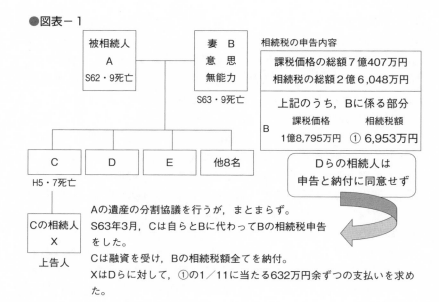

●図表－1

被相続人
A
S62・9死亡

妻　B
意　思
無能力
S63・9死亡

相続税の申告内容

課税価格の総額7億407万円
相続税の総額2億6,048万円

上記のうち，Bに係る部分
B　　課税価格　　　相続税額
　　1億8,795万円　① 6,953万円

C
H5・7死亡

D

E

他8名

Dらの相続人は
申告と納付に同意せず

Cの相続人
X
上告人

Aの遺産の分割協議を行うが，まとまらず。
S63年3月，Cは自らとBに代わってBの相続税申告
をした。
Cは融資を受け，Bの相続税額全てを納付。
XはDらに対して，①の1／11に当たる632万円余ずつの支払いを求め
た。

理に基づく費用償還請求を棄却した部分を破棄し，CがBのための費
用を支出したかどうかなどにつき，更に審理を尽くす必要があるとして，
原審に差し戻した。

① 　相続等により財産を取得した者に，納付すべき相続税額があるとき
　は，申告書の提出義務が生じ，提出期限は「その相続の開始があった
　ことを知った日の翌日から6月以内（編注：現在は10月以内）」と解
　する。

② 　意思無能力者については，法定代理人がその相続の開始があったこ
　とを知った日がこれに当たり，相続開始の時に法定代理人がないとき
　は後見人の選任された日がこれに当たる。

③ 　意思無能力者も，納付すべき相続税額がある以上，法定代理人又は
　後見人の有無にかかわらず，申告書の提出義務は発生する。

④ 　法定代理人又は後見人がいないときは，その期限が到来しないにす
　ぎない。

⑤ 　税務署長は，申告書の提出期限にかかわりなく，被相続人が死亡し
　た日の翌日から6か月（編注：現在は10か月）を経過すれば，相続税

額の決定をすることができ，意思無能力者に対しても適用される*14。

⑥　本件申告時に，意思無能力者であるＢにつき，相続税申告書の提出義務が発生していなかった，また，税務署長がその税額を決定することがない，とすることもできない。

⑦　以上により，ＣによるＢに係る申告と納税は，Ｂの利益にかなうものでなかったということはできない。

⑧　よって事務管理に基づく費用償還請求を直ちに否定することはできない。

Ⅲ　本問への当てはめ

それでは，これまで検討したところを，本問に当てはめてみよう。

(1)　判断能力の把握

まずは，判断能力が疑われる甲の意思能力の状態を把握する。テストや医師の診断・鑑定によって，物事の判断能力が「常に欠けている」・「著しく不十分」・「不十分」のいずれに当たるかを検討することである。

(2)　法定代理人の選任の審判の申立て

甲には後見人等が選任されていない。上記のそれぞれの区分に従って「後見」・「保佐」・「補助」人の選定を求める審判を家裁に申し立てる。区分が定かでないときは，例えば「後見」にて申立を行い，「家裁」の審理によって「保佐」が適切とされた場合は，事後に申立区分の変更を行うこととされている。

(3)　遺産分割協議の開始

選任された後見人等が参加して，共同相続人間で「分割協議」を始める。

(4)　相続税の申告と納付の期限

甲については後見人等が選任された日が「相続があったことを知った日」となり，その翌日から10か月以内が申告と納税の期限となる。この間に「分割協議」が成立すると，後見人等が申告と納付を行う。

(5)　「分割協議」が長引いたとき

ⅰ　甲と，乙丙丁のそれぞれの申告と納税の期限に，分割の合意が成立しない時は，未分割状態の相続税申告を要する。

ⅱ　この期限までに甲の後見人等が選任されると，後見人等が申告と納

税を行う。

iii　後見人等の選任がされていない時は,

　　ア　税務署長は相続開始日より10か月経過した後は, 甲の税額等を決定することが可能であるので, これを待つ*15。

　　イ　上記アでは, 無申告加算税や延滞税の負担が生じるので, 乙が甲に代わって申告と納税を行う。

　　上記のいずれかを選択する。

iv　乙が立替えをした甲の相続税相当額

　　ア　甲の逝去を待ち, 甲の遺産に係る「分割協議」で調整する。

　　イ　丙と丁に対し, それぞれの法定相続分割合に応じた額を, 事務管理上の費用として償還請求を行う。

　　上記のいずれかを選択する。

　いずれにしても, かなりの労力と時間と忍耐を要する事案となる。そのときになって対応するより, 事前にどのような道筋（ロードマップ）となるのかを, 知識として備えておくのが良いものと考える。

おわりに

　我が国が長寿社会であることは, 世界に誇れるところであるけれども, その一方で高齢になるに従って, いろいろな障害が生じることも, やむを得ないことと思う。そうしてこの分野の検討はまだまだ十分ではないところである。起こりうる現実の問題に直面した際に, 慌てることがないように, 働き盛りの40〜50代の方々に, このような困難な事案に対する処方箋を上手に書けるよう, 事前の準備をお願いしたいと, 切に思うところである。

長谷川式簡易知能評価スケール　　　　　　　　資料出所　http : //info.ninchisho.net./cheek

質問内容	番号	質　問　事　項		点　　数	
				不正解	正解
年齢	①	歳はいくつですか？（2年までの誤差は正解）		0	1
日時の見当識	②	今日は何年何月何日で, 何曜日ですか			
		年・月・日・曜日が	年	0	1
			月	0	1
		正解でそれぞれ1点ずつ	日	0	1
			曜日	0	1

場所の 見当識	③	私たちが今いるところは何処ですか？ （正答がないときは5秒後にヒントを与える） 自発的に答えられた ヒントの後，家・病院・施設ですか？ 上記の内から答えられた（不正解0点）	0 0	2 1
言葉の 即時記銘	④	これからいう3つの言葉を言ってみて下さい 系列1　　　a）桜　　b）猫　　c）電車 系列2　　　a）梅　　b）犬　　c）自動車 言葉ごとに各1点　3問○3点・2問○2点・1問○1点		
計算	⑤	100から7を順番に引いて下さい a）100－7は？　　　　　　a）が正解のみ b）それから7を引くと？　　b）も行う		1 1
数字の 逆唱	⑥	これからいう数字を逆から言って下さい a）6－8－2 b）3－5－2－9	0 0	1 1
言葉の 遅延再生	⑦	問④の3つの言葉をもう一度言ってみて下さい 正答が出なかった言葉にはヒントを与える 自発的に答えられた　→　1つの言葉各2点 ヒントa）植物　b）動物　c）乗り物を与えると 正解できた。→　1つの言葉各1点	0 0	
物品記銘	⑧	これから五つの品物を見せます。それを隠しますので 何があったか言って下さい 時計・くし・はさみ・タバコ・ペンなど 必ず相互に無関係なものを使う（1つの正答ごとに1点）		
言語の 流暢性	⑨	知っている野菜の名前をできるだけ多く言って下さい。 （答えた野菜の名前を記入する） 途中で詰まり，10秒待っても出ないときは打ち切る。 正答数10個以上5点・9個4点・8個3点・7個2点 6個1点・0～5個0点		

◇　法定後見制度の概要

申立をすることが できる者	本人・配偶者・4親等以内の親族・検察官など		
内容と区分	判　断　能　力　の　状　態		
対象となる者	後　　見	保　　佐	補　　助
	欠けているのが 通常の状態	著しく不十分な状態	不十分な状態
申し立てにつき 本人の同意の要否	不　要		必　要
医師の精神鑑定	原則として必要		原則として不要
保佐・補助人の 同意が必要な行為	同意権はないが 追認権がある	民法13条1項所定の 行為(注2〜4)	申立の範囲内で家裁が定める 行為（民法13条1項記載の行 為の一部に限る）
取消が可能な行為	日常生活に関する行為 以外の行為	同　上	同　上
付与される 代理権の範囲	財産に関する 全ての行為	申立の範囲内で家裁が 審判で定める「特定の 法律行為」(注1)	左に同じ

注1　本人以外の者の請求により，保佐人に代理権を与える審判をする場合，本人の同意が必要。補助

開始の審判や補助人に同意見・代理権を与える審判をする場合も同じ。
注2　民法13条1項記載の法律行為は以下の行為
　①　利息や賃料などを生み出す財産の受領、又はその財産の利用を行う行為
　②　借金をしたり、保証人になること。
　③　不動産その他重要な財産権について、売買などこれを取得したり手放したりする行為
　④　原告として訴訟行為を行うこと。
　⑤　贈与、和解又は仲裁契約を結ぶこと。
　⑥　相続の承認・放棄すること、又は遺産分割の協議を行うこと。
　⑦　贈与の申し出あるいは遺贈を断り、又は負担付きの贈与あるいは遺贈を受けること。
　⑧　新築、改築、増築又は大修繕を行うこと。
　⑨　建物については3年、土地については5年を超える期間の賃貸借契約をすること。
注3　家裁の審判により、民法13条1項所定の行為以外についても同意権・取消権の範囲を広げること
　　ができる。
注4　日常生活に関する行為は除かれる。

注釈

＊1　総務省「超高齢社会の現状」『平成25年版　情報白書』

＊2　委任は民法643条、事務管理は民法697条以下

＊3　最判平11.6.11・民集53巻5号898頁・家裁月報51巻11号85頁

＊4　行方不明の状況が7年継続した後に、失踪宣告を受ける方法もある。

＊5　本人の印章と文書の印影が一致すれば、本人の意思に基づいて押印されたも
　　のと推定され、さらに文書全体が本人の意思に基づいて作成されたと推定され
　　る（最判昭39.5.12・民集18巻4号597頁）。一般原則で、二段の推定と呼ばれて
　　いる。

＊6　医療機関で認知症の診断に利用されているもので、医師が効率的かつ公平に
　　認知機能の低下を診断するために1974年に開発され、1991年に一部改訂されて
　　今日まで利用されている。資料出所　本文に記載

＊7　河原崎弘「認知症の母の公正証書遺言の効力／弁護士の相続相談」
　　http : //www.asahi-net.or.jp/～zi3h-kwrz/so/yuigonotar.html

＊8　この項の②以下は、前掲＊7HPの「長谷川式テストと公正証書遺言の効力の
　　表」より抜粋して記載している。

＊9　意思能力の判断基準に関する裁判例を分析した論考として、三輪まどか氏の
　　『「高齢者の意思能力の有無・程度の判定基準」－遺言能力・任意後見契約締結
　　能力をめぐる裁判例を素材として－』があり、横浜法学第22巻3号（2014年3
　　月号）に所収されている。

＊10　法務省作成のパンフレット「いざという時のために、知って安心」成年後見
　　制度・成年後見登記　http : //www.moj.go.jp/

＊11　刑法は直系血族及び同居の親族らとの間で窃盗・詐欺・横領に当たる犯罪が
　　行われたとしても刑は免除すると定めているが、後見人の使い込み事件では業
　　務上横領罪の成立を認めて刑は免除しないという判決がある（最判平20.2.18、
　　最判平24.10.9、東京高判平25.10.18など）。

＊12　最高判平26.3.14・裁判所HP及び民集68巻3号229頁

＊13　一審・津地判平14.12.25　控訴審・名古屋高判平17.1.26・最二小平
　　18.7.14・判時1946号45頁

*14 平成4年の改正以前の，相続税法35条2項1号
*15 実際には，相続税の税額等を決定するには，課税庁が調査を行う必要があり，
相当の期間を要し，10か月経過後すぐに決定がなされることは少ないと思われ
る。

除斥期間経過後の還付請求の可否

事例 　相談者の依頼者であるＺ氏は地方公共団体の技官として勤務していましたが，ふとした事件に巻き込まれ，無罪を主張しましたが，地裁では認められずに有罪となり，その結果，懲戒免職の処分を受け失職しました。控訴審を経て８年の後に最高裁にて無罪が確定したので，免職処分の取消しを求めたところ，復職が許され，８年間の給与に相当する約4,800万円が支給されることになりました。ただし，その間の生計を立てるためにアルバイトをしていたため，受給する際の源泉徴収は乙欄が適用され，かなりの税額が控除されました。このため各年分における源泉徴収税額が，負担すべき所得税額を上回り，還付金が生じるので確定申告をしたところ，５年分については還付されましたが，６年～８年前の３年分約380万円については，除斥期間が経過するため申告書を受理することができず，したがって還付できないとのことでした。過大納付となった税額を取り戻すことはできるでしょうか。

回答 　租税行政庁が更正・決定・賦課決定等をなし得る期間には制限があり，特別な場合を除いて５年[*1]とされている。よって税務署では６～８年前の過大納付額は還付することはできない。しかし，法律の裏付けのない租税負担であって，これを放置すると租税法の基本理念である公平の理念に反することになる。

　よって，民法における不当利得[*2]の法理を適用し，過大納付額は国の不当利得に当たるとして，裁判所にその返還を命じる判決を求める訴訟を提起するのがよいと考える。

はじめに

　納付した税額が過大となった場合は，法に定める本来の納税負担になるように，確定申告による還付のほか，更正の請求の仕組みが用意されている。そして還付の求めはこの仕組みを利用すべきで，特別な場合の他はこれ以外の方法を用いて還付の請求はできないものとされている*3。他方，課税庁の税額決定に関する権限には除斥期間が設けられ，法定申告期限から5年を経過すると，行使することができない。すなわち，還付の請求は租税手続によるべきで，その行使は除斥期間内に限るというのである。

　本問の380万円は，源泉徴収税額が確定申告額を超過する「還付金」である。通常の場合は当然に還付*4される。これがなされないと法律の裏付けのない租税を国が利得することになり，租税の基本原則である「公平」が保てない。これをやむを得ないとして，放置してよいのであろうか。筆者は是正すべきと考える。それでは，更正の請求によることなく，必要に応じて例外を認めて是正の措置ができるかどうかを検討したい。

Ⅰ　還付請求に対する除斥期間

　はじめに，減額更正に対する除斥期間の定めが設けられた背景を，おさらいしておこう。

　はるか昔の昭和37年に，国税通則法が制定される以前のことである。それまでは，減額の更正処分に期間制限の定めの適用があるかどうかについて，各税法の定めは統一されずに，まちまちの状態であり明確でなかった。そこで，これらにつき体系的整備と法律関係の明確化を目指して，税制調査会で検討が実施され，その結果，減額更正については以下のように答申された。

(1)　減額更正が時効制度になじまないとしても，租税債権・債務の法律関係を安定せしめ，公平を図る見地からいえば，減額更正をいつまでもすることができるとすることは問題であろう。

(2)　第一に，いつまでも減額更正をできるといっても，減額すべき理由

が資料により証明されない限り，減額更正をすることはできないが，5年を経過すると，多くの場合に税務官庁は資料を廃棄するため，たまたま資料を保存した納税者にのみ減額更正され，資料の保存をしない多くの納税者に比較して有利となり，公平に反する結果となる。

(3)　第二に，減額更正は税務官庁の職権により行われるため，恣意的な取扱いがされない保障が求め難く，行政の執行を乱すことになり，この面からも公平の要求に沿うことができない。

(4)　第三に，ある程度永続した事実状態を法律的なものにまで高めてその安定を図る必要もある。

　これらの諸点を勘案して，減額更正については一定の期間制限を設けることが適当である。そして，納税者がいつまで申告することができるかということが問題となるが，これについては賦課権の除斥期間と見合って，この期間満了後は，納税者は申告することはできず，税務官庁もこれを受理すべきでないとすべきである*5。

　当時の状況を踏まえると，なるほどそうかと想える意見である。しかし，この答申が出され，国税通則法が制定されてから既に半世紀が経過し，上記の理由については，現在の状況に沿うものでないとの批判*6がある。

Ⅱ　私法上の個別救済制度

　前述した背景に基づく国税通則法による手続では，本問の救済はできない。とはいえ，過大な納付税額は，国が保有する理由のない利得であることに違いがない。また，租税法上の還付制度は，民法の不法利得返還請求権の法理が適用される*7ため，これを用いて救済を図ることができそうである。それではこの点に関する最高裁の判断の3件を眺めて，その是非を検討してみよう。

① 最高裁昭和39年10月22日第一小法廷判決*8

　特段の事情がある場合には，租税手続法によらないで救済が可能とした判断（以下，「昭39年最判」という）である。

(1)　事実の概要

①　Xは相続により取得した山林（以下，「甲山林」という）を，昭和31年に530万円でBに譲渡し，翌年の3月に課税所得金額302万円，

納付すべき税額を94万円とする申告書を提出したが，同年5月に50万円を納付したのみで，残る税額は滞納となった。

② 課税庁は翌年7月に滞納処分として，Xの不動産を差し押さえた。

③ Xは，家督相続によって「甲山林」は全て自分のものと誤解して申告したが，実は他の相続人と共同相続したもので，自らの相続分は6分の1である，よって法律行為の要素に錯誤があるとして，差押えの無効と，納付済みの50万円の返還を請求して訴訟を提起した。

(2) 裁判所の判断

確定申告の記載内容の過誤の是正について，その要件を明示し，本件にはそのような事情にないとして上告を斥けた。

① その錯誤が客観的に明白且つ重大であって，

② 更正の請求以外にその是正を許さないと，

③ 納税者の利益を著しく害すると認められる特段の事情がある場合でなければ，

④ 所論のように法定の方法によらないで，記載内容の錯誤を主張することは，許されない。

請求を棄却しているが，確定申告を納税者の意思表示と捉え，その内容に明白かつ重大な錯誤が存する場合は，これは特段の事情に当たるとして，更正の請求以外にその是正は許され，納税者の主張を認めるとする判断[9]である。

確定申告に民法上の意思表示と，同じく錯誤の類推適用の原理が働くかについては議論が分かれ，これを肯定，否定する見解の対立があったが，本判決はこれに終止符を打ったもので，要素の錯誤による法律行為の無効を定める民法95条の適用は原則これを許さず，特段の事情があるときはその適用の余地があるとする点で意義を有すると評価されている。

2 最高裁昭和49年3月8日第二小法廷判決[10]（以下，「昭49年最判」という）

「昭39年最判」と同じく，今は昔の昭和30年代前半の出来事である[11]。

昭和28年分に生じた貸付金元本に対する利息損害金債権が雑所得として課税されたが，8年後に回収不能となり，課税の対象となった利得が消滅し，既に徴収されたこれに対応する税額が，国の不当利得に当たるかどうかが争われた事件である。

(1)　事実の概要

① 　Xは昭和28年分の所得税につき，Y税務署長から同年に生じた利得である貸付金債権の利息損害金を，雑所得（42万円）に加算するなどの更正処分と，その税額（24万円）につき滞納処分を受け，徴収された。

② 　Xは貸付金元本債権を保全するため，借主保有の不動産に抵当権を設定していたが，これをめぐって借主と紛争が生じた。

③ 　Xは元本の回収が困難になると判断し，昭和36年7月に借主と和解し，借主は元本債権を認める一方，Xはその代償として利息損害金債権の全てを放棄した。

④ 　上記によりその債権は回収不能となり，課税された所得が消滅したので，上記①の24万円の返還を求めて，国に対して不当利得*12の返還請求訴訟を提起した。

⑤ 　第一審はXの請求を認容し，控訴審*13も国の控訴を棄却したので，国が上告した。

(2)　裁判所の判断

　以下のように，租税法の基本原則である「正義公平の原則」及び所得税法の本質について説示し，国の上告を棄却している。そのため，少し詳しく紹介したい。

① 　権利確定主義を採用している所得税法では，金銭の支払を目的とする債権は，その支払がされる以前に，支払があったのと同様に課税される。

② 　課税後にその債権が貸倒れ等によって回収不能となった場合は，現実の収入がないにもかかわらず課税を受ける結果となる。

③ 　課税の前提がなくなっても，なお課税庁が課税処分に基づいて徴収権を行使し，あるいは既に徴収した税額をそのまま保有できるとすることは，所得税の本質に反する。

④ 　その債権が事業所得を構成するときは，貸倒れは事業遂行に不可避的損失であるので，貸倒れの生じた年分の必要経費に算入することが許されるが，他方，非事業の債権の貸倒れの場合は，この措置は認められず，…他の救済方法も定められていない。

⑤ 　しかし，このような場合に所得税法が，何らの救済を認めない趣旨

であったと解することは相当でない。

⑥　貸倒れの発生とその額が客観的に明白で，格別の判断を要しない場合は，課税庁にその判断を留保させる合理的理由もなく，課税庁自身によるその是正措置が講じられない限り，納税者が上記②の租税の収納を甘受しなければならないとすることは，著しく不当であって，正義公平の原則にもとる。

⑦　課税庁は納税者に対して，貸倒れに係る限度において課税処分の効力を主張することはできず，既に徴収したものは法律上の原因を欠く利得として，これを納税者に返還すべきである。

　上記⑥，⑦がポイントであり，その結果，不当利得返還請求訴訟も可能となるとの論旨の構成である。本判決の意義は，課税処分と公定力との関係の解説を行い，その後に行政処分の撤回義務の面を論じ，納税者の救済を図った点にあるとされている*14。

③　**最高裁平成22年6月3日第一小法廷判決***15（**以下，「平22年最判」という**）

　「昭49年最判」から36年を経過した平成22年の判決であり，固定資産税の過大納付税額の還付について，その価格に係る固定資産評価審査委員会（以下，「審査委員会」という）に対する不服申立て，及び取消訴訟を経ることなく*16，過大納付税額の返還を求める国家賠償請求*17を行うことが，できるかどうかが争われた事件である。

(1)　**事実の概要**

①　倉庫業を営む法人（以下，「X」という）の所有する冷凍倉庫（以下，「本倉庫」という）の評価につき，地方税職員の誤りによって冷凍倉庫に比べて評価額の高い一般用倉庫とされ，納税者は昭和62年から平成17年までにわたって，名古屋市による賦課決定額を納付した。

②　平成18年に，その倉庫につき正しくは冷凍倉庫として評価すべきことが判明したため，名古屋市は同年5月に平成14年から同18年度までの「本倉庫」の評価額を修正して固定資産税の減額更正を行い，平成14年から平成17年までの税額等につき，過納金をXに還付した。

③　上記に対し，Xは昭和62年から平成13年までの評価額も誤った違法があり，これは過失であるとして国に対して国家賠償法1条1項（以下，「国賠法」という）に基づき，固定資産税の過納金相当額及び弁

護士費用の合計1,289万円余と遅延損害金の支払を求めて提訴した*18。

(2)　裁判所の判断

　　第一審の名古屋地裁は，Xの請求を許容すると課税処分を取り消すことなく還付を認めることになり，不服申立期間を定めた地方税法の趣旨を潜脱する，さらに，課税処分の公定力を実質的に否定することになるとして，請求を棄却した。

　　控訴審も第一審を支持し，登録価格については，「審査委員会」への審査申立て，及びその取消しの訴えの方法のみによって争うことができるとして，控訴を棄却した。

　　しかし，最高裁は原審の判断を覆して，次のとおりの判断を行った。

①　国賠法の下では，…地方公務員が，個別の国民に対して負担する職務上の法的義務に違背して，国民に損害を加えたときは，その地方団体がこれを賠償する責任を負う。

②　地方税法は，価格に不服のある納税者は，「審査委員会」に対する審査の申出，及びその取消しの訴えによってのみ争うことができると定めるが，これは登録価格自体の修正を求める手続であり，その価格が公務員の職務上の法的義務に違背してされた場合の，賠償責任を否定する根拠にならない。

③　行政処分の違法を理由とする国家賠償請求をするについては，あらかじめ処分の取消し，又は無効確認の判決を得なければならないものではない。

④　上記の③は，その請求を許容し，結果的にその処分を取り消した場合と同様の経済的効果が，得られる場合でも同じである。

⑤　そして他に，違法な価格の決定等によって損害を受けた納税者が，国家賠償請求を行うことを否定する，根拠となる定めなどは見出し難い。

⑥　したがって，価格の決定や賦課決定が無効でない場合も，公務員が職務上の法的義務に違背して価格ないし税額を過大に決定したときは，納税者は上記②の手続を経るまでもなく，国家賠償請求を行い得る。

　　本件のようなXの請求については，学説や下級審ではこれを許容する説と，本件の第1審と控訴審のように地方税法が定める期間制限の意義が失われるという立場から許されないとする説が対立していた。この

争いに対し，最高裁は本判決により明確に肯定説を採用し，この問題に
決着をつけたと解されている＊19。

Ⅲ 本問への当てはめ

　それでは紹介した最高裁の三つの判断に基づいて，本問への当てはめ
をしてみよう。すなわち，法律の定めに従わない課税を許さず，加えて
課税の公平を保つとする立場と，租税法律関係の法的安定性を保つとす
る課税処分の公定力，ならびに除斥期間の定めとの調和を，どのように
図るかという困難な問題である。筆者の私見に留まるが，次のように考
える。
(1)　本件の事実はきわめて特殊な出来事である。毎年，大量に反復的に
　　生じる課税案件に備えるための，租税実体法にあらかじめ備えておく
　　べき定めの範囲外の事実と捉えるのが合理的で，「昭39年最判」にい
　　う，特段の事情に当たる。
(2)　失職中のアルバイトに係る収入と，雇用関係が回復されてその期間
　　に対応する給与が支払われ，各年分の確定した所得税額を超える源泉
　　徴収税額は，「昭49年判決」にいうところの，法律上の原因を欠く利
　　得に当たる。
(3)　復職が許され，失職中の期間に対応して支給された給与については，
　　扶養控除申告書の提出がないため，乙欄による源泉徴収がなされてい
　　るが，これは自動確定の税額であって，支給者に源泉徴収義務が課さ
　　れているので違法なものではない。
(4)　他方，源泉徴収制度は確定申告によって，各年分の負担すべき所得
　　税額が決定され，過大な徴収税額となる場合は還付することを前提と
　　した制度である。本件のように除斥期間の経過後になされた源泉徴収
　　税額は，この前提を欠くため，この範囲において適法とすることには
　　違和感があり，不法とまではいえないとしても大きな問題が含まれる。
(5)　本件は過大な源泉徴収税額であり，納税者においてその租税負担を
　　甘受すべきとする場合に当たらず，国は法律上の原因のない利得とし
　　て，納税者に還付するのが「公平」に当たることになる。
(6)　以上により，租税行政庁による還付は除斥期間の経過により行い得
　　ないため，Ｚ氏がなおその還付を望むのであれば，国を相手として不

当利得の返還を求める訴訟を提起するのがよいものとなる。

おわりに

　租税の実務家は租税実体法の定めを拠り所にして，物事を判断するのが通常である。多くの場合は合理的であり，当たり前のことと思う。しかし，法律上の原因がない過大な税額の徴収が行われ，租税法の定める手続では租税の基本原則である「課税の公平」を保てないような場合には，普段の守備範囲を超えて，民法や国賠法による是正の方法を検討する必要が生じる。

　本事例は滅多にない事例であるが，租税の基本原則である「正義と公平」を守るという我々の職務を果たすため，考え方や法的手法について読者の皆様の記憶に留めてくだされば，幸いである。

注釈

＊1　通則法70条1項

＊2　民法703，704条による不当利得制度は，「法律上の原因」なしに「他人の財産又は労務」により「利益」を受けた受益者が一方にいて，他方でそれによって「損失」を被っている他人がいるとき，前者から後者に対して利得を返還させる制度である。内田貴『民法Ⅱ』〔第3版〕「債権各論」（東京大学出版会，504頁）

＊3　いわゆる更正の請求の原則的排他性である。金子宏『租税法』〔第23版〕（弘文堂，946頁）

＊4　所法138条，この還付金につき通則法56条は，遅滞なく金銭で還付しなければならないと定める。

＊5　昭和36年7月　税制調査会「国税通則法の制定に関する答申（税制調査会第二次答申）及びその説明（答申別冊）」38～39頁。公益社団法人日本租税研究協会HPの税制調査会答申集に収録され，ダウンロードが可能である。

＊6　谷口勢津夫「過大納付税額の不当利得返還請求の許容性」『行政法理論の探求―芝池義一先生古希記念』（有斐閣，2016年3月，454頁以下）。第一については，租税手続法上では妥当し得るとしても，個別救済を旨とする私法上の不当利得返還請求訴訟においては妥当しない。第二については更正の請求期間が減額更正の除斥期間と一致した現行法の下では重要性を失っていると述べられている。

＊7　前掲＊3『租税法』895頁

＊8　民集18巻8号1762頁『租税判例百選』〔第6版〕No.102，198頁

＊9　第一審（和歌山地判昭37・4・28），控訴審（大阪高判昭38・1・22）

＊10　最二小判　裁判所HP　民集第28巻2号186頁『租税判例百選』〔第6版〕
　　　No.100，194頁

＊11　現行法では昭和37年の改正によって，所法64条（資産の譲渡代金が回収不能
　　　となった場合の等の所得計算の特例，同152条（各種所得の金額に異動を生じた
　　　場合の更正の請求の特例）が設けられているが，この事件当時は後発的な事情
　　　による更正の請求の制度が整備されていなかった。

＊12　民法703条　この請求権は10年で時効消滅する（民法167条）。

＊13　東京地判昭41・6・30行集17巻6号725頁，東京高判昭42・12・26判時516号
　　　47頁

＊14　佐藤繁「本判決調査官解説」『最判解民事篇』昭和49年度198頁〔202－207頁〕

＊15　民集64巻4号1010頁

＊16　固定資産台帳の登録価格に不服あるときの審査請求の申出ができる期間は，
　　　原則として「公示の日から納税通知書の交付を受けた日後60日」であり，本件
　　　ではこの審査申出期間を徒過している。

＊17　国家賠償法1条（公務員の不法行為と賠償責任）この請求権は損害と加害者
　　　を知った時から3年で時効により消滅し，違法行為があったときから20年を経
　　　過したときも消滅する（国賠法4，民法724）。

＊18　Xは「本倉庫」の評価額（登録価格）についての審査の申出をしていない。
　　　したがってその決定に対する取消訴訟の提訴をしていない。

＊19　『租税判例百選』〔第6版〕No.119「確定処分の違法と国家賠償」229頁

清算型遺贈の課税関係
―みなし譲渡所得に係る租税債務の承継―

事例　遺言（公正証書）の執行人となった弁護士甲氏から，その遺言執行に伴う税務の依頼を受けました。遺言者の乙（年金生活者）は配偶者に先立たれ，子もいませんが，異母兄弟の子である甥と姪がいます。普段の付合いはなかったようで，そのような境遇の乙が残した遺言は，次のとおりです。

　乙は甲氏に対して，遺言執行に関する権限を付与し，これに基づいて預貯金は解約し，その金額から菩提寺に永代供養料として500万円を納めること，次いで自宅マンション（時価8,000万円・取得費5,000万円）は売却し，遺言執行者の費用や譲渡所得税などの債務を差し引いて，これに預貯金の引出金の残余を合わせた金額につき，母校の○○大学及び認定NPO法人である○○医師団に，それぞれ2分の1の割合で寄附するとの内容です。

　乙の遺言の重要な要素である自宅マンションの換価（売却）について，税務の留意点をご教示ください。

回答　遺言の執行により，乙には譲渡所得が生じて納税義務が生じる。この納税義務の承継者は，本遺言を特定遺贈と扱うことにより相続人の甥と姪の2人となる。相談者は両名の委任を受けて，準確定申告書を作成して，両名が乙の相続を知った日の翌日から4か月を経過する日の前日までに，申告書を提出して租税債務を確定させる。両名の委任を得ることが困難である場合は，相続人の代理人とみなされる執行人の甲氏より委任を受け，税務代理を行う。

　なお，居住用財産にかかる譲渡所得の特例適用の検討を併せて行う。

「おひとりさま」の遺贈による個人財産の清算である。自らの財産を遠い親族に相続させるより，社会の役に立てたいとの趣旨である。寄附を求める団体の案内[1]を見ると，「遺言による寄附…をする方が増えている」とあり，不動産などは相続発生の後に遺言執行者によって換価処分を行い，税金・諸費用などを差し引いた上での寄附が望ましいとの記載がされている。そして遺言書の書き方や手続きなどは，専門家に相談することを勧めている。

団塊の世代が80歳代を超える，あるいは平均寿命を迎える2030年代には，本問のような業務も相当にあると予想されている[2]。

実務家の我々は，これに対応できる素養をあらかじめ，身に付けて置くことが望まれる。それでは，乙の自宅の売却に係る譲渡所得の帰属者や，納税義務の継承者は誰か，ならびにその申告期限はいつであるかの検討を試みてみよう。

Ⅰ 遺贈の区分

最初の検討は，本遺言による遺贈が，包括・特定遺贈のいずれかの判断である。

遺言により自身の財産の全部又は一部（財産的利益）を無償で，特定の個人や団体に与えることを「遺贈」と呼ぶ。遺言者による相手方なき単独行為で死後行為である。そしてこの遺贈には「包括遺贈」と「特定遺贈」がある[3]。本遺言がこのいずれに当たるかによって法的効果[4]に違いがあり，これによって自宅の換価に伴う課税関係の承継者が異なる。

前者であれば受遺者である○○医師団及び大学，後者であれば相続人が納税義務を承継する[5]。このため，甲の遺言の内容が，包括あるいは特定遺贈のいずれに当たるかを，検討することになる。それでは，この遺贈の区分につき，イメージ図や学説と判例を用いて検討してみよう。

① イメージ図

包括遺贈は次頁の図の左側のように，包括名義，すなわち遺産の全部

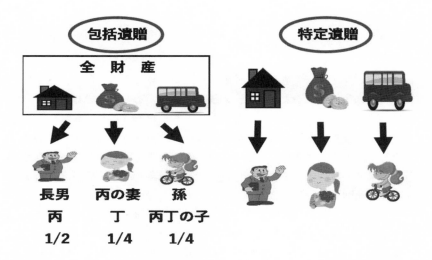

を，あるいは全体に対する配分割合を示して与えることをいう。そうすると丙・丁・孫の包括受遺者は協議*6を行い，指定された割合にて財産を受け，また，プラスの財産だけでなく，マイナスの財産があれば，その割合に応じてこれも承継する。

　これに対し，特定遺贈は上図の右側のように，家は丙，お金は丁，車は孫というように特定して与えることである。受遺者間の協議も不要であり，債務を承継することもない。このように法的効果が大きく異なるため，遺贈がいずれに属するかは重要である。

　イメージは上記のとおりである。しかし，その区分については明確な基準がなく，悩ましい問題なのである。それでは判断の拠り所を求めて，学説と裁判所の裁きを眺めてみよう。

② 学　　説

(1)　中川善之助・加藤永一教授*7

　「包括遺贈とは，遺贈の目的の範囲を，遺贈者が自己の財産全体に対する割合をもって表示した遺贈をいう。たとえば遺産の半分は，もしくは遺産の3分の1は何某に遺贈するというごときである。遺言者が経営するいくつかの事業のうちA事業に関する一切の資産は何某に遺贈するというごとき遺贈は，……私は後者に属する場合が多いと思う」

　「これに対し特定遺贈とは，遺贈の目的が特定され，何町何番地の住

宅は何某に与えるとか，自分が最後まで用いていた腕時計は誰それに与えるというような遺贈である」

(2) **床谷文雄・犬伏由子教授**[8]

　「包括遺贈とは，遺言者が遺産のうえに抽象的持分で示しておこなう遺贈のこという。分数的割合で示す場合が典型的であるが，遺産全部という場合もこれに含まれる。これに対して「遺産中の不動産全部」とか，「預貯金の2分の1」といった場合には，対象が個別具体的に示されず，割合で示されているにとどまるものの，遺言の効力発生時には自動的に，あるいは選択的に対象が特定することになるから，通常は特定遺贈と考えられる」

　「特定遺贈とは，対象となる財産を具体的に特定して行う遺贈のことをいう。相続や包括遺贈のような包括承継と異なり，特定遺贈は，遺贈者から受遺者に対する一方的な利益供与である」

(3) **松原正明教授**[9]

　「包括遺贈は，遺産の全部又はその分数的部分ないし抽象的割合を指持するにとどまり，目的物を特定しないでする遺贈である。これに対し，特定遺贈は，特定の具体的な財産的利益を対象とする遺贈である」…両者の法的な効果については様々な違いがあることをあげて「したがって，特定の遺贈が包括遺贈であるか特定遺贈であるかはきわめて重要な問題であるが，その判断は必ずしも容易ではない」

3 判　　例

　包括遺贈と判断された裁判所の裁きを眺めると，以下のとおりである。

① 最高裁　昭和30年5月10日判決[10]

ⅰ　遺言の内容

　後の相続はT子にさせるつもりなり。

　一切の財産はT子に譲る。

　養女S江に跡を継がす事はできない。

ⅱ　裁判所の判断

　意思表示の内容は当事者の真意を合理的に探求し，できるかぎり適法有効なものとして解釈すべきを本旨とする。遺言についてもこれと異なる解釈をとる理由は認められない。この趣旨に鑑みると「一切の財産をT子に譲る」との文言はT子に対する包括遺贈であり，S江に対して

「後を継がす事はない」は相続人廃除の趣旨である。

② 高松高裁　昭和32年12月11日判決＊11

ⅰ　遺言の内容

単身の戸主であったＡは公正証書により「遺言者はその所有に係る
係争土地及び地上建物，家具一切を挙げて○○本家の現戸主Ｂに遺贈
する」旨の遺言を残して死亡した。そして，遺言に記された財産が，Ａ
の死亡時の全財産であった。

ⅱ　裁判所の判断

遺贈が包括遺贈であるかどうかは，遺言に用いた文言，その他諸般の
事情から遺言者の意向を解釈して決定すべきである。本件ではその認定
された諸般の事情から判断すると，○○分家の単身女戸主であったＡ
は，自らの分家を絶家とする意向で，本件土地を含む一切の財産を，本
家の戸主であるＢに包括遺贈したものと認めるのが相当である。

③ 大審院　昭和5年6月16日判決＊12

今は昔の戦前の判決である。

ⅰ　遺言の内容

遺言者Ａは，その有する動産・不動産の全てを売却し，その代金よ
り負債や諸税等の負担額を控除した残額を，相続人及び一定の者に一定
の割合で分配する旨を指示した。

ⅱ　裁判所の判断

遺言の全趣旨によれば，遺言者はその所有に係る全財産中Ｂに遺贈
すべき僅少の物件を除きその余を挙げて一団となし，一定の割合の下に
長男及びその他の者に遺贈したるは所謂包括遺贈に係るものである。本
書の内容は畢竟分配の方法を定めたるものに他ならない。

④ 東京地裁　平成10年6月26日判決＊13

ⅰ　遺言の内容

遺言者（マルクス経済学者で戦前の日本共産党の中央幹部であった野
呂栄太郎（昭和9年2月品川警察署で獄死）の妻）は，

1項　「所有する土地のうち特定部分は妹に譲ります。」

2項　「第1項を除くすべての不動産及び野呂栄太郎〔記念塩澤〕学習
　　　館に納められている書籍や野呂栄太郎の手紙は，すべてＸ（日本共
　　　産党）に寄付します。なお，妹が第1項の土地を実質的に取得でき

るように X において十分配慮されるようお願い申し上げます」
との自筆証書遺言を平成 2 年12月24日に作成し，そして平成 3 年 3 月20
日に死亡した。

ⅱ　裁判所の判断

　ア　財産の一部を特定遺贈した上で，特定財産を除く相続財産につき，
　　積極財産のみならず消極財産を包括して遺贈の対象とすることも可
　　能である。

　イ　この場合には「財産の一部」の遺贈であるが，その財産の範囲で
　　受遺者は被相続人の権利，義務を包括的に承継することになる。

　ウ　アの範囲で示された財産の遺贈であっても，それが積極，消極財
　　産を包括して承継させる趣旨のものであるときは，相続分に対応す
　　る割合が明示されなくても包括遺贈に当たると解するのが相当であ
　　る。

　エ　本件遺贈がウの趣旨でなされたか否かの検討をするに当たっては，
　　遺言者の文言その他の諸般の事情から，遺言者の意向を解釈すべき
　　である。

　オ　本件遺贈は，包括遺贈の趣旨でなされたものと認めるのが相当で
　　ある。

　学説と裁判所の判断を眺めた結果の，筆者の思いは，次のとおりであ
る。

　遺言が包括・特定遺贈のいずれかの区分については，単純かつ明快な
区分の基準は存在しない。結局のところは，遺言者の置かれた状況，遺
言書に記載された内容から，遺言者が目的とする趣旨を斟酌し，加えて
遺言が適法・有効なものとなるように解釈し，それがプラスとマイナス
の財産を併せて承継させるものであるときは包括遺贈とする。これに対
し，ある財産を何らの負担もなしに，単純に特定の者に与えることがそ
の目的であるときは，特定遺贈とするのが合理的と考える。

Ⅱ　所得の帰属と申告と納期の期限

　いま一つ，検討を要する事項がある。それは値上がり益のある自宅の
売却にかかる所得は誰に帰属し，その申告と納税の期限はいつかという
点である。

　譲渡所得の本質は「値上がり益」であり，資産の移転を課税の機会と捉えるものである＊14。そうすると乙の自宅の値上がり益は，乙の保有期間中に生じたものであり，乙の意向を明らかにした遺言によって換価（資産の移転）されたものであるから，乙に帰属する所得と扱うのが合理的であり，乙の準確定申告に含めることになる。所得税法59条に定めるみなし譲渡の趣旨に沿うものである。

　以上の検討は，清算型遺贈についての法務局における相続登記と，所有権移転登記の扱いからも明らかである。

　執行人による自宅の売却は，乙より甥と姪への相続登記を行う必要があるところ，その登記申請は執行人による登記申請が可能とされ，買い主への所有権移転登記についても買い主と執行人の共同申請をして行うとされている＊15。

② 準確定申告の期限

　年の中途で死亡した者に課される準確定申告書の申告と納付期限は，相続人らが相続の開始があったことを知った日の翌日から4か月以内である＊16。

　しかし，本遺言のように清算型遺贈の場合は，4か月という短い期間内に自宅は売却ができるのだろうか。

　乙の逝去後は「お一人様」である故に，葬儀や埋葬などの法事や，年金などの手続などを済ませる必要があり，自宅の売却はその後になるものと思われる。加えて，実際に売れないと譲渡所得の計算もできない。本来ならば，売却が終わった後に正確な申告をすべきである。では，この申告期限は延長できるのであろうか。

　これに関しては，限定承認にかかる，みなし譲渡所得に対する所得税の法定納期限をいつと解するかが争われた例があり，みなし譲渡の課税要件が成立する限定承認の申述の受理審判の日から4か月以内とすべきであるとする，納税者の訴えが斥けられた事件＊17が参考となる。

　判決では，みなし譲渡の効力が生じる，家庭裁判所の限定承認に係る審判受理の告知が，準確定申告期限（納期限）の後にあったとしても，これはその相続人の自ら選択した結果であり，延滞税負担の不利益を課せられてもやむを得ないとし，その法定納期限は，相続があったことを

知った日の翌日から4か月を経過する日の前日である*18とされている。

　したがって，期限後の申告となると，無申告加算税*19及び延滞税の負担は免れることはできない。

Ⅲ　本問への当てはめ

　それでは，これまで検討してきたところを，本問に当てはめてみよう。

1　遺贈の区分

　遺言者が遺言を作成する目的，すなわちその趣旨が，積極・消極財産を問わずに財産の全部，又は一部の財産を除いたところの，その余の財産の全てを相続人，又は特定の者に与えることを意図しているか否かを，遺言の文言やその他の事情を斟酌して判断することになる。

　乙の意向は，遠い親族の甥と姪に相続によって財産を継承させることを避けることにあり，これは相続人廃除の趣旨である。そして公益法人である受遺者への財産の移転は，医療給付や教育ならびに供養の費用に充てるために，一方的に給付するものであり，相続人や特定の者への相続手続きによる財産全体の継承に当たらない。

　したがって，特定遺贈であると考える。

2　相談者の任務

i　本遺言は上記の 1 により特定遺贈と判定されるので，乙の納税義務の承継者は相続人の甥と姪になる*20。これにより両者の名にて準確定申告書を作成する。ただし，甲は相続人の代理人とみなされる*21ので甲の名においても申告は可能である。

ii　準確定申告の申告と納期限は，甲らが相続をあったことを知った日の翌日から4か月を経過する日の前日であるため，自宅の売却が未了であっても概算の数値にて申告しておくことが，無申告加算税の負担を避けるのに有効であるので，これを行う。

iii　自宅の売却は乙による売却とみなすので，要件を満たすと居住用財産にかかる特別控除の適用が可能と考えられるため，検討を行う。

おわりに

　本稿では，今後に増えることが確実な「お一人様」の財産処分にかか

る課税関係にまつわる話題を取り上げた。これまでは余り検討されていない事項について，私なりの考えを述べさせていただいた*22。そして，なお，次のように思う。

　相続の順位が3番目である兄弟姉妹のその子は相続人となる。本問のように，異母兄弟姉妹の子である甥と姪となると，会ったこともない，面識がないということも，起こりうることで，筆者も実際に遭遇したこともある話である。そのような財産形成に寄与しない遠い血族に，財産を承継させるのは腑に落ちない。そうであれば，自らの努力や幸運によって形成した財産は，自らの意思によって処分しておこうという考えも素直な感情であると理解できて自然である。筆者の属する団塊世代にあっては，今後は本問のような寄附の習慣や文化が広がっていくものと思う。

　他方，本問の甥と姪は，相続の仕組みによる遺産の承継という恩恵は全く受けず，納税義務だけを承継しなければならない。法律の定めによるものであっても，甥と姪にとっては，腑に落ちない事態である。遺言者の財産処分の自由と，相続人へのマイナスの財産である租税債務の継承という悩ましい問題である。

　遺言者と甥と姪の「腑に落ちない」のいずれを大事にするのが良いのか，考えなければならない時が，来ているのではないだろうか。

注釈

＊1　特定非営利活動法人国境なき医師団「未来に残す。命は続く。」
＊2　「所有者不明土地問題研究会の中間整理　～所有者不明土地はどれだけ存在し，何が問題なのか。議論の前提となる実態把握からのアプローチ～」3頁　平成29年6月　一般財団法人国土計画協会 HP kok.or.jp/project/pdf/fumei_01_01.pdf
＊3　民法964条
＊4　民法990条　包括受遺者は，相続人と同一の権利義務を有し，債務も承継する。
＊5　国税通則法5条
＊6　孫が未成年のときは，特別代理人がこれに参加する。
＊7　中川善之助・加藤永一『新版注釈民法㉘相続(3)』有斐閣　57～58頁
＊8　床谷文雄・犬伏由子『現代相続法』有斐閣　211～213頁
＊9　『全訂判例・先例相続法Ⅱ』日本加除出版　440頁
＊10　民集9巻6号657頁
＊11　民集8巻12号2336頁

＊12　民集 9 巻550頁

＊13　判時1668号49頁　訟月45巻 3 号742頁　LEX/DB　文献番号28041979　評釈として山田二郎・ジュリスト1169号　政党への遺贈について「みなし譲渡」が発生したとされた事例：野呂栄太郎記念塩澤学習館事件

＊14　金子宏『租税法』第22版　弘文堂　246頁

＊15　昭和52年 2 月 4 日法務省民 3 第773号民事局第 3 課長回答　登記研究417－63号63頁　弁護士法23条の 2 による弁護士会による照会への回答である。

＊16　所法124・125条

＊17　東京高裁平成15年 3 月10日判決『租税判例百選第 5 版』有斐閣　76頁　よって延滞税の起算日は，相続のあったことを知った日の翌日から 4 か月を経過する日が起算日となる。

＊18　所法124・125条

＊19　期限後申告の場合は原則として，納付すべき税額が50万円までは15％，それを超える場合は20％の税率で無申告加算税が課される。

＊20　前掲＊ 5

＊21　民法1015条

＊22　本稿のテーマについては，東京税理士界2017年11月 1 日及び同年12月 1 日号の会員相談室欄にて，相談事例として紹介されている。

「道路状の空き地(通路)に面した無道路地」 の評価─斟酌すべき「特別の事情」の判断基準─

事例　　被相続人の甲は，図表─1のように路線価が付されている私道（第三者の元地主が所有し，甲は持ち分を持たない）に接しているA（アパート）と，C（住居）の建物とその敷地を有していました。図表─1の上側と右側の公道からはそれぞれ20mほど奥まった位置にあり，車の進入は困難な状況です。

　　区役所の建築担当課によると，この私道は建築基準法による道路でないため，道路への接道義務を満たしていないので，再建築は困難であるとのことでした。このように，明らかに建築が制限される土地であるため，付されている路線価を用いた評価方法では合理的な時価の算定は困難であると考えています。この他，依頼を受けてから申告期限までに余り時間がないこと，及び費用負担の問題から，本格的な不動産鑑定は依頼できない事情があります。どのように評価をすべきかをご教示ください。

●図表─1

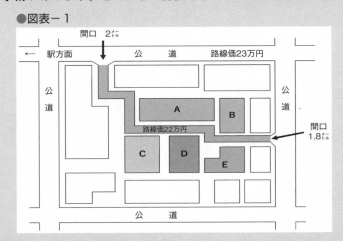

　ACの画地は，一見すると，道路に接道しているようであるが，この路線（私道）は幅が狭く，単なる道路状の空き地に過ぎないため，建築基準法の道路に接道するとはいえない。このため，建物を建てるには，公道までの私道の所有権を取得することや，セットバックなどの条件を満たさないと，建築の許可を得ることができない。したがって，路線価が付されている路線に接するものの，無道路地と扱う。そして，財産評価基本通達による通常の無道路地の評価方法では，合理的な時価の算定は困難であり，建物の建築に必要な要件，すなわち通常の宅地に比べて減価する要因を斟酌する評価を行うこととなる。

はじめに

　建築が制限される土地の価額（時価）を，どのように求めれば合理的かという問いである。

　建物の敷地となる宅地は，建物の建築が可能であるからこそ価値があり，これができないとなると，その価値は大幅に減少することは衆目の一致するところである。本問のように，既に建物の敷地に供されてはいるが，幅員の狭い道路上の空き地（以下，「通路」という）に接する土地についてはどうであろうか。一見するだけで，狭い路地路を通らなければ，公道に出ることができず，車の進入も困難なことが明らかな土地である。それにもかかわらずに，その接面する公道に付された路線価と，ほぼ同様の路線価が付されている。そして，財産評価基本通達（以下，「評価通達」という）に従った通常の評価を行うと，実際の取引価額と乖離した価額となり，相続税の課税価格が時価を超えるという事態が生じ，侵害規範である租税法の原則からして許されないことになる。

　それでは，このような問題に対してどのように対処をすべきかを，道路に対する建築基準法と「評価通達」における違いを眺めながら，検討を試みることとしたい。

Ⅰ　関連する法律などの定め

①　建築基準法の道路

　建築物の敷地は，道路に2m以上接しなければならないという定め

が，建築基準法*1（以下，「基準法」という）にあり，これは接道義務と呼ばれている。そしてここにいう道路*2をまとめてみると，図表－2のとおりである。

第1項の1号から5号までは，道路の幅員は4m以上であり，その例外が2項であり4m未満であっても，「基準法」での道路とされて「2項道路」または「みなし道路」とよばれている。これにより，建物を建てようとするときは上記の道路に接道していることが要件となり，これを満たさないと建築はできず，あるいはその許可を得るには，種々の条件が課され，そのままの状態では無道路地扱いとなり，土地の価格に影響を及ぼすことになる。

2 評価通達における路線価の定め

さて，日常的に実務家の我々が土地（宅地）の評価に用いる路線価は，どのような性格を持つものであろうか。路線価は，ほぼ同価額と認められる一連の宅地が面している路線の中央部の標準的な宅地の一単位（1㎡）当たりの価額である*3。そして，その名が示すとおりに，市街地的形態を形成する地域の路線であって，不特定多数の者の通行の用に供

●図表－2

道路等の種別	内容・留意点等
1号　道路 （第1項第1号）	道路法による道路で幅員4メートル以上のもの
2号　道路 （第1項第2号）	都市計画法、土地区画整理法、旧住宅地造成事業に関する法律、都市再開発法、新都市基盤整備法等による道路で幅員4メートル以上のもの
3号　道路 （第1項第3号）	建築基準法第3章の規定が適用されるに至った際、現に存在する道で、基準時における幅員が4メートル以上のもの
4号　道路 （第1項第4号）	道路法、都市計画法等で事業計画のある幅員4メートル以上の道路で、2年以内にその事業が執行される予定のものとして特定行政庁が指定したもの
5号　位置指定道路 （第1項第5号）	土地を建築物の敷地として利用するため、道路法、都市計画法等によらないで築造する建築基準法施行令で定める基準に適合する幅員4メートル以上の道で、これを築造しようとする者が特定行政庁からその位置の指定を受けたもの
2項　道路 （第2項）	建築基準法第3章の規定が適用されるに至った際現に建築物が建ち並んでいる幅員4メートル未満の道で特定行政庁が指定したもの

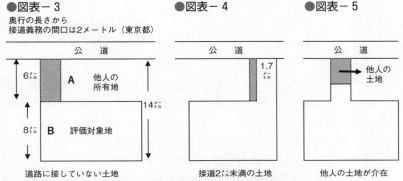

●図表－3
奥行の長さから
接道義務の間口は2メートル（東京都）

公　道

6メートル

A 他人の
所有地

14メートル

8メートル

B 評価対象地

道路に接していない土地

●図表－4

公　道

1.7
メートル

接道2メートル未満の土地

●図表－5

公　道

→他人の
土地

他人の土地が介在

不整形地補正後の価額から控除する道路開設費用は，点線の部分の価額である。

されている道路をいうとしている。

　これにより「基準法」における道路は当然に含まれるが，「2項道路」以外の幅員が4m未満の通路もその対象とされている。本問のように，駅方面への近道で，通り抜けができ，誰でもが利用することができる通路には路線価が付され，この価額による評価が原則的な方法[4]となる。

　そして，「無道路地」の定めを置き[5]，イメージは上記図表－3～5のとおりである。

　全く道路に接していない，接しているが接道義務の最低幅員である2mに満たない，接するが他人の土地が介在するというパターンで，いずれもいわゆる旗竿地（袋地）の不整形地補正を行い，その価額の40%を限度として，接道義務を果たすための必要な最小限の道路開設費用を控除するとしている。

II　検　　討

　なぜ，控除する額を40%に制限しているのであろうか。「評価通達」の逐条解説[6]に，次の説明がある。

　通路部分の延長が著しく長くなると，道路の開設費用がその土地の価額を上回ることがあるとしつつ，「無道路地とはいえ道路に出るための囲繞地通行権を有する，また，接道義務がある地域は都市計画・準都市計画地域の市街地であることから，自ずとその奥行き距離も限定される。そこでこのような点を勘案して控除額の限度を40%の範囲内としてい

る。」

　上記のイメージで示した図表－３から５の例では，この趣旨は妥当である。では，本問の場合に，これを当てはめると問題なしといえるのであろうか。

　課税の公平や課税事務の軽減を図るために定められた，画一的な評価法である評価通達を単純に当てはめて評価を行うと，実際の時価と乖離する場合に当たると考える。

　では，本問の土地が評価通達６項にいう，この通達によって評価することが「著しく不適当と認められる財産」，すなわちその評価について画一的な方法でなく，個別に評価すべき「特別の事情」を有する財産であるかどうかの判断を，最近の裁判例で見ることとしたい。

１　大阪地裁平成29年６月15日判決

　平成29年６月に大阪地裁[7]が示した判断があるので，眺めてみよう。その内容から想定すると，次の図表のように住宅が建ち並ぶ市街化区域に位置するものの，無道路地で，しかも相当程度の不整形，かつ，普段に使用する路線（公道）まで著しく距離のある土地である。

① 　事案の概要

　本事案は，平成21年に死亡したＰ５の相続人である原告ら（以下，Ｘという）が，一旦，相続税の申告を提出した後に，図表－６の土地[8]（以下，「丙土地」という）などの評価額が過大であるなどとして，更正の請求を２度にわたって行ったところ，課税庁（以下，Ｙという）が更正処分及び更正すべき理由がない旨の処分をしたため，これの取消し

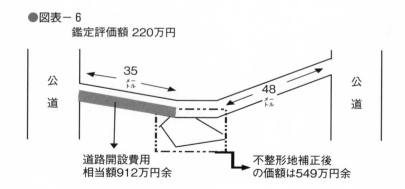

●図表－６
　　鑑定評価額 220万円

102

を求めて出訴したものである。

② 争　　点

評価通達による土地の評価額が，相続開始時の時価を超えるか，すなわち，評価通達による評価では，時価を適切に算定できない特別な事情があるか，否かである。

③ X の 主 張

i　評価通達による評価方式の合理性は争わない。

ii　Y による丙土地の評価額は，評価通達の運用の誤りがあり，評価通達に従って決定された価額を上回る。

iii　丙土地を含む不動産には，評価通達では適正な時価を算定することができない特別の事情がある。

iv　Y による評価額は，X が行った鑑定価額によると，客観的な交換価値を上回る。

④ Y の 主 張

i　評価通達による土地の評価を，時価とすることには合理性がある。よって，この方式によることが，法の趣旨に反することになるなどの特別な事情があって，納税者がこれを立証しない限り，その評価は評価通達に基づくべきである。

ii　上記の特別な事情の立証の程度は，単に評価通達による評価額を下回る不動産鑑定評価が存在するだけでなく，評価通達の評価を行うことが納税者間の公平等の見地に照らしても，著しく不適当であるという特別の事情があることを，主張立証することが必要である。

⑤ 裁判所の判断

大阪地裁は，係争となった丙土地については，以下のように説示して評価通達によっては適正な評価ができない特別の事情があり，丙土地の評価額を X の主張した鑑定評価額である220万円が相当であるとした。

i　評価通達に定める評価方法は，適正な時価を算定する方法として一般的な合理性を有し，適正な時価を算定できない特別な事情がない限り，相続時の客観的な交換価値としての，適正な時価を上回るものでないと推認するのが相当である。

ii　本件では評価通達の合理性については当事者間の争いがないため，丙土地の評価について上記の特別な事情が存在するかどうかを中心

 に検討する。

 iii 丙土地は住宅地にある相当に不整形な宅地（現況は雑種地）であり，建築基準法上の道路に接していない。

 iv Yは評価通達に従い，不整形地及び無道路地補正を行い，その評価は適正であると主張する。

 v 不整形地補正は適切に反映されているが，無道路地であることについてはその補正によっても，十分に考慮できていないといわざるを得ない。

 vi 計算によると丙土地の道路開設費用相当額は912万円余であり，不整形地補正後の価額549万円余すら上回り，評価通達20−2による無道路地補正40％をはるかに超える金額である。

 vii 実際に宅地として使用するには，接道義務を満たすには多額の費用を要し，現実的には雑種地として利用するしかないにもかかわらず，評価通達の無道路地補正では評価額に十分反映することができない。

 viii これは，評価通達によっては，適正な時価を算定することができない，特別な事情と認められる。

 ix 以上により，Yの処分における丙土地の評価額が，適正な時価を上回らないと認めるに足りる証拠はない。

2 「特別の事情」に関する判断基準

 大阪地裁は，丙土地について「特別の事情」があると認めたが，裁判所における「特別の事情」の有無の判断基準はどのようなものであったのだろうか。先人の研究[9]をお借りして紹介してみると，およそ次のとおりである。

① 各裁判例[10]では「特別の事情」があるとの結論を導くには，評価通達による評価方法を形式的に適用すると「実質的に租税負担の公平を著しく害する」との理由を要すると判示する。

② 「特別の事情」（ないし「租税負担の公平を著しく害する場合」）の有無の判断過程では，ほぼ共通して次の事実が存在する。

 i 評価通達による評価方法を，形式的に適用することの合理性が，欠如していること。

 ii 他の合理的な時価の評価方法が存在すること。

iii　評価通達による評価額と，他の合理的な時価の評価方法による価
　　　額の間に，著しい乖離が存在すること。
　大阪地裁の事件をみるに，その土地は基準法上の道路に面していない，
これに備えるための道路開設費用は，不整形地補正後の評価額を遙かに
上回る，そして評価通達以外の合理的な評価方法として不動産鑑定評価
があり，この価額は評価通達の評価額と相当の乖離があると認定し，「特
別の事情」があるとの判断である。以上のように大阪地裁の判断も，従
来の判決の判断基準に沿ったものであり，今後も，この扱いが主流とな
るものと考える。

③　本問への当てはめ

　それでは，これまでの検討を，本問の土地ACに当てはめてみよう。
一見すると路線価が付された路線に面して，単純に評価通達による評価
ができそうである。しかし，その実質は無道路地であり，加えて，前述
の図表−3〜5のように，単純な評価方法をそのままに適用するのも疑
問が残り，何とも面倒でやっかいな土地である。
　そうはいっても，当初の申告額は納税者の依頼を受けた我々が評価を
行い，その価額を決めなければ，仕事は始まらない。そこで，筆者は次
の方法があると考える。

(1)　道路開設費用が，不整形地補正後の価額を上回る場合

　AC土地から公道に出るまではかなりの距離がある。このため大阪地
裁で係争の対象となった丙土地のようにAC土地についても，道路開設
費用がそれぞれの土地の価額を上回り，宅地としての価値がほとんどな
く，公道沿いの隣地の方がこれを買い取って利用する場合の外は，物置
や菜園などの使用に供するしかない雑種地となるときを最初に考えてみ
よう。

①　「特別の事情」があるとする評価

　「特別の事情」がある場合に当たるとし，合理的な時価であるとの説
得力のある主張を行い，すなわち前述した裁判上の判断基準に沿うよう
に，以下の要素を立証する。
　　i　評価通達による評価方法を形式的に適用すると，価値のない財産
　　　に租税負担を求めるという，租税負担の公平を著しく害すること。
　　ii　AC土地につき，評価通達の評価方法では合理性が欠如すること。

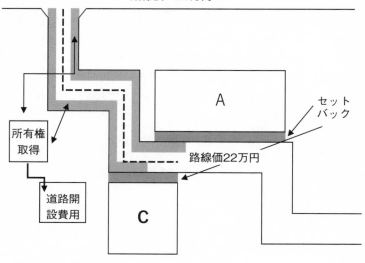

●図表－7

路線価　23万円

A

セット
バック

所有権
取得

道路開
設費用

C

路線価22万円

　ⅲ　他の合理的な評価方法を提示する。

　したがって，費用と時間を要するが，正式な不動産鑑定を実施し，その価額が評価通達による価額を相当に下回ること，及びその算定根拠が合理的であることを明らかにすることになる。そうすると，大阪地裁における丙土地の評価額が，不整形地補正後の価額の40％程度であることから，これに準じた評価額になるものと推計される。

②　建物の建たない雑種地として，評価通達に基づいて評価する方法

　市街化調整区域内の雑種地評価の定め[11][12]を準用する評価である。

　市街化調整区域内にある雑種地についての扱いは，以下の図表－8のとおりであり，市街化の影響度の強い地域については周辺の宅地比準とされ，その土地の個別の状況によって判断することを原則としつつ，法的な規制（建築等の制限による減価率）に係る斟酌割合を定め，これによることも差し支えないとしている。その減価割合は，家屋の建築が全くできない場合は一律に50％とされている。よって，AC土地は，その道路開設費用が土地の価額を上回り，雑種地としての利用しかできない場合は，通路に付された路線価22万円[13]の50％を基に算定した価額を

106

●図表－8

	周囲（地域）の状況	比準地目	しんしゃく割合
弱　市街化の影響度　強	① 純農地，純山林，純原野	農地比準，山林比準，原野比準(注1)	
	② ①と③の地域の中間（周囲の状況により判定）	宅地比準	しんしゃく割合50%
			しんしゃく割合30%
	③ 店舗等の建築が可能な幹線道路沿いや市街化区域との境界付近(注2)	宅地価格と同等の取引実態が認められる地域（郊外型店舗が建ち並ぶ地域等）	しんしゃく割合0%

注　付近の宅地の価額を基として評価する場合（宅地比準）における法的規制等
　　（開発行為の可否、建築制限、位置等）に係る斟酌割合（減価率）は、市街化
　　の影響度と雑種地の利用状況によって個別に判定することになるが、上記の斟
　　酌割合によっても差し支えない。

評価額とすることが可能である。

③　基準法43条但書きを考慮して，斟酌率を用いる方法

　いま一つの場合である。「基準法」の接道義務を緩和し，一定の要件に基づいて建築を認める途が，建築基準法43条の但書きに設けられている。本問の AC 土地の接する部分は，道路状の元の地主が所有する土地である。このようなときは，この通路を使用する ABCDE 土地の所有者全員による「通路の確保及び拡幅整備」の合意が得られる，及び通路の所有権を地主から譲り受けることができる場合は，自治体に対して「（建築基準）法43条許可申請書」を提出して，建築許可を得られる可能性がある。

　このような事情を考慮すると，減価割合を上記の雑種地評価の定め，すなわち建築の制限があるときの斟酌率30％を用いるのが合理的である。これにより路線価22万円の70％を基に算定した価額が評価額となる。

おわりに

　道（通路）と道路の違いが，租税負担に大きな影響を及ぼすことが，顕著な事例である。評価通達による路線価を用いた相続財産の評価方法は，画一的であるけれどもかえってその適用が納税者の公平に資すると

ころから，合理的なものとして司法の場でも認められている。しかし，これは原則であって，必ずといって良いほどに例外がある。

このようなときは，五感を研ぎ澄まして例外の扱いをすべきかどうかを判断することが望まれる。「無道路地」の扱いについての筆者の私見であるが，参考となれば幸いである。

注釈

＊1　建築基準法43条１項（敷地等と道路の関係）都市計画地域・準都市計画地域における接道義務であり，これ以外の地域ではこの義務は生じない。

＊2　建築基準法42条

＊3　「評価通達」14

＊4　「評価通達」11及び13

＊5　「評価通達」20－2　タックスアンサー No4620

＊6　「財産評価基本通達逐条解説」平成30年版　大蔵財協125頁

＊7　TAINS Z888-2135　LEX/DB 文献番号25448956　裁判所 HP 行政事件例集

＊8　遺産である不動産は，甲，乙，丙，A，D，Eの各土地，Fマンションが含まれているが，丙土地以外については，Xの主張は棄却されているため，本稿では触れない。

＊9　山田重将「財産評価基本通達の定めによらない財産の評価について一裁判例における「特別の事情」の検討を中心に」税大論叢80号210頁　平成27年7月3日

＊10　昭和53年から平成18年にかけての，32例の裁判例を取り上げ分析されている。

＊11　国税庁 HP〈税について調べる〉質疑応答事例　No4628市街化調整区域内にある雑書地の評価

＊12　前掲＊11における①比準する地目の判定及び②宅地の価額を基として評価する際に考慮する法的規制等に係る斟酌割合についての，基本的な考え方の取りまとめ。www.sn-hoki.co.jp/upload/image/data/2631/3.pdf

＊13　公道に付された路線価23万円を用いる考え方もある。

難問
File
03

分掌変更時のリタイア（退職）の事実

> 事例
>
> 　関与先 A 社は，創業40年，売上高100億円を超える中堅企業です。創業者かつ株主でもある甲（60代半ば）は病を得て，医師より仕事量を大幅に減らすように指示されました。しかし，役員を務める子息たちも，会社を代表するには時期尚早です。そのため，永く片腕として支えた50代の専務（他人）にリリーフ役を依頼し，甲は代表取締役を辞任して監査役あるいは相談役に退き，退職金４〜５億円程度を受給したいと計画しています。
>
> 　その際の懸念事項があります。それは，A 社の属する業界は浮沈みが厳しく，経営判断の是非によっては，困難な状態に陥ることが危惧されることです。そこで甲は，そのような状況になった場合は，再び経営の現場に戻ることを覚悟しています。
>
> 　このような場合に，既に支給した退職金の法人税法及び所得税法における留意点を教示願います。

回答　　筆者がこれまで実践し，税務調査にて退職の事実が認められた手法，すなわち本問への回答は次のとおりである。

　専務に中継ぎ役を頼んだ以上，「分掌変更」という中途半端なことはしないことである。甲は取締役を退き，定時あるいは臨時の株主総会決議により，会社の状況に応じた合理的な退職金５億円程度を受領し，その後の家計費は退職金や年金にて賄い，監査役や取締役会の会長など一切の役職に就かず，会社からは給与や報酬の給付を受けない。

　その後は，株主の立場から経営をウォッチし，助言を行う。このような会社への支援であれば，役員の肩書きなどは必要がないのである。そうして経営に関する重要な事項は，後任者が全てを決済し，その判断は

後任者の判断であることを証する記録を残すことである。

　必要があって監査役に就任する場合も，大幅に報酬を減額し，取締役会に出席するも，経営上の判断には立ち入らず，法令遵守（コンプライアンス）の立場からの意見と，財務に関する報告にとどめるのが適切である。

　万が一，会社が困難に状況になった場合は，取締役に復帰して経営の立直しの指揮を執ることも差し支えない。ただし，報酬は受けないことである。

はじめに

　税務の現場では，役員への委任の対価である給付が，退職所得と給与所得の何れに当たるかは租税負担に大きな影響を与える。このため扱いは慎重にならざるを得ない重要な事項で，課税当局と納税者の争いも顕著なところである。そして本問はいわゆる「分掌変更」事案であり，退職所得の要件であるその役員が就任している責務から退くこと，あるいはこれと同視できる事実が存在するかがポイントになる。それではこの悩ましい事項について，課税庁が明らかにしている見解を前提に，先人が努力された争訟案件を概観し，筆者の経験を織り交ぜて，回答に向けて検討してみたい。

Ⅰ　必要な実体法の定めと，先例となる解釈

　本問への回答へは次に挙げる実体法と，先例となる裁判所の判断の理解が必要である。順に挙げていこう。

1　退職給与の定義

　雇用契約や委任契約などの対価として給付を受ける金員は，原則的には給与所得であり，累進課税が適用される。他方，所得税法ではこれらの契約の終了に伴って一時に受ける給付を「退職給与」に区分して，永年の勤務に対する後払い的な給与の性質を有することや，累進課税の租税負担を和らげるために，所得の金額の計算は，勤続年数に応じた退職所得控除を行い，さらに控除後の金額の二分の一を課税する仕組みを採用している。

このため，給与所得と退職給与の区分は大事である。しかし，両者はともに雇用や委任などの労務の対価として発生する所得であって，前者は契約などの継続中に定期かつ反復して支給されるのに対し，後者は契約などの終了時にまとめて支給されるという，タイミングが異なるだけであり，必ずしもその境界は明らかでないという背景がある。

所得税法では，退職所得は「退職により一時に受ける給与及びこれらの性質を有する給与に係る所得」と定める*1。そうすると「退職」とはどのような場合を言うのか，及びこれらの性質を有する給与とはどのようなものかの解釈が必要となる。

基本的なことについては，既に裁判所の判断や学説が示されており，およそ次のとおりである。

① 退職，すなわち勤務関係の終了という事実によってはじめて給付されること*2。

② 従来の継続的な勤務に対する報償ないしその間の労務の対価の一部の後払いの性質を有すること*3。

③ 一時金として支払われること。ただし，支給する法人の資金繰りの事情による短期間の分割支給は，この一時金要件に反しないとされている*4。

② 分掌変更等に伴う給付

退職所得の原因となる給付は，上記の①に見たように勤務関係などの終了に際しての給付（以下，「三要件」という）であることが原則である。他方，本問のように代表者が取締役を退き，単なる相談役や職務の異なる監査役に就任し，以前の職務に対して退職金を支給する場合がある。このような場合の扱いにつき，課税庁は通達を発遣*5している。要約すると，分掌変更などがあった場合を例示して，これに当たるときはその役員に対する給付を，退職給与として取り扱うことができると明らかにしている。

ここでは「地位又は職務の激変」を必要条件とし，その例示として3パターンを列挙している。

① 常勤役員　→　非常勤役員
② 取締役　→　監査役
③ 給与100%　→　50%未満

これだけを見ると単純であり，①から③の要件を満たすと問題は生じることはないと思えるところである。

では，何故に争いが生じるのだろうか。それは「括弧書き」と，この通達の制定趣旨の二つの縛りである。

「括弧書き」では，常勤の取締役が分掌変更によって非常勤や監査役になり，給与が従前より半減しても，その後もその法人の実質的に主要な地位を占めている者と，使用人兼務役員とされない要件を満たしている者を除くとしているのである。すなわち，形式的な要件が満たされたとしても，実際には従前と同様の職務を行っている場合は，その支給された給付は臨時的な給与となり，損金算入の余地がないとの内容*6である。

いま一つの縛りである通達の制定趣旨は，この通達は例外的に在職のままで過去の勤務に対する退職金を打ち切り支給する場合の扱いを定めたもので，「地位又は職務の激変」要件を満たした役員に対してのみ，支給した臨時的な給付を退職金と認めるものとする特例であることである。

この二つの縛りは，ある事業年度に保険金等の収入があり，負担する法人税額が多額となることが予測されたことから，代表取締役を辞任したことに伴い，退職金を未払費用として損金経理したことを発端として争われた事件の判決*7を契機に，平成19年3月13日付けにて，それまでの扱いを変更するために明記されたものである。そうして，この変更後の税務の現場では，給与の大幅な減額の要件とともに，「退職の事実」があるか否かが注視されるようになった経緯がある。

Ⅱ 退職の事実に関する審判所と裁判所の判断

法人税法での損金算入と，税負担が軽減される退職所得の該当性に関する実体法の扱いは，上記のとおりである。それでは最近の具体的な事例を眺めて，その中身を明らかにしてみよう。

1 退職の事実が認められた事件

最初に，分掌変更による地位又は職務の著しい変化が認められた，最近の主な事案を眺めてみよう。

① 東京地裁平成27年2月26日判決*8

分割支給する役員退職金につき，支払日の属する事業年度に支払いをした金額を，損金に算入することができる（以下，「支給年度経理処理」という）とする通達のただし書き*9に従った申告をしたところ，課税庁はこれを認めずに役員賞与とする処分が争われた例である。審判所では課税庁の処分が支持されたが，裁判所では納税者の主張が採用された事件であり，事実関係は図表－1のとおりである。

＜裁判所の判断＞

i　Xは分掌変更の前後を通じて取締役の地位にはあるものの，代表権のない非常勤となり，その報酬額も半額以下とされ，分掌変更により一旦退職したのと同視できる。

ii　Xへの退職金は，退職慰労金規程に基づき，分掌変更に伴って決議され，支給されている。これにより分割支給された12,500万円は，従前の役員としての在任期間中の，職務執行に対する対価の一部の後払いとしての性質を有している。

iii　「支給年度経理処理」は，企業が役員退職給与を分割支給した場合に採用される会計処理の一つであり，本通達のただし書は昭和55年の通達の改正により設けられたもので，これに依拠した会計処理は，相当の期間及び相当数の企業で採用されたと推認できることから，役員退職給与を分割支給する場合における会計処理の一つの方法として確立した会計慣行である。

② 京都地裁　平成23年4月14日判決*10

　亡Dが創立した学校法人A学院の理事長甲（亡Dの妻）が，学校長や学院長を退任したが，学校法人の理事長職に留まっていたため，兼務していた学校長と学院長を退任したことが「退職」に当たるかどうかが争われた事件で，主な出来事の時系列は図表－2のとおりである。

＜裁判所の判断＞

　裁判所は，甲の退任前後の職務内容などを詳細に検証し，「三要件」を前提として，次のとおりに判断して甲への給付は退職所得に当たるとして，納税告知処分を取り消した。

i　甲への給付が所法30条1項の「これらの性質を有する給与」に当たるには，「三要件」の全てを満たしていなくても，実質的にみてこれらの要件の求めるところに適合し，課税上「退職により一時に受ける

●図表−1

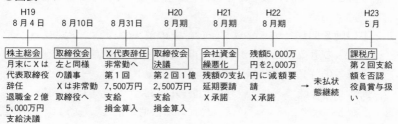

	H19 8月4日	8月10日	8月31日	H20 8月期	H21 8月期	H22 8月期			H23 5月
	株主総会 月末にXは 代表取締役 辞任 退職金2億 5,000万円 支給決議	取締役会 左と同様 の議事 Xは非常勤 取締役へ	X代表辞任 非常勤へ 第1回 7,500万円 支給 損金算入	取締役会 決議 第2回1億 2,500万円 支給 損金算入	会社資金 繰悪化 残額の支払 延期要請 X承諾	残額5,000万 円を2,000万 円に減額要 請 X承諾	→	未払状 態継続	課税庁 第2回支給 額を否認 役員賞与扱 い

●図表−2

原告は亡Dが創立したコンピューター関連の専門学校を設置する学校法人で，理事長（学院長・校長を兼務）は亡Dの妻甲である。課税庁は退職の事実なしとして，給与と扱い源泉所得税の告知処分を行った。

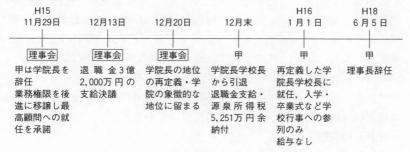

	H15 11月29日	12月13日	12月20日	12月末	H16 1月1日	H18 6月5日
	理事会 甲は学院長を 辞任 業務権限を後 進に移譲し最 高顧問への就 任を承諾	理事会 退職金3億 2,000万円の 支給決議	理事会 学院長の地位 の再定義・学 院の象徴的な 地位に留まる	甲 学院長学校長 から引退 退職金支給・ 源泉所得税 5,251円余 納付	甲 再定義した学 院長学校長に 就任，入学・ 卒業式など学 校行事への参 列のみ 給与なし	甲 理事長辞任

●図表−3

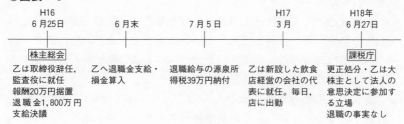

	H16 6月25日	6月末	7月5日	H17 3月	H18年 6月27日
	株主総会 乙は取締役辞任， 監査役に就任 報酬20万円据置 退職金1,800万円 支給決議	乙へ退職金支給・ 損金算入	退職給与の源泉所 得税39万円納付	乙は新設した飲食 店経営の会社の代 表に就任。毎日， 店に出勤	課税庁 更正処分・乙は大 株主として法人の 意思決定に参加す る立場 退職の事実なし

給与」と同一に取り扱うことを相当とするものであることが必要である。

ii　甲の勤務関係につき平成15年12月末の前後では，Ａ学院長及び学校長からの退職と，定義が改訂（再定義）されて給与等の対価のない名誉職の学院長，及び嘱託職員契約によるＦセンターのセンター長（同じく名誉職であり，給与は従前の56％減）へ就任している。

iii　上記 ii により，甲の学校法人における法的地位と職務は，その性質，内容，労働条件において重大な変動があった。

iv　また，理事長職の勤務形態は非常勤であり，それを継続していたことは，甲の職務に大きな変動があったとの認定を左右しない。

③　長崎地裁平成21年３月10日判決*11

　紙器製造販売業を営むＢ社の代表者の妻である取締役の乙が，取締役を辞任して監査役に就任（取締役報酬月額20万円をそのまま監査役報酬に据え置き），及び新設したレストラン経営のＣ社の取締役に就任（分掌変更）したことが，乙のＢ社における地位の激変に当たるかどうかが争われ，審判所では取締役と監査役はともに委任関係にある，乙は株主であること，給与額が変わらないことから課税庁の処分を支持したが，地裁では逆転して退職金と認められた事件である。

＜裁判所の判断＞

　裁判所は，乙の経歴や，取締役辞任前後の状況から次のように説示して，乙の職務は激変し，その給付は退職給与に当たるとして，告知処分を取り消した。

i　取締役退任と監査役就任の前後における役員報酬額の変化は，その地位や職務内容が激変した場合の一つの徴表であるが，乙のそれぞれの報酬額は20万円であって，監査役の報酬をこの額から更に減額することは困難である。

ii　非常勤の取締役と監査役としてのＢ社への貢献が，同額の報酬で評価されることもある。乙の報酬額の変更がないことだけで，職務内容が激変しないということはできない。

iii　乙は決算期に財務諸表を点検し，株主総会に監査報告書を提出するなど，遅くとも平成16年終わり頃から，監査役以外のＢ社の業務にほとんど関与していない。

●図表－4

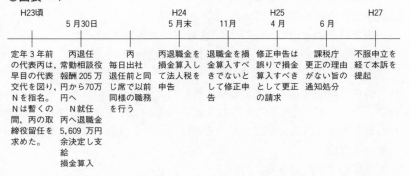

H23頃	5月30日		H24 5月末	11月	H25 4月	6月	H27
定年3年前の代表丙は，早目の代表交代を図り，Nを指名。Nは暫くの間，丙の取締役留任を求めた。	丙退任，常勤相談役報酬205万円から70万円へ N就任 丙へ退職金5,609万円余決定し支給損金算入	丙毎日出社退任前と同じ席で以前同様の職務を行う	丙退職金を損金算入して法人税を申告	退職金を損金算入すべきでないとして修正申告	修正申告は誤りで損金算入すべきとして更正の請求	課税庁更正の理由がない旨の通知処分	不服申立を経て本訴を提起

　加えて，乙は平成17年3月には，新たに設立した会社の代表に就任し，経営するインド料理店に毎日出勤してその経理や従業員の管理に携わっている。

　以上の事案を見ると，争訟の場では退職の事実がかなり認められていると思えるところである。しかし，現場では「退職の事実」につき，かなり踏み込んだ判断があり，これを否とする処分がみられ，また，司法の場でもそれが支持されている。

　では次に，課税庁の処分が支持，すなわち退職の事実がないとされた例を眺めてみよう。

② 退職の事実がないとされた事例

① 東京高裁平成29年7月12日判決＊12

　代表者丙が早めにリタイアすることとし，後任者に就任するよう承諾を求めたところ，就任後のしばらくの間（2年）は，丙に退任前と同様の業務内容で補佐をするとの条件が付された。丙はこの約定を果たしたところ，課税庁より，丙には退職の事実はないとして，退職金の損金算入はできないとの処分を受け，その処分の取消しを求めた事案である。

＜裁判所の判断＞

　丙は退任後も引き続き，次の業務を実施していたと認め，実質的な退職の事実はないとし，納税者の請求を棄却した。

i　後任者N自らが責任者として，単独で経営判断を行うことが出来るようになるまで，丙は会社の経営についてNに対して指導と助言を行い，引き続いて相談役として経営判断に関与していた。

ⅱ 会議に出席し，経営の内容の報告を受けて確認し，10万円を超える支出の決済にも関与していた。

ⅲ 資金繰りの窓口役，及びNに代わって来客への対応などを勤め，対外的な関係でも経営上主要な地位を占めていた。

以上の諸事情から，丙への退職金の支給時では役員としての地位又は職務の内容が激変して，実質的に退職したと同様の事情にあったといえない。なお，退任後の丙の給与は上記の丙の担った業務を前提として定められたものとみるのが相当で，その減額の事実は前述の判断を左右するものでない。

② 平成29年7月14日裁決 *13

もう一つ最近の事案をみておこう。

金属スクラップ業を営む会社の創業者の戊は，病を得て平成22年に第一線を退き，長女を代表（以下，後任者という），その夫（以下，娘婿という）を取締役にして後を託した。しかし，その後に永年勤務した役員の横領が発覚し，加えて娘婿が取引上の失敗を犯して役員を解任されたことから，やむを得ずに平成27年7月に代表取締役に復帰したところ，課税庁より退職の事実がないとして，先に給付した退職金の損金算入が否認され，争いとなった事件である。

＜審判所の判断＞

裁決では，戊の退任前後の状況につき，勤務時間の大幅な短縮，代表から会長へ職務変更の取引先への周知，取引価額の決定や金融機関との折衝及び連帯保証人の交代，ならびに人事権の移譲，加えて給与額の減少を捉えて分掌変更により役員の地位と職務は相応の変動が生じたとの前提を置いている。

他方，退任後の戊の職務につき以下の事実を指摘している。

ⅰ 後任者らに相談なく，多額の費用の支払いを決定した。

ⅱ 仕入れにつき，その評価や購入するか否かの承諾を行っていた。

ⅲ 取引先の接待，金融機関との折衝を行っていた。

ⅳ 取締役会に出席し，人事や給与の決定に関与していた。

ⅴ 1億円超の資産取得に関与した。

ⅵ 社員の解雇決定への関与，会社の経費の支出状況のチェックを行っていた。

以上の戊の退任後の職務の状態から，経営上の主要な地位を占めていたと認定して，実質的な退職の事実は存在せず，退職金は役員賞与とするのを相当とした。

Ⅲ　本問へのあてはめ

　かなりの紙幅を消費して「分掌変更」における実質的な「退職の事実」を眺めてきたが，分掌変更に関する通達（法基通9－3－32）の形式的要件を満たすだけでは，損金算入と特例扱いの退職所得扱いを受ける途は開かれず，むしろ閉ざされていると考える。では，どうするかである。
① 　代表権のない取締役となり，その負担する責任に応じて報酬を減額して受給し，実際に退職できる状態になるときまで，退職金の支給をしないことである。
② 　次なる方法は，予想される後任者への指導助言を要する期間の給与相当額を考慮し，不相当に高額とならない合理的な範囲において退職金を支給し，取締役を辞任した後は一切の役職に就かず，報酬を受給しないことである。
　　そして指導助言する手法は，後任者から相談を求められたときに意見を述べる範囲にとどめ，経営判断と業務執行*14は後任者がこれを行い，後任者自らの判断であることの記録を残すことである。そうして後任者に不適切な行動があるような場合は，株主の権限を会社の意向決定手段の株主総会にて，行使すればよいと考える。
　　すなわち，「地位の激変」という不確定な概念の世界に立ち入ることなく，辞任した後はさっぱりと後任者に経営を託することである。辞任した後は報酬もなくなるのであるから，退職金額に不相当に高額な部分の金額があるか否かの検討をするだけである。
③ 　やむを得ずに監査役の役割を担うときは，取締役会に出席し，会社の経営上のコンプライアンスや法の遵守に関する業務についての意見，及び財務の信頼性への意見を述べるにとどめ，経営の中枢には関与しない事である。
　　この役割を超えて発言する心配があるときは，監査役に就任しないのが賢明である。
本問では，健康上の理由があるため，②の方法がよいと考える。将来

に不測の事態に陥るような時は，カムバックも合理的な行動であり，報酬を得ることも可能である。とはいえ，事情が許すのであれば，疑念を招くことがないように無報酬とするのが望ましいと考える。

おわりに

退職金はその額も大きく，これが損金不算入や給与所得とされると租税負担は相当に増えるため，そのような事態にならぬように細心の注意を払う必要がある。

筆者の関与先では，専務取締役であった創業者の妻が退職金の給付を受けた後も，継続して会社業務の補佐をした例，同じく代表者が退任後3年を過ぎた頃に不測の事態が生じて代表に復帰した例がある。そしていずれも退任後は報酬の支給はなく委任契約も終了していること，及び後者の場合は復帰後も無報酬としていたことから，先に給付された退職金の扱いに影響を与えるものでなく，その後の税務調査において何らの問題も生じていない。

課税庁に疑念を持たれることのないようにし，多くの労力と時間ならびに費用を要する，無用な税務の争訟を事前に避けることが大事である。無事が一番と思う。

注釈

＊1　所法30条　10年退職金事件・最判昭和58年12月6日租税判例百選第6版76頁，5年退職金事件・最判昭和58年9月9日　民集37巻7号962頁

＊2　金子宏『租税法』23版　255頁「退職という概念は一種の固有概念であり，民法上の雇用契約の終了というより，従来の勤務から離脱を意味すると解すべき」とする。

＊3　前掲＊2　後払い給与と報償金の性質に加えて「社会保障的な機能（老後の生活の糧）をもっている」とする。

＊4　後掲＊9参照

＊5　法基通　9－2－32（役員の分変更等の場合の退職給与等）

＊6　法法34条　定期同額給与に当たらないため，損金に算入されない。

＊7　代表取締役辞任後も，法人の重要な業務を担当していたため，退職の事実がないとして損金不算入とする課税処分が争われ，一審京都地裁平成18年2月10日判決，控訴審大阪高裁平成18年10月25日判決ともに納税者の請求は棄却され，最高裁も平成19年3月13日に上告不受理・棄却で決着した事件である。

＊8　TAINS Z265－12613　一部認容　確定

＊9　法基通9－2－28　損金算入の時期は，株主総会の決議等によって支給額が
　　　具体的に確定した日の属する事業年度とするのを原則とするが，昭和55年改正
　　　により「ただし書き」に例外の定めが設けられている。

＊10　TAINS Z261－11669　一部認容　確定　裁判所HP　下級裁判所判例集

＊11　TAINS Z259－11153　税資259号－40（順号11153）一部認容　確定

＊12　TAINS Z888－2128

＊13　TAINS F108－3－08　国税不服審判所HP　公表裁決

＊14　主要な業務執行の例示として，平成18年11月28日裁決（TAINS F0－2－277）
　　　は，次の項目を挙げている。①役職の新設や異動，給与査定などの人事上の決
　　　定，②取引先の選定や新規の契約などの営業上の決定，③設備等の取得や修繕
　　　等の会計上の決定。

親族の扶養義務と相続税法の関わり
―相続税の課税財産の範囲と特定居住用宅地特例の適用―

事例　　知人の紹介により相続税の申告を依頼され，申告の準備をするうちに，次のような事実が明らかになりました。

被相続人甲は妻に先立たれた後は，老人施設に入居してそこで逝去されました。遺産としては預貯金の他，空き家となっている自らの住居と，長男の乙家族が住む乙所有の建物の敷地が残されました。

甲は自らの年金収入や預貯金にて老人ホームの入所費用や，保有する不動産の維持管理費用を賄って，乙は甲の費用を負担することはありません。むしろ，乙は50歳ぐらいまでは自営業を営んでいましたが，ここ5年くらいは甲の資産を当てにしてボランティア活動に精を出して，商売に身が入らず休業の状態で収入はなく，日々の生活費用や住宅ローン返済資金は甲の預金から引き出して賄っています。乙の妻は乙が頼りにならないため，正規雇用で働き，しっかりと所得を得ています。

相続人は乙と既に嫁いだ丙の2人ですが，丙からは，乙が引き出した乙の生計費用は甲の承諾なしに乙が費消したものであり，償還すべきであるとの意向が示されています。

そこで，第一に乙が費消した生活費相当額の相続税法での扱いをどうすべきか，第二は，乙は甲によって生活を賄っていることから，甲と乙は「生計を一」にしているとして，乙が取得する予定の乙建物の敷地について特定居住用宅地の特例が適用できるかを，教示されたくお願いします。

回答　　乙によって生活費として費消された甲の資産は，甲から乙への単純な贈与，又は，甲が乙に対して返還を求める債権となる。前

者は相続開始前3年内の金額は相続財産に加算され，後者は返還請求権となって遺産となり，相続税の課税対象となる。

　甲は老人施設に入居し，乙は甲所有の土地を敷地とする自ら有する家屋に住んで別居の状況にあり，甲は施設の入居費用など日常生活の資は自らの資産で賄い，乙は甲の諸費用を自らの資金で負担することがなく，甲と乙は「有無相扶け」て，日常生活の資を共通にしない別生計であり，「生計を一」にする親族に当たらない。したがって，特定居住用宅地の特例は適用できない。

はじめに

　今回寄せられた問合せは，親族間の扶養義務の範囲とその強弱，これに伴う相続税が課される財産の範囲の問題，及び相続税負担が軽減される居住用土地の評価特例（以下，本特例という）の適用要件である，甲とは別居であった親族の乙が，甲と生計を一*1にするか，別生計であるかをどのように判断するかという内容である。何れも法令に明確な定めがあるわけでなく，注意深く調べた事実（要件）を如何に認定し，法規に当てはめるかの作業を要する事項で，実務家泣かせの厄介な問題である。それでは，関連する法令，判決例や裁決例を見ながら，回答にアプローチをしてみよう。

Ⅰ　扶養義務とは

　扶養とは，経済的に自立できない人，すなわち支援を必要とする状態にある人を支援することであり，民法877条1項は「直系血族及び兄弟姉妹は，互いに扶養する義務がある」と定めている。これにより，親子や兄弟姉妹という身分関係によって生じる義務と権利である。そして，夫婦間については別途に，752条に「夫婦は同居し，互いに協力扶助しなければならない」と定め，未成年の子に対する親の扶養が一方通行であるのに対して，夫婦間では夫と妻の相互扶養であって，その扶養の内容は生活保持義務である。

　このよう扶養義務は，第三者間での法律行為である双務契約にいう，権利と義務とは異なり，抽象的で強弱があるという特徴を有し，その判

●図表－1　扶養義務の一覧表

扶　　養　→　事情により経済的に自立できない人を支援すること
性　　質　→　契約関係ではなく夫婦・親子・兄弟姉妹等の身分により生じる権利義務

夫婦間の扶養義務（親族間とは別個）

夫　　　　婦	条　　文	義務者	権利者	義務の度合
同居し，互いに協力し扶助する 生活保持義務	民法752条	夫婦の双方が義務者・権利者となる		強い

直系血族の扶養義務

親と未成熟（未成年）の子

親権者の子への監護・教育の義務 生活保持義務（子の成人まで）	条　　文	扶養義務者	扶養権利者	義務の度合
	民法820条	親	子	強い
		義務は親のみ		

老親と成熟するが怠惰で働かない子	憲法27条	国民は勤労の権利を有し，義務を負う。成人は自立するのが原則。

親に扶養能力がある場合 にのみ生活扶助義務	民法877条	子は要支援状態ではない。親の扶養能力の限度で扶助義務があるが，抽象的で直接的な給付義務はない。	義務の度合
			弱い

扶養義務　⟹　生活保持　扶養権利者を義務者と同じレベルで生活を支える義務
　　　　　　　　生活扶助　扶養義務者に生活の余裕がある場合に助ける程度の義務

定には個々の事情を斟酌して判断する必要がある。また，民法は扶養に関して877条から881条の僅か5条の定めを置くのみで，それもいわゆる白紙条項*2といわれている。

扶養義務に関する法律の定めの概要は，図表－1のとおりであり，以下にその背景を眺めてみよう。

1　生活保持義務と，生活扶助義務の違い

①　生活保持義務

子が経済的に自立せず未成熟であるときは，親は子を扶養する義務がある。これは生活保持義務であり，親子関係の本質から当然に導かれて，直系血族の扶養義務に含まれ，自己と同程度の生活を保障すべきものとされている*3。しかし，この義務は永遠に続くものでなく，親が子を育み，子が成人すると，子は法的能力を身につけ，以後は自らの責任によって一人で生きてゆくことを前提とするため，この時点で生活保持義務は終了する。

② 生活扶助義務

　では，子が成人した後はどのように考えるのであろうか。

　成人した後も修学中や，病気療養中などの特別の事情によって生計を賄えない期間については，親の生活に余裕がある場合に，その限度において扶養するという生活扶助義務になり，義務の度合いは変化してゆるやかな努力義務となる。

　すなわち，未成熟の子に対しては，親は監護・教育する強い保持義務があるが，成熟した子に対しては，病気や修学などの種々の事由によってその子が，支援を要する状態（以下「要支援」という）となって，かつ，親の生活に余裕がある場合にのみ，扶助義務が生じる。そして，この二つの状態にあることが，親に扶助義務が生じる要件である*4。したがって，子が要支援の状態となっても，親に余裕が無ければ扶助義務は生じない。加えて，成熟した子（大人）は自立しなければならず，働ける状況にあるのに何もしない，例えば，単なる引きこもりやニートの場合にも，親には扶助義務は生じないのである。

2 **生活費の給付（贈与）に対する贈与税の扱い**

　それでは，単なる怠惰によって自立しない子に対して，やむを得ずに生活費相当の金員を給付した場合は，どのような扱いをすべきであろうか。

　贈与税が課される対象は，財産権の対象となる一切の物および権利である*5。生活費の給付も贈与に含まれる。これにより扶助義務のない親が，要支援状態にない子へ生活費を給付した場合は，その費消額は親から子への贈与となり，年に110万円を超えるときは贈与税の課税対象となり，親に相続が生じると，相続開始前3年間の贈与額は相続財産に加算するのが原則である。

　一方，この規定にも例外があり，相続税法21条に扶養義務者相互間において生活費・教育費に充てるため贈与された財産は，贈与税を課さないと定めている。そして，ここにいう扶養義務者相互間とは，親と未成熟の子の関係と，要支援状態にある親族と，経済的に余裕があり扶助することができる親族間をいうものと解することになる。そして，例外規定であるところから，その適用に当たっては厳格に解釈すべきとされ*6，この要件を満たさない場合は原則どおりの扱いをすべきことになる。

この点につき，国税庁から平成25年12月に「扶養義務者（父母や祖父母）から「生活費」又は「教育費」の贈与を受けた場合の贈与税に関するQ&A」*7が公表されているが，要約すると，以下のとおりである。

＜生活費・教育費の全般に関するQ&A＞

> Q1－1　扶養義務者（父母や祖父母）から生活費又は教育費の贈与を受けましたが，贈与税の課税対象となりますか

［A］　扶養義務者相互間において生活費又は教育費に充てるために贈与を受けた財産のうち「通常必要と認められるもの」については，贈与税の課税対象となりません。

（注）　「扶養義務者」とは，次の者をいう。

　　① 配偶者　② 直系血族　③ 家裁の審判を受けて扶養義務者となった三親等内の親族　④ 三親等内の親族で生計を一にする者

　　なお，扶養義務者に該当するかどうかは，贈与の時の状況により判断する。

> Q1－2　贈与税の対象とならない生活費又は教育費に充てるために贈与を受けた財産のうち「通常必要と認められるもの」とは，どのような財産をいいますか。

［A］　「通常必要と認められるもの」とは，贈与を受けた者（被扶養者）の需要と贈与をした者の資力その他一切の事情を勘案して社会通念上相当と認められる範囲の財産をいう。

　注意すべき点が二つある，一つは，Q1－1［A］のなお書きである。「扶養義務者に当たるかどうかは，贈与時の状況による」とし，扶養義務者に当たるかどうかを，贈与時の状況で判断するというのである。いま一つはもQ1－2にて，「通常必要の範囲」の判断に当たっては，被扶養者と扶養者間の一切の事情を勘案すると明記していることである。個々の事情は多様であることから，慎重にその状況を質問し，証拠となるべき書類を揃えてから判断すべきところとなる。

Ⅱ 租税法における「生計を一」とは

　それでは，租税負担に大きな影響を与える「生計を一」につき，これまでの先人たちの行跡を見ることにしたい。そして始めは，所得税法56条の「事業に従事する生計を一にする親族への対価」の定めを巡る事件を取り上げる。

① 福岡高裁昭和47年11月20日判決*8

① 事実の概要

　控訴人（以下，Xという）は伝票，納品書，請求書，領収書等の印刷を業とし，その長男と次男（以下「両名」という。いずれもXと別居し，前年までは事業専従控除を受けていた）をその事業に従事させ，昭和40年度に両名に対する雇人費99万2,000円を必要経費に算入して申告をした。これに対し課税庁が，Xは両名に対する給与につき源泉徴収税額を徴収せず，両名もこの給与に対する住民税を納付していなかったこと，及び賃金台帳と帳簿の備付けがないこと，ならびにその支給が不定期であったことから，その雇人費は生活費の支給であり，Xらは生計を一にするので，必要経費算入を認めないとする更正処分をしたので，Xがその取消しを求めた事件の控訴審である。

② 高裁の判断

　裁判所は上記の事実を認定して，Xの請求を棄却した。

ⅰ　両名はもっぱらX経営の事業に従事しており，Xの事業から生ずる収入によってのみ生計を維持している。

ⅱ　両名はXの印刷業を手伝い，Xは右両名に対し生活費を支給して有無相扶ける関係にあるものと認めるのが相当である。

ⅲ　したがって両名は所得税法56条のXと生計を一にする親族にあたる。

ⅳ　両名は当時いずれも結婚し，Xと別居していたが，生活費の面で有無相扶ける関係にあれば，生計を一にするものということができるので，別居の事実は前記認定及び判断の妨げとはならない。

③ 上告審*9

　最高裁は，原審の認定事実を踏まえて，以下のように説示して，高裁に差し戻した。

i　両名はいずれも当時既に結婚して上告人と別居していた者である。

ii　上告人の事業が親子だけによる小規模な個人企業であることを考えると，上記の事実のみから直ちに，雇人費が両名において上告人の事業に従事したことの対価であることを否定し，家族間の扶養として支給された生活費にすぎないとみることは，社会通念に照らし当を得たものとはいいがたい。

iii　両名は，毎月支給を受ける右金員のうちから，自らの責任と計算でそれぞれの家賃や食費その他の日常の生活費を支出し，時に上告人から若干の援助を受けることがあっても，基本的には独立の世帯としての生計を営んでいたことがうかがわれる。

iv　両名の生計の源泉が，専ら上告人の事業にあるといっても，上告人と有無相扶けて日常生活の資を共通にしていたものと認めるに足りない。

v　以上により，両名と上告人とが生計を一にする関係にあつたとし，上告人の本訴請求のうち課税処分の取消しを求める部分を失当とした原判決は，所得税法56条の規定の解釈適用を誤り，ひいては理由不備の違法を犯したものというほかなく，その違法をいう論旨は理由がある。

　Xから両名が受ける給付を，高裁はXから両名への生活費とし，両名のXの事業への従事を両名のXに対する扶助と捉えて，その結果，Xと両名は「有無相扶ける」関係にあり，生計を一にするとしている。

　これに対して最高裁は，その給付を生活費とみるのは社会通念上から相当でない，両名は結婚してXと別居し，給付を受けた金員によって自らの家族の生活費を独立して賄い，Xの日常生活の資を共通にしていたとは認められず，「有無相扶ける」状態でないため，「生計を一」にするに当たらないとの判断である。

② 専門家夫婦間の対価の支払い事件

　もう一つ，所得税法56条の適用を巡って，「生計を一」について争われた事件を見てみよう。第一審判決は，納税者の請求を認容した「藤山判決」と呼ばれ，記憶に鮮明な夫弁護士妻税理士事件[*10]である。所得税法56条の適用の是非[*11]と，「生計を一」にするかどうかが判示されている。

争点は，夫の弁護士（以下，Ａという）が，税理士である妻（以下，Ｂという）と顧問契約を結び，これに基づいてＡがＢに支払った報酬が，Ａの事業所得の必要経費になるかどうかである。裁判所は次のように説示して，ＡＢ夫婦は生計を一にすると判断し，一審判決を破棄して国の控訴を認容している。

① 「生計を一にする」とは，必ずしも親族が同一の家屋に起居している場合に限るものでなく，上記の場合（同一家屋での起居）は明らかに互いに独立した生活を営んでいると認められる場合を除き，これに当たると解される。

② ＢはＡと婚姻の届出をした妻であり，夫婦は同居し，食事も共にしており，食費や子の学費等の家計は，おおよそＢが4，Ａが6の割合で負担している事実が認められる。よってＢはＡと生計を一にする所得税法56条の「居住者と生計を一にする配偶者」に当たる。

③ Ｂは税理士として独立して生計を維持するに足りる程度の収入があること，夫婦の住宅は区分所有形態で，Ｂの事務所部分は，Ｂの単独名義であってローンや経費は，Ｂ預金口座から支払われていることなどの事情がある。しかし，それらは，夫婦の互いの事業が区分されていること，あるいは，Ｂの事業と家計とが区別されるにすぎず，消費生活の区分を述べるものではないから，②の判断は左右されない。

④ また，家計費を一定の割合で負担している事実は，「生計を一にする」との要件の充足を否定する方向に働くものとはいえず，むしろ逆にこれを裏付けるものである。

夫婦は互いに専門職であって共働きであり，同居して日常生活を共にし，その資である食費や子供の学費などを，およそ夫6・妻4の割合で負担していることから，「有無相扶ける」状況にあって「生計を一」とする判断である。

③ 別居親族は生計を一にあらずとされた事件*12

これまで，所得税法56条の適用に関する事件を眺めてきたが，次に，本問に具体的に関係する裁決例があるので，少し詳しく見てみよう。

親所有の敷地内に建物を建てて別居していた子が，親と生計を一にしているとして本特例を適用して相続税の申告をしたが，課税庁がこれを認めず更正処分をしたので，その取消しを求めて争われた事件である。

① 納税者（以下，Cという）の主張

i 生計とは，「暮らし」，「生活」を意味し，生計が一であるとは費用を負担し合うことだけではない。被相続人（以下，Dという）は3年間の入院の後に死亡したが，寝たきりの状態で一度も居宅に帰ることなく，自らでは預金の引出や病院の支払もできず，独立して暮らせなかった。

ii そのため，CがDのキャッシュカードを保管し，Dの口座から出金した現金を，Cの生活費と合算して管理し，CとDの生活に係るすべての入出金をCが決定し，Dの入院費もこの合算した生活費から支払っていた。

iii Cは，Dの入院中，毎日のように植木の面倒，郵便物の確認等，Dの居宅の管理を行っており，生活は一体であった。

② 課税庁の主張

CはDと「生計を一」にする親族ではない。

i CはDと同居せず，また，CとDとの間で日常生活のために費用を負担し合う状況になく，両者が日常生活の資を共通にしていたとは認められない。

ii CがDの財産を管理していたとしても，そのことと日常生活の資を共通にしていることとは直接的な関係はない。

③ 審判所の判断

審判所は，本特例の対象となる居住用の宅地は，被相続人，又は被相続人と生計を一にしていた，相続人の生活基盤の維持に必要なものに，限定すべきとの前提をおいて，以下のように判断して，Cの請求を棄却した。

i 「生計を一」とは，同一の生活単位に属し，相助けて共同の生活を営み，ないしは日常生活の資を共通にしている場合をいう。

ii 「生計」とは，暮らしを立てる手立てであり，日常生活の経済的側面を指すものである。被相続人と同居の親族は，明らかにお互いに独立した生活を営んでいる場合を除き，「生計を一にしていた」ものと推認される。

iii 別居の親族が「生計を一」に当たるには，親族が被相続人と日常生活の資を共通にしていたことを要し，社会通念に照らして少なくとも

居住費，食費，光熱費その他日常の生活に係る費用の全部，又は，主要な部分を共通にした関係にあることを要する。

iv　Dの生活の本拠はD居宅である。CはCの居宅を建築した後は，Cの居宅に居住し，それ以来，CDは別居してそれぞれ独立した生活を営んでいた。

v　Dは複数の病院を転院しながら入院生活を継続し，相続の開始の直前においても，CとDは別居していた。

vi　Dの入院費はD預金から引き出された金員，D居宅に係るガス料金等は，Dの普通預金口座から引き落とされ，CDは相続の開始の直前において，日常生活に係る費用の全部又は主要な部分を共通にしている関係にはなく，CがDの「生計を一にしていた」親族であると認めることはできない。

vii　CはDの入院中，D居宅の管理を行っていたので，生活は一体であった旨主張する。しかし，Cが主張する事実は，生活の場を別にしている親子間の通常の助け合いであり，必ずしも生計を一にするかどうかの判断に直接結びつく行為ではない。

　「日常生活の資」を互いに，負担し合う状況にあるかどうかを「有無相扶ける」，そして「生計を一」にするかの判断基準としている。これは上記に紹介した判例に沿う判断である。

Ⅲ　本問への当てはめ

　それでは，これまでの検討を，本問に当てはめてみよう。

① 乙による甲の資産の費消額

　最初に検討すべきは，甲が「扶助義務者」に当たるかどうかである。

　甲の収入や資産，及び配偶者の収入に依拠して生計を立てている乙は，熟年の成人男子であり，ボランティア活動に精を出していることから，健康上の理由などによって働くことができない状況になく，支援を要する者ではない。これにより，甲に扶助義務が生じる要件が成立しない。よって，甲は乙に対する扶助義務を負うことはない。むしろ働いている乙の妻には乙の生活保持義務があり，その保持を受けるべきである。

　そうすると，甲が乙による自らの資産の費消を，承知しているときは，甲乙間の単純な贈与となり贈与税の対象となって，相続開始前3年間の

贈与額は，甲の遺産に加算される。

　甲がその費消を不知であったときは，甲は乙に対し，その返還を求める権利を有するため，返還請求権相当額は甲の遺産であり相続税の課税対象となる。

② 甲と乙は生計を一にするか

　次に，小規模宅地等に関する本特例の要件である甲と乙が「生計を一」にするかどうかは，甲は自らの生活の資は，その有する年金収入や預貯金にて支弁し，乙への支援は見られるものの，乙は甲の老人施設の入居費用などの日常の費用を，自らの資産で負担することがない。これにより，甲と乙は日常生活の資を共通にする状態にないため，「生計を一」にする親族には当たらない。したがって，本特例は適用することはできない。

おわりに

　筆者は，世を騒がす団塊の世代である。子どものうちは親に育ててもらうが，長じて学校を終えると仕事に就き，家庭を設けて子を育み，親が老齢になるとその生活を扶けるのが当たり前の世代である。生活費などの非課税措置や居住用宅地に関する本特例も，筆者のような考えを背景にして，互いに扶けることを求めているようである。

　本稿で見た裁判所や審判所の扱いも，いい年をして老いた親のすねかじりをするような不心得者については，税の優遇措置はこれを許さないということであろう。ともあれ，税の例外措置の適用に当たっては，要件を厳格に適用する必要があることを，肝に銘じる必要があると思う。

注釈

＊1　「生計を一」については，既に『難問事案のさばき方』（ぎょうせい　初版）平成25年4月1日149頁「二世帯住宅と小規模宅地の特例」で取り上げているが，今般は異なる視点から検討することとした。

＊2　石井美智子『親族・相続法』〔第2版〕弘文堂　Part2　Ⅳ所収　扶養　207頁

＊3　民法877条は，直系血族と兄弟姉妹も相互的に扶養義務を負わせている。

＊4　『家族法判例百選第6版』有斐閣　96頁　「兄弟姉妹間における過去の扶養

料の求償」

＊5　金子宏『租税法』第23版　弘文堂　704頁

＊6　DHC『コンメンタール相続税法［２］』第一法規　1623頁

＊7　平成25年12月12日付資産税課情報第26号

＊8　TAINS Z066－2992

＊9　昭和51年３月18日判決　TAINS Z087－3746　なお，破棄差戻後の昭和51年11
　　　月30日に訴訟は取り下げされている。

＊10　東京高裁　平成16年６月９日判決　TAINS Z254－9665判例時報1891号18頁
　　　上告棄却　確定

＊11　高裁はＡの主張につき，法56条が設けられてから現在までに，家族関係や社
　　　会の経済構造，個人の権利意識の高揚に伴う個人事業の実態などに変化が生じ
　　　ていることは否定できないと理解を示しつつ，法56条は現時点では著しく不合
　　　理とはいえず，その改廃と改正については立法府の判断を待つべきと判示した。

＊12　国税不服審判所裁決　平成20年６月26日　LEX/DBインターネットTKC法律
　　　情報　文献番号66013456　裁決事例集75集645頁

離婚に際する財産の分与者の滞納租税と，分与権利者への第二次納税義務の告知処分

事例　婚姻歴35年余りの60代の関与先夫婦の，離婚騒動に巻き込まれています。2年ほど前に夫Cは所有の不動産（相続によって取得）を担保にして銀行から融資を受け，仮想通貨への投資及びマイニング事業を始めました。しかし，平成30年6月にセキュリティの不備から資産が流出して大きな損害を受け，10月に撤退を余儀なくされました。銀行から返済を迫られ，翌年の平成31（2019）年早々には担保に供していた土地を売却して，その代金の全てを返済に充てなければなりません。そのため，令和2（2020）年3月に予定される譲渡所得税等2,200万円の納付はできそうにもありません。そしてこの土地以外のCの資産は自宅だけです。妻のD（60歳）はこのような夫を見限って離婚を求め，現在の住居である家屋とその敷地（C名義で婚姻期間中に取得し，価値は約5,000万円，以下，「自宅不動産」という。）を財産分与として給付するよう求めています。財産分与請求権は，債権者の有する詐害行為の取消権より優先すると理解していますが，夫の予定される租税債務が，妻の財産分与に影響を与えるかどうか，ご教示願います。

回答　離婚と離婚給付（財産分与）が，平成31（2019）年3月14日までに行われると，Dが自宅不動産の全てを離婚給付によって取得しても，通常の財産分与の扱いとなって課税関係は生じることはなく，また，元夫Cの負担すべき滞納税額を負担することはない。

　他方，離婚給付が平成31（2019）年3月15日以後に行われると，国税徴収法39条の定めにより，Dへの財産分与額が相当であるかどうかが吟味され，不相当に高額な部分がある場合は，その高額な部分のうち，現

に存在する利益に相当する部分は，Ｄが第二次納税義務者としてＣに代わって，本来はＣが納付すべき税額を負担することになる。

はじめに

　離婚に伴う財産分与については，財産分与を履行すると，分与義務が消滅するという論旨*1により，分与財産が不動産であるときは譲渡所得が実現し，金銭の授受がないのにかかわらず分与者は課税の洗礼を受け，その一方，財産を取得した配偶者は，財産分与請求権の対価としてそのときの時価で取得したとされ，その後の課税関係を律するというのが税の実務である。そして，分与額が過大である場合は贈与税の課税がありうるとの建前であるが，よほどのことがない限り，そのような話を聞くこともないのである。

　以上は，分与者に債務がない場合の話である。債務があるときは様子が異なる。分与額が相当の場合は何らの問題も生じないが，それが夫婦財産の清算・慰謝料・離婚後の扶養料を超えて，不相当に高額となるときは，その超える部分は債権者による詐害行為の取消権*2の対象となり，債務が租税であるときは，国税徴収法の定めにより，第二次納税義務が告知されることになる。

　それでは，財産分与に関するおさらいをし，次いでこの問題を裁いた裁判所の判断を紹介して，回答へのアプローチを試みることとしよう。

Ⅰ 財産分与

　民法768条は，離婚をした者の一方は，相手方に対して財産の分与を請求することができるとし，当事者間で決められないときは，家庭裁判所に協議に代わる処分を請求できると定めている。この財産分与の法的な性質は単純な贈与と異なり，次の３要素である。
① 　夫婦が婚姻期間中に築きあげた共同財産の清算
　別離に至る夫婦が，婚姻生活の継続中に共同で築いた財産を公平に分け合い，清算する要素であり，財産分与の本質の部分である。
② 　離婚後の扶養
　離婚によって生活基盤を失う，所得の稼得能力がない配偶者が，社会

に復帰するまでの生活保障の要素である。

③　一方の配偶者に対する慰謝料

不貞，悪意の遺棄，強度の精神病の罹患，多額の債務など婚姻を継続することが困難な原因*3を作った（不法行為）配偶者が，他方に支払う損害賠償金の要素である。

①だけでも，夫婦双方の財産を把握し，その中身が特有或いは共同財産であるかの区分，例えば，熟年離婚であれば退職金や年金をどのように分けるかなどがあり，これに②と③の要素が加わると，その算定*4は複雑となる。さらに，負債があると，なおさらに複雑な計算を余儀なくされることになる。

Ⅱ　財産分与と債権者の取消権

さて，このような財産分与につき，債権者の保護は図られているのだろうか。先人の解説*5をお借りして紹介すると，次のとおりである。

①　学　　説

婚姻・縁組み・相続の承認・放棄などの身分行為は，間接的に財産上の利益に影響を与えるが，債務者の自由意思に委ねられているため，財産分与は取消権の対象とならないとするのが多数説である。ただし，この説も財産分与が例外的に詐害行為になり得ることを認めている。すなわち，その分与額が不相当に過大であるときは，財産分与に仮託してなされた処分行為として，詐害行為となりうるとするのである。

②　裁判所の判断

裁判所も学説を受けて，下級審の多くは財産分与の法的な性格に基づき，財産分与によって債権者の共同担保が減少するとしても，制度の趣旨に照らして不相当でない限り，詐害行為にならないと判断している。そして，最高裁は昭和58年12月*6に下級審判決の傾向を是認して，次のように判示している。

①　事件の概要

婚姻歴29年のAY夫婦（妻Yがクリーニング業，夫Aは不動産・金融業に従事し，子は2男3女）は，昭和58年にAの不貞，及びAが従事する事業の倒産により離婚するに至った。Yはクリーニング業を続けて子の面倒をみることにし，その基盤となる店舗と敷地（価額は約989

万円）を，慰謝料を含めた財産分与とする給付を受けて，所有権を移転し，Ｙはその際に付されていた抵当権を抹消するために536万円の支払をした。これに対し，Ａの債権者ＸがＹに対する財産分与は詐害行為であるとして，その行為の取消しを求めところ，第一審，控訴審ともＸの請求を棄却したので，Ｘが上告した事件である。

② 判決の要旨

ⅰ 離婚における財産分与は，前述の共同財産を清算分配，及び，離婚後の相手方の扶養，ならびに，相手方が受けた精神的損害への賠償の要素を含めて，分与をすることを妨げるものではない。

ⅱ 財産分与の額及びその方法を定めるには，夫婦が協力して得た財産の額その他一切の事情を考慮すべきで，分与者が離婚時に債務超過の状態にある，又は分与すると無資力になることも，その事情の一つに他ならない。

ⅲ 分与者が負担する債務額，及びそれが夫婦共同財産の形成にどのように寄与したかどうかを含めて，分与の額と方法を定めることができ，分与者が債務超過であることをもって，分与することを否定するものでない。

ⅳ 分与により債権者に対する共同担保が減少しても，民法768条の趣旨に反して不相当に過大で，分与に仮託した財産処分と認められる事情のない限り，詐害行為とはならない。

ⅴ 本件土地はＹのクリーニング業の利益から購入したもので，その取得への寄与はＡより大きく，Ｙとその子らの生活の基盤としなければ，今後の生活設計の見通しが立てがたいことから，Ａの事情を考慮してもなお，Ｙに対する本件土地の譲渡は慰謝料を含めた分与として相当であり，詐害行為に当たらない。

以上のように，財産分与は原則として債権者取消しの対象とならないこと，そして例外的に不相当に過大な財産分与がなされた場合は，債権者取消しの対象となることを示したのである。そして，17年後の平成12年に最高裁*7は「その配偶者が負担すべき損害賠償額の額を超えた金額の慰謝料を支払う旨の合意がされたときは，その合意のうち右損害賠償債務の額を超えた部分については，慰謝料支払の名を借りた金銭の贈与契約ないし，対価を欠いた新たな債務負担行為というべきであるから，

詐害行為取消権行使の対象となり得る」としている。

③ 財産分与として相当かどうかの基準

　財産分与の額が相当であるか，それとも不相当に過大であるかは，どのように判断されるのであろうか，これもまた悩ましい問題である。民法では768条3項に「当事者双方がその協力によって得た財産の額その他一切の事情を考慮して」判断すると定めている。

　具体的には，婚姻の期間，離婚に至る理由，財産の取得時期，利用状況，年齢，当事者の主観的意思（清算，扶養，慰謝料の趣旨で行ったものかどうか），債務の残額，債務の原因（夫婦共同生活の維持のための借入であったかどうかなど）等の事情を考慮し，事件ごとに夫婦の様子に基づいて判断する他はない。

④ 仮装離婚による財産分与事件*8

　それでは比較的最近の事件で，債権者の取消権が認められた例を見ることにしよう。

① 事実の概要

　A社はX信用保証協会の保証付きでB信金から融資を受けたが，倒産し，支払不能となった。Xは代位弁済し，甲に対して求償を行い，併せて甲乙夫婦の離婚に伴う財産分与による図表－1の不動産（夫婦の住

●図表－1

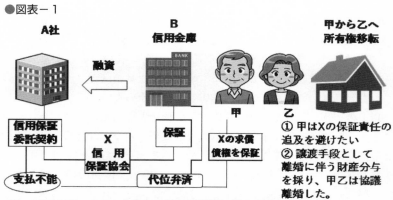

※　甲乙夫婦には、不貞行為や婚姻を継続し難い重大な理由はない。
※　甲の債務は住宅ローンと、A社への保証債務だけであった。
※　甲乙は離婚後も同居し、住宅ローンを甲が支払いしている。

居であり以下，「本住居」という）の所有権移転登記を，通謀虚偽表示による詐害行為であるとして，乙に対して移転登記の抹消を求めた事件である。

② 裁判所の判断

大阪高裁は以下のように説示して，通謀虚偽表示に当たらないが，財産分与として相当な額を超える部分は，民法768条3項の趣旨に反して不相当に過大であり，財産分与に仮託してされた財産処分であるとして，価格による賠償を命じた。

i 甲乙夫婦には離婚に至る原因はないが，「本住居」につき債権者の追求を避けるため，財産分与により乙に所有権を移転しようと考えて，離婚したものである。

ii 夫婦は離婚に伴う法的効果が生じることを意図して，法律上の婚姻関係を解消する意思の合致により離婚をしたもので，その離婚が離婚意思を欠く無効なものとはいえない。

iii 夫婦は「本住居」の所有権を確定的に乙に帰属させる意思であったから，以下の詐害行為に当たることは別として，この分与を通謀虚偽表示により無効とすることはできない[9]。

iv 夫婦は離婚後も生活を共にし，また，甲は有責配偶者でないので，夫婦財産の清算の要素だけを考慮すると，「本住居」は実質上は夫婦の共同財産であり，「本住居」を維持するに当たっての乙の貢献を考慮すると，財産分与としては，その共有持分の2分の1ないしはそれに相当する金員を分与するのが相当である。

本判決は取消権を認めたが，債権者の追求を逃れるための財産分与について裁判所[10]は，詐害行為を認めるものと，これを認めないものが存在する。婚姻を継続しがたい事情になく，慰謝料や他方配偶者への扶養の要素もない場合は，債権者の取消権を優先し，分与者が有責配偶者であり，子の養育監護や他方配偶者の事後の生活基盤を維持する必要がある場合は，離婚の法的な効果を認めて，債権者よりも夫婦の一方が有する夫婦共同財産の，潜在的持分を保護しているようである。

Ⅲ 財産分与と分与者の滞納租税

これまでの検討により，分与者に債務がある場合の財産分与の扱いは，

それぞれの夫婦の個別事情を斟酌する必要があるものの，財産分与として の相当額を超えるときは，債権者の詐害行為取消権が認められている ことが明らかとなった。

　それでは，その債務が滞納租税であるときは，どのようなことになる のであろうか。今年の2月に控訴審判決が出された事件*11を眺めてみ よう。

1 事件の概要

　事件の概要は，図表－2のとおりで，元夫の丙（以下，丙という）は， 資産家の亡父よりかなりの財産を相続取得したが，その相続税や負債の 返済に要した土地の売却に係る譲渡所得税など，多額の租税債務が生じ た状況にあった。このような中での離婚，及び元妻の丁（以下，丁とい う）への財産分与であり，そして離婚から12年後に為された，T国税局 長からの第二次納税義務の告知処分であって，元妻の丁よりその処分の 取消しを求めて提訴された事件である。

2 必要な法律の定め

　根拠となる定めは国税徴収法39条（無償又は著しい低額の譲受人等の 第二次納税義務）で，裁判所の関与なしに徴収のための処分が可能であ

●図表－2

相続

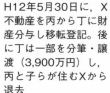

△離婚

H12年5月30日に，X 不動産を丙から丁に財 産分与し移転登記。後 に丁は一部を分筆・譲 渡（3,900万円）し， 丙と子らが住むXから 退去

H9年5月に丙が取得した父Dの遺産

資　産	債　務
Fへの貸付金 4.7億円	G銀行からの 借入金4.7億円 （土地担保）
Gへの担保土地	
W土地（差押処分）	未納所得税 5,299万円
X　住居用土地建物	

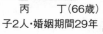

丙　　　丁（66歳）
子2人・婚姻期間29年

※　Fへの貸付金は回収できず，丙は G土地を売却して銀行へ返済。Fは H17年死亡
※　H24年2月の丙の滞納税金は，相 続・所得税等合せて2億3,791万円 余
※　当時，丙の保有財産は500万円程 度

評価額1億8千万円余

※　H24年2月，課税庁は丁に対し，財産 分与は「著しく低い対価による譲渡」 に当たるとし，1億9百万円の第二次 納税義務の告知処分

り，ポイントは次の四点である。

① 滞納者丙が，その財産を無償による譲渡（財産分与）をして，その他の第三者に利益を与える処分をしたこと，

② 上記①の処分が，丙が納付すべき国税の法定納期限の1年前の日以後にされたものであること，

③ 丙の財産につき滞納処分を執行しても，なお徴収すべき額に不足すること

④ 上記③の不足することが，財産分与などの処分に基因すること

この処分の対象となる金額は，その利益を受けた者が第三者であるときは，「受けた利益が現に存する額」，親族等であるときは「受けた利益の額」である。本件では「無償又は著しく低い価格での譲渡」とともに，丁がその何れに当たるかも争点となった。

③ 裁判所の判断

① 一審の東京地裁

次のように説示して，財産分与の合理的な金額は3,000万円であって，丁はその当時は離婚して第三者であるから，負担すべき額は「現存利益」が限度となり，その額を7,700万円と認定して，これを超える部分の金額を取り消した。

　i 滞納者の財産につき行われた譲渡の対価の額が同条にいう「著しく低い額」と認められるか否かは，その取引の内容や性質等に照らして，社会通念上，その対価の額が通常の取引に比べて著しく低いものであるかどうかによって判断すべきである。

　ii 本件の財産分与額の合理的な額は，ア　財産の清算額は約1,150万円，イ　扶養料は約450万円，ウ　慰謝料として1,000万円，合計約2,600万円で，少なくとも3,000万円を超えて財産分与をすることは民法768条3項の趣旨に反して「不相当に過大」である。

　iii X不動産の評価は約1億8,800万円であるから，3,000万円との差額である約1億5,800万円は「著しく低い価額の対価による譲渡」に当たる。

　iv 丁は処分の時点で既に丙の親族でも特殊関係者でもないため，丁が第二次納税義務を負う範囲は，「受けた利益が現に存する限度」，つまり現存利益の範囲に限られる。

v 丁が納付告知処分時に所有していた財産は，分筆土地の代金3,900万円及び残りの土地の評価額約7,500万円を合わせた約1億1,400万円である。

vi この額からX不動産の不動産取得税や分筆土地の売却に要した測量費用等，及び財産分与の妥当額3,000万円の合計約3,700万円を控除した約7,700万円が，「現に存する利益」である。

vii 以上により，丁は約7,700万円を限度として第二次納税義務を負うが，この金額を超える部分の納付告知処分は取り消す。

② 控訴審 東京高裁

丁は控訴審にて，本告知処分は財産分与の時から12年近く経過し，その間，Ｔ国税局長は告知処分をせずに放置して，丙への徴収を懈怠した。この時の経過によって証拠が散逸して防御権の行使が困難となったこと，不動産価額の変動や延滞税の増加という大きな経済的負担を被ったことなどから，その処分は法令に違反し，社会通念上著しく妥当性を欠き，裁量権の範囲を逸脱して濫用に当たると主張した。

しかし，裁判所は以下のように説示してその主張を斥けて，第一審の判断を支持した。

i 適切な徴収手続きをすれば，丙から滞納税額を徴収できる状況の下で，手続きの懈怠等により，その税額を徴収できないとしても，特段の事情がない限り，第二次納税義務の存否やその額に影響を及ぼさない。

ii Ｔ国税局長は平成13年1月から平成23年12月にかけて，物納許可，不動産又は債権の差押処分，財産の捜索，公売手続，丙や第三者からの納付などの徴収行為を順次行い，丙からの徴収手続を漫然と怠っていたものではない。

iii 第二次納税義務は主たる納税義務を補充するもので，丙からの徴収を優先して行い，これを了してから告知処分をしたこと，また，Ｔ国税局において財産分与が徴収法39条の要件に当たるとする処分をした例がなく，その検討に時間を要したことなどから，12年近くの時を要したことをもって，Ｔ国税局長の裁量の範囲の逸脱，その濫用に当たるとまではいえない。

Ⅳ 本問へのあてはめ

それでは，これまでの検討を本問に当てはめてみよう。

東京地裁及び東京高裁の判示にあるように，分与者に滞納する租税債務があり，その分与によって滞納処分ができずに，徴収すべき額に不足するとしても，分与額が合理的で相当な額であるときは，分与を受ける元配偶者が分与者の租税債務につき，第二次納税義務を負うことはない。

他方，その分与額に不相当に高額な部分があり，その分与が滞納に係る国税の納期限の1年前の日以後に行われたときは，分与を受けた元の配偶者はその利益が存する範囲で第二次納税義務を負うことになる。

では，Dへの分与額のうちに不相当に高額な部分の額を具体的に試算してみると，次のとおりになる。

① CD夫婦には自宅不動産の他にめぼしい財産がないため，その清算の対象となるのは評価額5千万円の自宅不動産だけであり，Dの潜在的持ち分はその二分の一相当額であるとして，2,500万円が清算額となる。

② Dは永くCの扶養対象配偶者であったことから，離婚後の扶養料を分与に含めるのが相当となり，年金を受給する年齢に達するまでの5年分の生活費として780万円（例えば，東京都の生活保護基準1人7万円＋アパート代を6万円とすると月額計13万円，年額156万円）

③ 婚姻を継続しがたい理由は，Cの事業と投資の失敗であり，Cは有責である。この精神的な損害に対する慰謝料として100万円。

以上を合計すると，3,380万円が相当額となり，分与額がこれを超えるため徴収法39条の「無償による譲受人」に当たることになる。そうすると，相当額に，分与を受ける際の不動産登記料や取得税などの費用を100万円として加算し，分与の総額5,000万円からこれを差し引くと，Dが第二次納税義務を負う部分の金額は1,520万円となる。

このような検討の結果，図表－3のように，DはCの滞納の可能性が必須の譲渡所得税等の第二次納税義務を負うことになりそうである。

ここで，図表－4を参照されたい。上段と下段の場合には，Dについて徴収法39条が適用される。

他方，中段のように，返済のために担保提供土地をH31（2019）年に

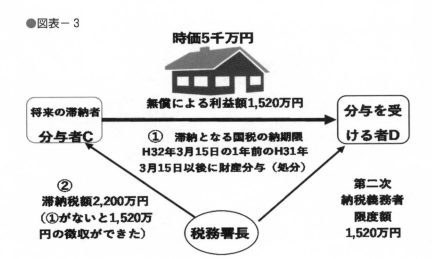

時価5千万円

将来の滞納者
分与者C

無償による利益額1,520万円

**分与を受
ける者D**

① 滞納となる国税の納期限
H32年3月15日の1年前のH31年
3月15日以後に財産分与（処分）

②
滞納税額2,200万円
（①がないと1,520万
円の徴収ができた）

税務署長

第二次
納税義務者
限度額
1,520万円

●図表－4　CD夫婦の土地の譲渡日・分与する日と，第二次納税義務との
　　　　関係

	① 担保土地の譲渡の時期	② ①に係る国税の法定納期限	③ ②の1年前の日	④ 分与（処分）の日	⑤ 徴収法39条の適用
上段	H30年中	H31年3月15日	H30年3月15日	H30年11・12月中　H31年中	③の日以後適用あり
中段	H31年中	H32年3月15日	H31年3月15日	H31年1月1日～同年3月14日まで	③の日以前適用なし
下段	中段と同じ			H31年3月15日以後	③の日以後適用あり

売却し，同年の3月14日までに，CD夫婦が協議離婚して離婚届け出を
提出し，同時に財産分与を受けて所有権移転登記を済ませると，徴収法
39条にいう要件「その国税の法定納期限の1年以前の日以後に行った譲
渡」に当たらないことになる。これにより，Cが本来納税すべき国税に
関する第二次納税義務を，Dは負担することなく，また，この場面で不
相当に高額とされる部分についても，通常の財産分与の場合と同様の扱
いとなり，特段の課税関係が生じることはない。担保提供土地の譲渡や，
財産分与のタイミングの選択によって，Dが負うべき租税負担が異なる
結果となり，違和感が否めないところであるが，徴収法の定めに基づく
もので，Dの利益に適うことになると考える。

　離婚は人生の一大事で，夫婦それぞれの愛憎や経済的な打算が入り交じり，その解決には多くの時間とエネルギーを要する。

　加えて，分与者の租税債務を，どのように負担するかという面倒を抱えるのは，気の重たい話である。

　租税負担の公平と，夫婦共同財産に対する一方，配偶者の潜在的持ち分の保護という対立する要素を，どのように調整するのが良いのだろうか。全てを満足させる途はないのであるから割り切りを行い，法の定めの中に，これを見つけるほかはない。法に定める以上の負担をする必要はないことから，実務家の我々は道具としての法律を使いこなし，依頼者に正確な情報を示すのが，為すべき仕事であると思う。

注釈

＊1　最三小判　昭和50年5月27日『租税判例百選第6版』No42　譲渡の意義⑵
＊2　民法424条1項は，債権者は債務者が債権者を害することを知ってした行為（詐害行為）の取消しを，裁判所に請求できるとする。他方，2項で財産権を目的としない行為についてはこれを適用しない旨を定めている。なお，今般の民法改正により，詐害行為として取り消される範囲が明確にされている（改正法424条の2及び424条の3）。
＊3　民法770条1項　離婚の訴えを提起する理由と，本文記載の5要素を定める。
＊4　財産分与額について最高裁は「司法統計年報」を公表し，全国の家庭裁判所で扱った事件を分類して，婚姻期間別の支払額や，その平均額を公表している。裁判所HP『司法統計年表　家事平成27年度』第27表「離婚」の調停成立又は調停に代わる審判事件数　財産分与の支払額別婚姻期間別（全家庭裁判所）より。
＊5　野村豊広「財産分与と詐害行為と取消権」『家族法判例百選第6版』No17　36頁
＊6　最二小判昭和58年12月19日　裁判所HP最高裁判所判例集　民集37巻10号1532頁
＊7　最高裁平成12年3月9日判決　民集54巻3号1013頁
＊8　大阪高判平成16年10月15日　判時1886号52頁
＊9　同様の財産分与につき，債権者の強制執行を免れる目的で行われたものと認定し，通謀虚偽表示に当たり無効とした，東京地裁平成20年1月30日判決がある。
＊10　財産分与と詐害行為に関して，弁護士法人阿部・楢原法律事務所のHP「熟年

離婚の知識」http : //jukunen-rikon.net/knowledge.html がある。また，大久保憲章「財産分与と詐害行為」修道法学36巻1号33頁があり，参考とさせていただいた。

*11　第一審　東京地裁平成29年6月27日判決　TAINS Z999－7201控訴審　東京高裁平成30年2月8日判決　D1－Law.com 判例体系　ID：28261009

親族による債務引受けに伴う, 多重債務者の資産譲渡に係る課税関係

事例 関与先の丁は, ウェブデザインや, イベントのディスプレーなどの制作業を営んでいます。しかし, ここ数年は体調が優れず収入は先細りとなり, 子供の学費や生活費を賄うことができませんでした。そのためネットバンクや, カードローン(2,500万円)ならびに実家の親からの債務(500万円)が併せて3,000万円となり, 昨年の春頃には, 返済と利払いに追われ, どうにもならない事態になりました。そこで, 破産を避けるために, 実家を継いだ兄が丁の債務を引き受け, その代わりに丁の住居の土地建物(ローン残1,200万円)を, 兄に時価の3,000万円で引き渡し, その後は家賃を支払ってこのまま住みながら, 仕事を続けたいと考えています。家屋の半分は業務用のため, 特別控除を適用しても課税となります。このような場合に, 所得税の非課税規定の適用は可能でしょうか。

回答 所得税法9条1項10号にいう, 資力を喪失した場合の強制換価手続きによる資産の譲渡と内容を同じくするので, その売却代金の全てを債務の弁済に充てると, 所得税は課されない。したがって申告する義務はないが, 資力を喪失したこと及びその代金にて弁済したことを証する疎明書類を, 所轄の税務署に提出する必要がある。

はじめに

　所得税法の非課税の定めには, 債権者の申立によって破産手続きが始まり, 強制競売によって売却され, その代金を債務の弁済に充てた場合には, 所得税を課さないと記され明確である。他方, 本件のようにお手

上げの状態であるけれども，実家の応援を得て借金まみれの状態を解消する場合には，非課税の規定は適用が困難との想いがあり，さてどうしたものかという悩ましい事態に陥ることになる。それでは，始めに判断に必要な定めを参照し，次いで過去の裁決事案を参考にして，人生の一大事なときに租税の特例を受けられるように，どのような対応をすべきかを考えてみよう。

Ⅰ 判断に必要な定め

次の二つが根拠となる定めであり，その内容を眺めてみよう。

所得税法（以下，所法という）9条1項10号，及び所得税法施行令26条（以下，政令26条という）。

① 所 法

要件1　譲渡直前では債務超過

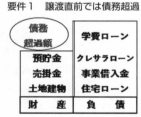

要件2　競売などが不可避　　　　　　要件3　譲渡代金全てを弁済

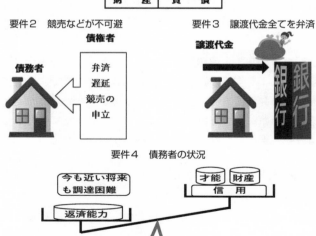

要件4　債務者の状況

資力を失って借金を返すことができなくなった場合の，強制換価手続による資産の譲渡による所得や，その他これに類する所得については，所得税を課さない。

② 政令26条

①の所得とは，資力を失い借金を返せずに，かつ，強制換価手続が不可避であり，その場合の資産の譲渡による所得で，譲渡に係る対価がその債務の弁済に充てられたものとする。

すなわち，前頁の図に掲げた要件に当てはまると，非課税の定め（以下，本特例という）が適用されることになる。

要するに実際に強制換価手続きが行われる場合の他，一歩手前の段階であっても，債務者の状況が，強制換価と同様の事情にあるときは，所得税を課さないとするのである。そしてこの扱いの背景は，次のようなものであるといわれている。

① その資産の譲渡が債務者自らの意思に基づかない強制的な譲渡，もしくはそれに類するものであること

② 譲渡代金の全てが債務の弁済に充てられ，譲渡者はその譲渡による利益を享受することができないこと

③ 課税したとしても，税の徴収が困難であること

Ⅱ 二つの裁決

それでは，本問の資力喪失に当たるかどうかが争われた事件二つを眺めてみよう。初めは認められた例を，次いで認められなかった例を取り上げる。

① 昭和54年6月26日裁決*1

今は昔の想いがある昭和の時代の話である。しかし，その判断は令和の現代でも十分に耐えうるものである。

① 事実の概要

甲は病を得て，永く生業としてきたBARを廃業し，その後は夫婦で給与生活者として働くも生活を維持するのに精一杯であり，昭和49年6月頃には債務は廃業時より1千万円も増加し，大変困難な状況に陥った。そこで昭和51年に親身に世話になった地域の教会の牧師であり借入先でもあるDに，債務の引き受け及びA不動産を3千万円で譲渡し，残額

●図表－1　事実の経緯

BAR

S31年より店舗を借り，BARを営みS41年に融資1千万円を受け，大家より店舗・敷地Aを購入。

S42年8月頃 病により廃業	J銀行	1,000万円
	D借入金	252万円
当時の債務額 合計1,502万円①	GI借入金	200万円
	F借入金	50万円

※　GIから弁済を強く求められていた。
※　甲はAを売却して弁済を図るが不調。
※　S51年7月15日
Dは甲の債務を引き受け，代わりに甲は，AをDに3千万円で譲渡。差額を免除

※　廃業後は，甲の臨時的な就業の給与及び妻のアルバイトで生計を賄うが，返済呼び利息の支払はできず。

S49年6月頃 債務額	J銀行	1,000万円
	GI借入金	200万円
	F借入金	50万円
合計3,021万円②	M借入金	200万円
	D借入金	1,250万円
	未払利息等	321万円

●図表－2　譲渡時の債務超過・弁済能力　（単位：万円）

資産額		負債額	
居住住宅	1,200	住宅ローン	890
預金	42	未払い金	200
債務 超過額	339	M借入金	50
		その他借入	441
合計	1,581	合計	1,581

●図表－3　弁済能力

収入（月額）		支出
給与	23	甲と妻・高校生の子
妻のパート	7	2人の生計維持で費消
合計	30	②債務の弁済資金なし

の免除を受けた。この譲渡につき当初は譲渡所得1,955万円，納付税額388万円として申告したが，後に本特例の適用があるとして更正の請求を行ったが，課税庁はこれを認めなかったので，審査請求に及んだ事件であり，その概要は図表－1〜3のとおりである。

②　審判所の判断（全部取消）

　以下のように説示して，更正の請求に対して理由がないとする原処分を取り消した。

●図表－4　被相続人Ｋ　譲渡時の資産と負債の状況

（単位：千円）

番号	資産の内訳	課税庁主張額	納税者主張額
1	Ｐ市土地　①	220,000	102,743
2	同上所在建物		
3	Ｐ市土地　②	300,000	247,958
4	同上所在建物		
	①は一部を除き競売開始決定がされている。	（実際の譲渡額）	（競売最低入札額）
5	Ｐ市土地　③	69,654	0
6	預　　　金	○○○○	－
7	貸　付　金	21,238	0
	資産の合計	611,111	350,701
	負債の内訳		
8	Ｌ社借入金・未払利息	397,357	397,357
9	未納税金	○○○○	○○○○
10	保証債務		
	債務の合計	434,853	464,853
	純資産額	④　176,258	⑤　△114,152 債務超過

i　　Ａ不動産譲渡時の甲の資産負債の状況は，前頁図表－2のとおりである。そして図表－3の甲及びその妻の収入では，甲家族の生計を維持するのが限度であって，負債の返済や毎月に生じる利息の支払う資金調達の目処は全くないと認められる。

ii　　これにより甲は債務超過の状態が著しく，近い将来においてもその資力が回復するとはいえない状態と推認せざるを得ない。

iii　　Ａ不動産の譲渡対価は，その全てが弁済に充てられている。

iv　　Ａ不動産には，1,000万円の根抵当権及び1,200円万円の抵当権が設定され，抵当権者からＡ不動産を競売して弁済するよう，強く迫られていた。

v　　甲を援助していたＤは，Ａ不動産が競売となると，その売却予想額では債務の弁済に不足するため困難な状況が残る，また，これ以上の甲への支援を打ち切るためにＡ不動産を3,000万円で自らが

取得したものと認められる。

　vi　上記により，A不動産に係る強制換価の手続きは，到底避けられない事情にあった。

☑2　**平成21年2月17日裁決（棄却）**＊2

　本特例の適用要件である，譲渡時にその債務者が債務超過となり，債務の弁済が困難であったかどうかが争われ，判断の基礎となる保有資産である不動産の価額を，納税者は競売の最低入札価額を，課税庁は実際の売買価額を用いるべきと主張した事件である。

①　事実の概要

　被相続人Kの譲渡所得について，納税義務を承継した乙らが，譲渡の対価のうち債務の弁済に充てられた部分の所得は，課税されないとして申告を行った。これに対して課税庁は本特例の適用を認めなかったので，乙らがその全部の取消を求めて審査請求した事件であり，Kにかかる事実の概要は図表－4のとおりで，補足事項は以下のとおりである。

　i　Kは平成17年4月から5月にかけて，図表－4の1〜4の物件を5億2千万円で売却した。

　ii　Kは同年5月末に上記売買代金から，L社に3億5千万円を返済し，U税務署に○○○○円を納付した＊3。

　iii　Kは上記の債務弁済に充てた部分の金額は，課税されないとして申告を行い，平成18年8月に死亡した。

　iv　課税庁はKの申告につき，譲渡時のKの資産状態は，図表－4の④のとおりに債務超過ではないとし，特例は適用できないとする更正処分を行い，これに対して相続人の乙らは，図表－4の⑤のとおりに債務超過であるとして，この取消を求めて審査請求をした。

②　争　　　　点

　Kの譲渡時における状況が，政令26条にいう「資力を喪失」して「債務の弁済」が著しく困難かどうかである。

③　審判所の判断（請求棄却）

　i　資産の譲渡によって値上がり益が実現し，その譲渡代金が債務の弁済に充てられる予定であったとしても課税の対象となるのが原則である。

　ii　本特例の適用は厳格に行われるべきで，弁済可能な額を客観的，

かつ，具体的な金額で算定するのが，本特例の趣旨に適うものである。

iii　これにより資産の評価額は，譲渡した物件にかかる弁済可能な金額である譲渡価額となり，譲渡した物件は譲渡の以前においても同額の価値を有していたとするのが相当である。したがって譲渡物件の評価額は5億2千万円となる。

iv　Kの債務が乙らの主張とおりの4億6千4百万円余としても，iiiの譲渡物件評価額に基づくと，資産の額が負債の額を上回ることが明らかである。

v　以上により，Kは政令26条が定める「資力を喪失」して「債務の弁済」が著しく困難である場合に当たらない。

Ⅲ　質疑応答にみる課税庁の見解

二つの裁決を眺めると，実現した譲渡益に原則どおりに課税をしても，その全部が債務弁済に充てられ，結果的に資金不足となって税の徴収が不能となるか，否かの判断がキーポイントであると考える。そしてこのような審判所の判断を背景にして，課税庁も質疑応答にて同様の見解を明らかにしている。簡略に紹介すると，以下，

【照会要旨】

ゴルフ練習場等を営んでいた個人Aは，債務超過（財産は土地建物15,000万円，負債は銀行16,000万円，金融業者5,000万円・債務超過6,000万円）の状態に陥り，回復不能の状態となった。兄Bはその債務全部を引き受け，Aの全財産を譲り受けた。

このような場合，AがBに譲渡した土地建物に係る譲渡所得につき，本特例を適用できるか。

【回答要旨】

資産の譲渡対価で債務を弁済しないため，当然には本特例に該当するとはいえない。他方，資力を喪失し，債務の引受けの対価として資産を譲渡する場合は，資産の譲渡対価によって債務を弁済したのと同様の経済的効果が生ずる。資力を喪失して債務を弁済することが困難であり，かつ，強制換価手続の執行が避けられないと認められる状況の下で，照会のような債務の引受けと資産の譲渡が行われたときは，その譲渡に係

る所得については，本特例に該当すると取扱って差し支えない。

Ⅳ 本問への当てはめ

それでは，これまでに眺めた背景を踏まえて，それらを本問に当てはめてみよう。

① 資力を喪失しているかどうか

丁は体調が優れず収入が少なく，生活費や子供の学費を賄えない，債務の弁済と利息の支払もできない状態にあること，ならびに債務の金額が住宅ローンを含めると4,200万円あり，他方，保有する資産は若干の預金残高の他は，住居の土地建物3,000万円のみであり，明らかに債務超過の状態である。

② 競売などが不可避かどうか

丁の家計は上記①のとおりで，債務の弁済ができない状態であり，そしてこの状態が続くことが明らかである。そうすると，まず始めに住居の不動産に付された住宅ローンの抵当権が実行され，競売の申立がされることになる。

③ 譲渡代金の使途

兄への譲渡代金は3,000万円であり，これは兄の債務引受額4,200万円に不足する。

したがって譲渡代金の全ては，債務の弁済に充てたものと認められる。

④ 丁の状況

丁の譲渡時の状況は上記にみたとおりで，唯一の財産である居住用不動産を手放して無一文である。そして，弁済遅延により金融機関の信用情報ではブラックに分類され，加えて実家の応援もこれ限りというものであろうから，近い将来に資金調達をすることはできないと認められる。

以上により，丁の債務を兄が引き受けたことによる居住用の不動産の譲渡による所得については，本特例の適用があることになる。

具体的には丁の事業所得の申告に際して，譲渡所得の記載はこれをせずに，次の疎明書類を添付して本特例の要件を満たしていることを明らかにする必要がある。

①債務の明細　②家計の状況　③債務を引き受けた兄による債務弁済の状況　④譲渡した居住用の不動産の登記簿謄本

なお，兄が丁の債務引き受けに際し，譲り受けた財産3,000万円を超える部分の金額1,200万円の弁済を免除した場合は，相続税法8条の定め*4により，贈与税は課されないと考える。

おわりに

　租税法の教科書には，所得税の課される所得は包括所得概念が適用されるとあり*5，たとえ借金まみれを解消するための資産の譲渡であっても，そこに値上がり益があるかぎりは課税の対象となる。そしてこれは，実務家のよく知るところである。他方，法律には原則と，その例外が定められている。もちろん，例外の定めはその多くが租税を減免，あるいは軽減するものであるため，厳格に事実を当てはめて解釈する必要がある。そのため，適用後の課税庁との解釈の違いや，事実の認定の相違による争いを嫌い，保守的に過ぎる取り扱いを取るきらいがあるように思う。そしてこのような保守的な申告の後に，更正の請求により事後の救済を求めると，立証責任を自ら負うことになりその労力は，かなりのものとなる。

　筆者は，各種の特例の適用につき，その可能性がある場合には，当初からこれに挑戦するのが実務家の務めであると思うが，読者の皆様はいかがであろうか。

注釈
＊1　TAINS J18－2－01・裁決事例集第18集7頁
＊2　裁決事例集 No77－31頁
＊3　詳細は不明である。おそらく平成17年分の所得税と思われる。
＊4　相続税法8条（一）みなす贈与
＊5　金子宏『租税法＜第23版＞』195頁

法人からの利益供与と，受益者の課税関係 ― 一時所得と雑所得の区分 ―

事例 　老舗である蔵元の5代目として経営を担う娘婿が，先代が有する株式を譲り受けたい旨を明らかにしていましたが，具体化には至りませんでした。

　今般，醸造学の研究家でもある先代は，蔵書や収集した酒造りの道具を保存するため，個人立の酒造り資料館を建てたい，その資金にするため株式を合理的な時価にて5代目に譲る，そしてその条件として株式代金の他に資料館の工事費用のために会社から2,000万円を支給して欲しいとの意思を表明しました。先代は5年前に退職金を受給し，一切の経営上の地位を退いています。5代目は自らの経営基盤を確立するためにこの申出を受諾し，株式の購入資金を用意し，会社も先代の求めに応じて支給する予定です。

　先代への課税関係をご教示ください。

回答 　先代と5代目間の株式の譲渡は，合理的な時価による個人間売買であるため，その譲渡対価は譲渡所得の収入金額となり，譲渡益が生じると譲渡所得として課税の洗礼を受ける。

　一方，会社から受ける2,000万円は，先代は会社における一切の経営上の地位を，既に退いていることから経営の委任の対価でもない，また，同じく既に退職金を受給済みであるため，過去の勤務に対する功労の意味合いもない。

　これにより，この給付は株主の地位を喪失することに対する報賞に当たる，加えて資料館を建てるという機会を捉えて，一度だけ受給するものであるため，一時所得として課税の洗礼を受けることになる。

はじめに

　所得税法（以下，所法という）は所得を10種類に区分し，一時所得は
その9番目に置かれている。その性質は図表−1の要件番号1に挙げる
利子〜譲渡所得以外で，営利を目的とせずに臨時・一時的なものがこれ
に当たるとし，最後の10番目の雑所得は1番から9番以外のものとされ，
OTHERS である。そしてこの9番目（一時）と10番目（雑）の境界は
定かでなく，課税の対象となる事実を正確に理解して，その何れに属す
るかを決めなければならない。

　今回は，創業者に対する会社からの給付事例を取り上げて，話題を呼
んだ馬券事件を参考にして，9番目と10番目の区分に係る問題解決を試
みたい。

Ⅰ　一時所得のあらまし

①　あらまし

　現在の所法は包括所得概念を採用し，一部の非課税所得を除いてすべ
ての所得が課税の対象となっている*1。しかし，このようになったの
は1947（昭和22）年の全面改正により，「営利を目的とする継続的行為
から生じた所得以外の一の所得」*2について，新たに一時所得区分を設
けて課税するとされて以来のことである。

　その以前では制限所得概念に基づいて，各種の勤労，事業，資産から
の継続的，反復的に生ずる利得のみに課税し，一時的・偶発的・恩恵的
な利得は所得の範囲から除かれていた*3。このためか，非課税から課
税扱いとされても，課税対象額は，次の算式による一時所得の金額の2
分の1相当額であり，多くの場合には他の所得より租税負担は軽減され
ている。

　一時所得の金額＝　{「総収入金額」−「収入を得るために支出した金額」}

　　　　　　　　　−「特別控除額（最大50万円）」

　そして課税庁からは一時所得に当たるものとして，懸賞金や馬券・競
輪の払戻金・生命保険や損害保険契約による一時金・満期払戻金などの

代表的なものの他に，

① 借家人が受ける立退料

② 法人からの贈与により取得する金品

③ 売買契約が解除された場合に，当事者が受ける手付金・償還金

④ 遺失物の拾得者，埋蔵物発見者が受ける報償金等，及び新たに所有
　権を受ける資産。

が挙げられ*4，この他，民法の時効取得制度によって資産を取得した場
合などがあり，いずれも継続性がなく一時に生じるものである。

2 条文の構成

　それでは所法34条と35条の条文を，分解して眺めてみよう。

　一時と雑に区分される二つの所得は，包括所得概念を採用する所法の
所得分類の，一番後ろとその手前に位置する。条文の書きぶりからする
と，利子〜譲渡所得に該当しない所得のうち，営利を目的としない，継

図表−1　一　時　所　得

要件番号	所得税法34条の分解図	
	要　件　の　内　容	
1	利子・配当・不動産・事業・給与・退職・山林・譲渡に当たるか	何れにも当たらないとする要件
2	営利目的・継続的行為（所得の発生原因・行為の性質は何か）①営利目的　　　→　利益を得ることを目的とする行為か継続的行為　　→　①が反復して繰り返して行われているか	営利性・継続性がないとの要件
3	一　時　の　所　得　か，否　か	
4	労務・役務・資産の譲渡の対価の性質を有するか	対価性がないとの要件

積極的に定義された典型的な所得 →

包括所得課税を維持するため，所得区分が明確に判断できない所得区分

判　定　➡　要件1・2・3・4の全てを満たすと，一時所得
上記の要件を満たさないと，雑所得となる

図表−2　雑　所　得　所得税法35条

要件番号	要　件　の　内　容	
1	利子・配当・不動産・事業・給与・退職　山林・譲渡・一時の各種所得に当たるか	何れにも当たらないとする要件

※　一時も雑所得も，利子〜譲渡所得の何れにも当たらない所得を補充する区分。
　　積極的な内容を有せず，個別に判断するしかないという特徴を有する。

続的でない，役務などの対価性の無い所得を一時所得とし，これらの要件の一つでも該当しない所得は雑所得に区分するという建て付けである。

この中身を眺めるに，図表－１の４の（対価）の要件にいう性質を有すると，それぞれの所得に当たる部分の金額は*5，要件１にいう各種所得に当たらないとする要件に反することになる。そうすると２と３の要件がより大事となり，２の継続性が無ければ一時の所得になるのであるから，営利目的の行為が継続して行われたかどうかが，一時所得に当たるかどうかのキーポイントになると考える。

Ⅱ 継続性に対する裁判所の判断

① 馬券払戻しに係る所得の単純無申告犯事件

2007〜2009（平成19〜21）年に生じた出来事であり，被告は所法違反として刑事罰を問われ，検察官の控訴，上告により最高裁まで争われた事件である。

① 事件の概要

ⅰ 大阪に住む会社員（以下，甲という）は，市販の競馬予想ソフトを改良し，100万円を元手にWEB上で，各地の競馬場の新馬レース以外の全ての馬券を，大量に購入し始めた。

ⅱ 甲は払戻金を次のレースの馬券購入資金に充てることを繰り返し，３年間で，払戻金合計は約36億6万円，馬券の購入額合計約35億円の結果を得，約１億5,500万円の黒字となった。

ⅲ 甲はこの所得を申告しなかった。

課税庁は査察調査を行い所法241条違反（単純無申告罪）で刑事告発し，これらの所得を一時所得として算出した税額約５億7,000万円を免れたとして，大阪地検特捜部は公訴を提起した。

② 争 点

一般的な娯楽の範囲を大きく超える馬券の購入形態の結果が，「営利を目的とする継続的行為から生じる所得」として，雑所得に当たるか，否か，そして雑所得に当たるとした場合に，外れ馬券の購入費用が必要経費に当たるか，否かが争点である。

③ 裁判所の判断

ⅰ 第一審*6は，本件を一連の行為として見ると，その払戻金は源泉

性*7を認めるに足りる程度の継続性，恒常性を獲得したもので，所得源泉性を有するものと認め，この所得は雑所得であって，外れ馬券の購入費を必要経費に算入して免れた税額を減額し，結果，懲役2か月・執行猶予2年と，検察側の求刑である懲役1年を大きく下回る刑期にとどめた。

ii 控訴審*8では，地裁が挙げた一時所得の判断基準の一つである「所得源泉性」は，その概念が明確でないとしてこの部分を取り消したが，本件の行為は取引規模や態様などに照らして客観的に一連の継続的な馬券購入と認められるとし，所得区分と外れ馬券の必要経費算入については，地裁の判断を是認して控訴を棄却した。

iii 最高裁*9は，以下のとおりに判示して，検察官の上告を棄却した。所法上，営利を目的とする継続的行為から生じた所得は，一時所得ではなく雑所得に区分されるところ，営利を目的とする継続的行為から生じた所得であるか否かは，文理に照らし，行為の期間，回数，頻度その他の態様，利益発生の規模，期間その他の状況等の事情を総合考慮して判断するのが相当である。

　一連の馬券の購入が一体の経済活動の実態を有するといえるなどの事実関係の下では，払戻金は雑所得に当たり，外れ馬券を含む全ての馬券購入費用が当たり馬券の払戻金収入に対応するので，外れ馬券の購入費用は必要経費に当たる。

② 払戻金に係る所得を一時所得とする更正処分の取消請求事件

　馬券の払戻金にかかる二つ目の事件をみてみよう。馬券の購入態様が上記①の事件と異なる事情の下で，納税者が払戻金に掛かる所得を雑所得と申告したところ，課税庁がこれを認めずに一時所得として更正処分をしたので，これの取消しを求めて出訴した事件である。

① 事件の概要

i 北海道に住む納税者（以下，乙という）は，日本中央競馬会（JRA）が提供するサービスを利用して2005〜2010（平成17〜22）年の6年に渡って，1年当たり3億〜21億円程度となる馬券を購入し，2009年ではJRAの全レースの約70%強の馬券を購入していた。

ii 上記の購入方法は，競走馬や騎手の特徴，及び競走馬のレース傾向などの情報を乙が自ら収集・蓄積して分析と評価を行い，各レース毎

に馬の能力と騎手の技術やコース適性などの要素に基づいて，着順を予想し，乙が定めた購入パターンに基づいて，その購入する馬券を決定し，偶然性の影響を少なくするなどの工夫をこらし，年間を通じての収支で利益が出るようにしていた。

iii　iとiiの結果，上記の期間の各年において，回収率が100％を超え，収支上，約1,800万円から2億円の利益を上げていた。

② 争　　　点

争点は前述の事件と同様に，乙の得た払戻金が所法34条にいう「営利を目的とする継続的行為から生じた所得」に当たるか，否か，また，外れ馬券の購入額がその必要経費に当たるか，否かである。

③　裁判所の判断

i　第一審*10は，乙の行った馬券購入の記録の保存がないため，乙が機械的，網羅的に馬券を購入したかどうかが不明であり，乙がレースの結果を予想し，どの馬券を購入するかを個別に決めていたのであれば，それは一般の競馬愛好家と質的に大きな差があるとはいえない。また，乙の馬券購入の態様は一体の経済活動とはいえないとし，乙の得た所得は一時所得に当たるとして，請求を棄却した。

ii　控訴審*11は乙が，期待回収率が100％を超える馬券選別のノウハウを用いて，長期間に亘って多数回かつ頻繁に馬券の網羅的な購入を行い，多額の利益を恒常的に上げていたことは，一体の経済活動の実態を有するとして，乙の得た所得は雑所得に当たり，外れ馬券の購入代金もその必要経費に当たると判断し，一審判決を取り消した。

iii　最高裁*12は，「営利を目的とする継続的行為から生じた所得」であるか否かの判断基準は，先の平成27年最高裁判決の判示を引用し，以下のように説示して検察官の上告を棄却した。

ア　乙の馬券購入の期間，回数，頻度その他の態様に照らすと，乙が行った一連の行為は，客観的にみて営利を目的とする継続的行為といえる。

イ　よって，本件所得は営利を目的とする継続的行為から生じた所得として，所法35条1項にいう雑所得に当たる。

ウ　乙は長期間に亘って多数の馬券を頻繁に購入することによって，年間を通じた利益を得るには，外れ馬券の購入は不可避である。し

たがって外れ馬券の購入額は雑所得である当たり馬券の払戻金を得るために直接要した必要経費に当たる。

　以上に眺めたように一時と雑所得の区分について，二つの最高裁の判断は，その行為が継続的か，そしてその行為をしようとする動機が営利を目的とするか，否かという二つの問題を区分しているようである。ここに大きな示唆があると考える。すなわち図表－1の2の要件である。では具体的にどのように対処をすればよいのであろうか。結局，平成27年の最高裁が判示するように所法の定めの文理に照らし，実際に行われた行為について，その目的，期間，回数，頻度その他の態様，利益発生の規模，期間その他の状況等の事情，すなわち要件となる事実に基づいて，これらを考慮し，所法の定めに当てはめることになると考える。

Ⅲ　本問への当てはめ

　それでは，今までの検討を本問に当てはめてみよう。

①　継続的な行為か，否か

　先代の求めは，酒造りの資料館建築を目的とする資金の供与の申出であり，一回のみの話である。また，先代が有している自社株を後継者に譲り渡すための動機となる給付であり，繰り返して実施される要素がないため，一時のものとなる。

②　営利を目的とするか，否か

　先代の会社に対する意思表示は，自らの研究に供するための部分と，蔵本である会社の業務に直接に関係する酒造り資料館の建設費用の拠出の求めであり，株式の譲渡代金では不足する部分がその対象である。醸造技術の歴史や，その道具の保管など学術的なものであり，先代自らの資産形成や，可処分所得の増加を目的としないと捉えるのが合理的である。

③　利子～譲渡所得のいずれに該当するか，否か

　図表－1の1の要件のうち，検討を要するのは給与・退職・譲渡の所得である。

　順に考えてみよう。

①　給　　　与

　先代は既に会社を退き，一切の役職や勤務を行うものでなく，今般の

支給額も労務や経営をすることをその見返りとするものでない。したがって，委任や労働の対価性は有しない。

② 退　　　職

　先代は既に退職した際に，退職金の支給を受け，在籍時の労務や功績に対しては，会社は清算済みであり，また，追加の支給でもない。

③ 譲　　　渡

　なるほど，自社株を5代目に譲渡するに際しての，会社への求めであり，一見すると自社株の譲渡対価の一部とみるのが妥当かもしれない。

　他方，自社株の譲渡対価は合理的に算定された額であり，会社からの支給額をその一部とすると，合理的な時価を超えた対価の部分となる。そうするとその時価を超えた部分は，譲渡所得の収入金額に当たらないとする扱い[13]があり，これに従うと譲渡所得には当たらない。

＊　＊　＊　＊　＊

　以上により，先代に対する会社からの給付は一時的であり，継続的要件に当たらない。また，利益の供与であるとしても，それは醸造技術の保存や歴史的な資料の保存を意図する学術的な目的を有するもので，営利を目的とするものでなく，所法の定める利子〜譲渡所得に当たらないため，一時所得とするのが合理的となる。

おわりに

　所法が定める10種類の所得区分のうち，営利を目的としない所得は一時所得だけである。そしてその以前は非課税であった故に課税対象は一時所得金額の二分の一相当であり，一般的には租税負担は軽減されている。他方，時代が大きく変わり，それまで用いられていた一時所得の定義では律することができない経済的な事象が生じ，馬券事件では課税の公平を旨とする所法の趣旨を問われたものと思う。十人十色の多様な人々の利得を区分することは，所法のいろはであり，基本中の基本であるが，何とも厄介なものと思う。例えば，生活を支えるために商売を始めると，その規模が小さなものであっても事業所得とされ，赤字となれば損益通算や，翌年以降への損失の繰越しの途が用意されている。他方，本業の傍らに副次的に業務を始めるとそれは雑所得とされ，赤字が生じ

ても，何らの考慮もされないことになる。営利を目的とする動機が同じであっても，所法での扱いは大きく異なるのである。

注釈

＊1　金子宏『租税法』第23版　弘文堂　298頁
＊2　非課税の時代の条文が，そのままに用いられた。
＊3　前掲＊1　298頁
＊4　所得税基本通達34－1
＊5　株式の法人による高額譲受事件（東京地裁平成25年9月27日判決　TAINS Z 888－1837）では，時価を超える部分を法人からの贈与とし，その部分を一時所得に，時価までの部分は譲渡所得とされている。この他，ストックオプション課税における給与所得と一時所得の判断の問題がある。
＊6　大阪地判平成25年5月23日・判タ1410号377頁
＊7　「所得の源泉性」に関する地裁の判示は，人造絹糸の先物（清算）取引によって得られた所得が事業か，一時所得のいずれに当たるかが争われた名古屋高裁金沢支部昭和43年2月28日判決の判示，一時所得は所得源泉を有する所得以外の所得と解すべきである。よって所得発生の基礎となる一定の源泉から繰り返し収得されるものは一時所得でないとする論旨に準拠したものと思われる。
＊8　大阪高判平成26年5月9日・判タ1411号245頁
＊9　最三小判平成27年3月10日・判タ1416号73頁
＊10　東京地判平成27年5月14日・判時2319号14頁
＊11　東京高判平成28年4月21日・判時2319号10頁
＊12　最二小判平成29年12月15日・判タ1449号85頁
＊13　前掲＊5　東京地裁判決を参照されたい。

難問

File

04

「相続分の無償譲渡」と，遺留分侵害額との関わり

事例　定年後も共働きを続けた両親のうち，父が亡くなりました。子どもは私（長男）と，妹及び弟の3人です。妹はふとしたことで両親と折合いが悪くなり，父の葬儀には出たもののその後は，相続の話合いに応じるようにとの母の呼びかけにも，聞く耳を持ちませんでした。やむを得ずに遺産分割の調停の申立てをしましたが，妹は無理難題を主張し，調停は難航しています。

　心労した母はこのような状態に耐えられず，相続手続きから抜けたいと言い出しました。家裁に相談しますと，熟慮期間が過ぎているため放棄はできないが，代わりとして相続分の譲渡という方法がある，また，遺言を作成して自らの財産の取得者を指定する方法があるとの教示がありました。そこで母は私に，父の遺産に係る相続分を無償で譲渡し，そして自ら有している財産については，私に全てを相続させるとの遺言を作成することを検討しています。

　このようにすると，父の相続における私の立場はどのようになりますか，また，将来の母の相続に関して，気をつけるべきところをご教示ください。

回答　母（以下，「甲」という）は，自らの相続分を長男（以下，「乙」という）に譲り渡すことによって，遺産分割の調停手続から離脱する。乙は自らの相続分と，甲から譲り受けた相続分を合わせたところで，遺産分割の調停に臨むことになる。甲は無償による譲渡の効果によって，相続によって何らの遺産を取得することがないため，相続税の課税を受けることはなく，乙は実際に取得した遺産の額に応じた相続税を負担する。

他方，将来の甲の相続については，父の遺産に係る相続分の無償譲渡により，その価額相当額が贈与とされて，甲の遺産に対する相続人の遺留分算定の基礎財産に算入することになる。

はじめに

　本稿のテーマである「相続分の譲渡」は，本書 No.5 にて筆者の考えを述べたところである。用いられることが少ない「相続分の譲渡」の仕組みは，時の経過によって相続放棄ができなくなった段階でも，面倒な相続手続から離脱できる方法として有効であり，使い途のあるものと捉えている。

　今回は，前回と異なる場面での相続分の譲渡の使い途である。視点を変えて，相続分の無償譲渡の課税関係と，これが遺留分算定の基礎財産額の算定に影響を及ぼすかどうかを検討し，回答へのアプローチを試みることにしたい。それでは，必要な法律の定めを最初に挙げ，次いで無償による相続分の譲渡の課税関係，最後に遺留分算定に与える影響を検討してみよう。

＜必要な法律の定め＞

(1)　相続分の譲渡　民法905条

　共同相続人の１人が遺産の分割前にその相続分を第三者に譲り渡したときは，他の相続人は，その価額及び費用を償還してその相続分を譲り受けることができる。

(2)　遺留分の算定　民法1043〜1045条

●図表－1　遺留分算定の基礎財産の構成

（民法の条文）

(1)	被相続人が相続開始時において有した財産		1043条１項
贈与財産	原則	(2)　(ア)相続開始前１年間の贈与	1044条
	例外	(2)　(イ)当事者双方が遺留分権利者に損害を与えることを知ってした贈与	1044条１項
		(2)　(ウ)当事者双方が遺留分権利者に損害を与えることを知ってした不相当な対価による有償行為	1045条
		(2)　(エ)相続開始前10年の特別受益としての贈与	1043条

　（出典）　犬伏由子・石井美智子・常岡史子・松尾和子『親族・相続法』第２版（弘

文堂）391頁の表に，改正後の民法の条文を示したものである。

I 遺産分割調停手続中の相続分譲渡

1 相続分譲渡のイメージ

　甲と乙間の相続分の譲渡のイメージは，甲の有する相続分１／２の権利，すなわち遺産分割手続における相続人の地位を乙に譲るというものである。手続きも簡素であり，譲渡証書を作成して署名と実印を押印（印鑑証明書を添付）し，これを添付して家庭裁判所に相続分譲渡届出書を提出するだけである。この結果，甲の相続分は乙に移転し，裁判所は甲につき遺産分割手続の当事者でなくなる「排除決定」*1を行う。これにより甲は遺産分割手続から離脱し，その後は乙が譲り受けた甲の相続分と自らの相続分に応じた，調停の手続きを進めることになる。

　そして，この譲渡は有償でも無償を問わず，他の相続人の同意も要しない。書式については家庭裁判所の HP の記載例を素にして，見本を作成すると次のとおりである。

2 作成する証書

相続分譲渡証書

譲　渡　人　　甲
　住　　所　　　　東京都千代田区神田駿河台１丁目１番
　氏　　名　　　　　　○　○　花　子
譲　受　人　　乙
　住　　所　　　　東京都江東区新木場１丁目１番
　氏　　名　　　　　　○　○　太　郎

　甲は乙に対し、本日、被相続人亡　○　○　一　郎　（本籍　東京都千代田区神田駿河台１丁目１番）の相続について、甲の相続分全部を（有償・無償）譲渡し、乙はこれを譲り受けた。

　2019（令和元）年　月　日
　　甲　　　　　　　　○　○　花　子（本人が記入）　　　実印押印

　　乙　　　　　　　　○　○　太　郎（本人が記入）　　　印　認め可

168

相続分譲渡届出書

○○○家庭裁判所遺産分割　係　御中

申　立　人　＿＿＿＿＿＿＿＿＿＿＿

相　手　方　＿＿＿＿＿＿＿＿＿＿＿

　私は、自己の相続分を　○　○　太　郎　に譲渡しましたので、相続分譲渡証書を添付のうえお届けします。つきましては、本手続の当事者ではなくなる裁判（排除決定）がなされても異議ありません。

　排除決定に対して不服を申し立てる権利（即時抗告権）も、あらかじめ放棄します。

（□　ただし、排除決定に対して不服を申立てる権利を留保します）

　2019（令和元）年　月　日

住　　所　　東京都千代田区神田駿河台１丁目１番

氏　　名　　○　○　花　子　　実印

Ⅱ　甲の相続時の遺留分への影響

　次の検討は，将来の母の相続に際する，乙以外の相続人の遺留分の検討である。甲が乙に対して，その財産のすべてを相続させる旨の遺言を残すとなると，妹と弟からは遺留分侵害の請求がされる可能性がある。その場合に甲と乙間の相続分の無償譲渡は，遺留分の算定に影響を与えるのだろうか。以下に検討をしてみよう。

1　遺留分の意義

　人はその有する財産を，自由に処分する権利を有する。他方，生前贈与や遺贈などによって，特定の者だけに財産が残された場合には，被相続人の兄弟姉妹以外の相続人，すなわち遺留分権利者（配偶者，直系の卑属，尊属）に対して，最低限の財産の取り分（遺留分）を取り戻すことを認める仕組みが設けられ，これが遺留分及びその請求権である。

2　遺留分権利者の遺留分侵害額請求権

　侵害額請求権とはどのような権利であるのであろうか，学説をまず見てみよう。

　相続に際して実際に受けた財産が，「遺留分を侵害する遺贈又は贈与

の結果，遺留分に満たないときに，遺留分権利者及びその承継人は，遺留分を保全するに必要な限度で，その遺贈または贈与の減殺を請求」ができる権利とされ*2，形成権とするのが通説である。改正された民法ではその遺留分侵害額の請求により，遺留分権利者には金銭債権*3のみが生じるものとされている。

③ 甲の相続に際する遺留分侵害との関わり

相続分の無償譲渡をすると，甲は亡夫の遺産を一切取得しない。そしてその相続分は乙が取得する。結果，将来の甲の相続に際する財産は，その分だけ減少する。このような甲の行為は，相続，あるいは贈与の何れに当たるのであろうか。

贈与に当たるとすると，図表－1の民法1043条以下の定めが適用されることになる。この点につき，平成30（2018）年10月に同様の事件について最高裁が判断を示したので，眺めてみたい。

④ 遺留分減殺請求事件に関する最高裁判決*4

共同相続人間での無償による相続分の譲渡が，民法903条1項に規定する「贈与」に当たるかどうかが争われ，丙が，下記図表－2の共同相続人間でされた相続分譲渡により，遺留分を侵害されたとして，丁が遺産分割調停で取得した不動産の一部について遺留分減殺を原因とする持分移転登記手続等を求めた事件である。

① 事実の時系列

ⅰ　A・Dは，亡Bの遺産分割調停手続中に丁に対し，相続分を無償で譲渡して調停手続から離脱。

ⅱ　平成22年8月，Aは全財産を丁に相続させる旨の公正証書遺言を

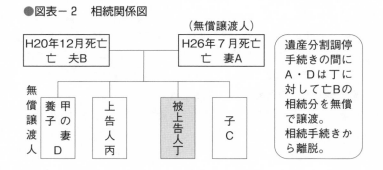

●図表－2　相続関係図

作成。

iii 平成22年12月，亡Bの遺産につき，丙，丁及びC間で，遺産分割調停が成立し，丁は土地，建物，現金及び預貯金並びにその他の財産を取得した。

iv 平成26年7月にA死亡。同年11月，丙は丁にA遺産につき遺留分の減殺請求。

② 争　点

上記①iの相続分の譲渡が，Aの相続に際して，その価額を遺留分算定の基礎となる財産額に算入すべき贈与（民法1044・903①）に該当するか，否かである。

③ 裁判所の判断

(1) **原審の判断***5

東京高裁は，次のように説示して丙の請求を棄却した。

相続分譲渡によるその持ち分の移転は，手続中の暫定的なもので，譲受人は分割の確定によって遡及的に被相続人から直接に財産を取得するので，譲渡の当事者間で贈与があったとは観念できず，よって遺留分算定の基礎となる財産額に算入する贈与に当たらない。

(2) 上告審の判断

最高裁は，次のように原審の判断を斥け，相続分の無償譲渡は「贈与」に当たると判断した上で，なお審理が足りないとして原審に差戻した。

AとD及び乙間でされた無償の相続分の譲渡は，その相続分に財産的価値があるとはいえない場合を除き，上記譲渡をした者の相続において，民法903条1項に規定する「贈与」に当たる。したがって，遺留分侵害の有無を判断する際には，相続分譲渡も計算に入れて判定を行う。

〈説示事項〉

① 共同相続人間での相続分の譲渡は，積極・消極財産を包括した遺産全体に対する譲渡人の割合的持分が譲受人に移転し，個々の相続財産の共有持分の移転も生ずる。

② 譲受人は，元々の相続分と譲り受けた相続分を合わした相続分を有して，遺産分割手続等に加わり，他の相続人に対し，その持分に応じた相続財産の分配を求めることができる。

③ 相続分の譲渡は，その相続分に財産的価値がない場合を除き，合意

により譲渡人から譲受人に経済的利益が移転する。

④　遺産の分割の遡及効*6の定めは，以上のように解することを妨げない。

⑤　本事件の相続分の譲渡は，その譲渡人の相続において，民法903条1項に規定する「贈与」に当たる。

原審は，遺産分割の遡及効により，財産の取得は相続手続によるものとした判断であり，上告審は無償による相続分譲渡の財産移転の効果を取り上げ，経済的効果を重視した判断と思われる。遺留分制度の趣旨に沿ったものでこの問題に関する最高裁の初めての判断である。

差戻し審では，この判断に沿った判決が下されるのでないかと考える。

Ⅲ　本問への当てはめ

これまでの検討を，本問に当てはめてみよう。

①　遺産分割調停の手続きからの甲の離脱

母の甲と，長男乙間で甲が有する亡夫の遺産に関する相続分を，無償による譲渡が合意されると，その譲渡証書を添付した届出書を家庭裁判所に提出し，裁判所が「排除決定」をすることにより，甲は遺産分割調停手続から離脱する。

②　甲乙の課税関係

甲と乙は母と子であり，相続人である。この場合の相続分の無償譲渡は，甲が遺産分割で何も財産を取得しなかった場合と同様に取り扱われている。甲は取得する財産がないため，相続税の負担はない。

譲受人の乙は元々の相続分と，無償で譲り受けた相続分に応じて取得した財産にかかる相続税を負担する。すなわち，相続分の譲渡があっても相続手続の一環であると捉え，贈与税の課税関係は生じない。

なお，有償で譲渡した場合は，甲はその受け取った金銭の額に対して相続税が課税される。譲受人の乙は，支払った金額だけ取得した財産が減少する扱いであり，代償分割と同様である。

③　甲の相続時の留意点

上記の最高裁の判断により，今般の甲が有する相続分の無償譲渡は，乙に対する贈与となり，上記図表－1の民法1044条及び1045条により，その経済的利益相当額は遺留分侵害の算定に当たっての基礎財産額に算

入されることになる。

おわりに

　相続人間の仲が良くない親子の方々から相続税の申告依頼を受けた税理士からの相談で，民法や家事審判法や家庭裁判所での実務の素養が求められる場面である。

　相続分の譲渡に関する定めは，905条のみであり，しかも簡潔な書きぶりにすぎない。筆者は，何度かこの仕組みを用いて困難な相続手続の解決に協力したことがあり，比較的なじんでいる法的手法である。私たち税の実務家は相続の申告を通じて遺産分割の手伝いをする機会があり，その際の道具として捉える，そして，無償による相続分の譲渡人については，その者の相続に際しては遺留分の算定をするについて，基礎財産額に影響を与えることにも理解を及ぼして下さると幸いである。

　加えて，課税関係について一言触れておきたい。

　相続人間の相続分の無償譲渡への課税関係は，上述したように相続税で完結し，贈与税が生じないとするのが現在の扱いである。そこでは贈与という概念は存在しない。しかるに，最高裁の判決のとおりに，共同相続人間でされた無償の相続分譲渡を「贈与」と考えると，譲渡をした相続人は相続分に応じた相続税を負担し，譲渡を受けた相続人は，自分の元々の相続分に基づいて取得した財産については相続税を，譲り受けた相続分に基づいて取得した財産については贈与税を負担することになる。これは大変複雑で，また，租税負担が増えることになる。これで良しとするのが，妥当であろうか。

　筆者は次のように考える。

　本判決は，相続人間の最低限の公平を図るための仕組みである遺留分侵害の請求権に関する判断であり，税務面については何らの判断をしたものではない。

　相続人間での遺産分割は，相続人の意思により，どのように分割しても第三者の利益を侵害しない限り，相続人の判断に任されている。相続分譲渡もこの手続きの一環として捉えるべきであって，従来の取扱いが合理的であり，これを変更することは要しない。

今後の動向を見守ることとしたい。

注釈

＊1　家事事件手続法43条1項
＊2　『新版注釈民法㉘相続⑶』445頁〔中川淳〕減殺の意思表示により遺留分を侵害する財産処分の全部・一部が失効し，結果，目的財産上の権利は権利者に帰属し，権利者は既に給付された目的財産の引渡しができるとされていた。
＊3　改正後の民法1046条1項
＊4　最二小判　平成30年10月19日　裁判所HP　民集72巻5号900頁
＊5　東京高裁平成29年6月22日判決　最高裁の判決に記載された内容をもとにしている。
＊6　民法909条本文

住居の退去者から受ける原状回復費用は，課税資産の譲渡に当たるか？

事例　　1階をドラッグストアに，2〜5階を住居とする建物を保有する関与先の不動産会社・甲社は，入居者の募集や入退去の際の色々な手続きを管理会社・乙社に委託しています。住居の賃貸借契約では，故意・過失と一般的な使用を超える減損については入居者がこれを負担するとの条項があり，退去時には乙社が立会いを行い，入居者が負担すべき原状回復については退去者に説明を行い，金額を提示して工事施工の承諾を得ています。この手続きを経て，甲社の行うべき補修分とを併せて，乙社が工事を施工し，その全体額を甲社に請求し，甲社は入居者からの預かり敷金からその負担分を差し引いて返還，不足する時は入居者に差額を請求し，清算を行っています。この清算金につき法人税では負債の返還と，修繕費の控除項目として扱っていますが，消費税における扱いはどのようになりますか。

回答　　甲社が賃貸借契約の終わった住戸について，入居者が負担すべき原状回復工事を含んだところで全体の補修や改良の工事を行い，入居者からの預り金の清算や追加金を収受すると，入居者が履行すべき原状回復を甲社が代行したことになり，これは役務の提供であって，清算した金額は対価となり，「課税資産の譲渡」に当たり，消費税の課税対象となる。もっとも，管理会社・乙社が入居者から，その負担すべき原状回復工事を請け負い，別個に甲社から残りの工事を請け負うと，入居者に対する役務の提供は存在しないため，消費税の課税資産の譲渡には当たらないと考える。

賃貸住宅の明渡しに係る入居者の負担すべき原状回復費用の扱いである。多くの場合は，これは実費精算であって，そこに収益を認識することはない。しかし，消費税法の世界は，法人税法や所得税法の理解と異なる場面であり，全く別個の扱いをすることになる。敷金等の清算金を課税資産の譲渡等に含めなくとも，仕入控除税額の対象である修繕費の額から控除されるため，納税額に大きな影響を与えるものではないが，課税売上割合や，課税・非課税の分岐点の算定に影響を与えるものである。

それでは，先人がこれらの点につきその解釈を争った事例を眺めて，解決への道筋を辿ってみたい。

Ⅰ 入居者の原状回復義務

入居時の賃貸借契約に予め入居者の負担する原状回復の範囲が定められている時や，入居者の故意や過失による損耗がなければ退去費用は発生しないのが原則である。そして，原状回復は入居した時点の物件の状態に戻すことでもない。通常の暮らしによって生じる経年劣化などに対しては当てはまらず，これらの費用負担義務は賃貸人が負担する。では，どのような時に，入居者に原状回復義務が生じるのであろうか。賃貸の当事者間のトラブルを避けるために，国土交通省が公表した「原状回復をめぐるトラブルとガイドライン」[*1]にその基準が示されている。要約すると，「入居者の居住，使用により発生した建物価値の減少のうち，入居者の故意・過失，善管注意義務違反，その他通常の使用を超えるような使用による損耗・毀損を復旧すること」とされ，以下のようなケースでは，入居者に原状回復が求められる[*2]。

・飲み物などをこぼしたことによるカビやシミ，喫煙によるヤニと臭い。
・エアコンの水漏れなどによる壁の腐食。
・引越し作業などによるひっかきキズや，ペットによる柱などのキズ。
・キャスター付きの椅子などによる床のキズ

このように何れも日常的に生じるもので，不動産賃貸業では，入居者の退去時には，清掃や設備のリニューアル工事が実施されることになる。

多くの場合は入居者が負担する原状回復費用を，預り敷金からその費用額を相殺し，残余があればそれを返還する形がとられ，負債の減少と必要経費である修繕費から控除する処理が行われ，所得の算定については特段の法的解釈を要しない。他方，賃貸人が消費税の課税事業者であるときは，入居者の負担すべき原状回復の費用を収受すると，これが消費税の課税対象となるかどうかが問題となる*3。それでは，この問題を争った先人の苦労を眺めてみよう。

Ⅱ 平成21年4月21日裁決*4

① 事実の概要

●図表－1

賃貸人Ａと賃借人Ｂ間の，Ｈ1年2月付け賃貸借契約の要旨（抜粋）	
物　件	Ｐ市Ｑ町所在RC造り5階建ての2階部分
敷　金	Ｂは敷金をＡに預託し，退去の際に未払賃料などと，退去の際にＢが負担すべき費用を控除した後に返還する
原状回復義務	Ｂは退去，明け渡しをするときは原状回復の義務を負う

賃貸借契約の終了に先立つ平成17年6月に，本物件をＡから相続した審査請求人（以下「請求人」という。）との間で，次の書面による合意が成立した（以下「合意書」という。）。

① 同年7月17日にて，上記の賃貸借は終了し，Ｂは入居時に差し入れた敷金につき，本物件の原状回復費用として充当すること。

② Ｂは敷金の他に原状回復費として，○○○円（以下，併せて「合意金」という。）の支払義務があることを認める。

③ Ｂは同年6月末日までに，合意金と日割りの賃料を支払う。

請求人は，上記の合意金を資産負債調べ（B/S）の仮受金に，また，合意金は課税資産の譲渡等には該当しないとして，所得税と消費税の申告を行った。これに対して課税庁が，その合意金は賃貸借契約の終了した年分の不動産所得の総収入金額へ算入，また，その課税期間に掛かる課税資産の譲渡等の対価に算入すべきとして，それぞれの更正処分を行ったので，請求人がその処分の取消しを求めたという事案である。

② 争　点

合意金をその年分の不動産所得の総収入金額に算入すべきか，消費税

における課税資産の譲渡等の対価に当たるかどうかである。前者については，賃貸借の目的である2階部分全体の改修費を必要経費，あるいは資産計上して償却を行って費用化し，合意金を収入金額に算入する，もしくは改修費から減額すればよく，大きな問題は生じない。よって本稿では，質問の趣旨に合わせて後者を取り上げる。

③　**請求人の主張**

Bは，原状回復費用に充当するため，合意金を請求人に預託したもので，原状回復工事をしなくてもよいという「便益」を享受していない。仮に，これを便益の享受としても，合意金の大部分は原状回復の工事施行者に支払われるべき性質であり，その対価ではない。

合意金は，原状回復工事が完了し，その工事費用が確定するまでは，Bからの預り金であり，消費税の課税資産の譲渡等の対価に該当しない。

④　**課税庁の主張**

Bは，請求人が入居者に代わって原状回復を行うことを合意したことにより，請求人から原状回復をしなくてよいという「便益」を享受していることから，合意金は，役務の提供の対価に該当し，消費税の課税資産の譲渡等の対価に該当する。

⑤　**審判所の判断**

審判所は次のように説示し，請求を斥けた。

①　消費税の課税の対象は「国内において事業者が行った資産の譲等*5」であり，「資産の譲渡等」とは「事業として対価を得て行われる資産の譲渡及び貸付け並びに役務の提供*6」と定められている。

②　消費税は，消費行為そのものに担税力を見い出すもので，「対価を得て行われる」消費行為が課税の対象となり得るものである。ここにいう「役務の提供」の範囲は，「対価を得て行われる」と認められる「便益」の提供等，消費の対象となる「サービスの提供」を広く包含すると解される。

③　合意書は，賃貸借契約の終了を前提とし，敷金返還請求権と原状回復費用との関係を整理するための合意を表したもので，Bは敷金を原状回復の費用に充当すること，さらに追加の金額を支払うことを認め，実際の原状回復工事費用を清算することも予定されていない。そして，その余の債務関係が存在しないことを確認するものである。

④　請求人は，本来であればＢが負担すべき「原状回復義務」を入居者に代わって行い，Ｂの原状回復義務を消滅させる「便益」を提供している。これは消費税法上の「役務の提供」であり，合意金はその反対給付である「対価」に該当する。

⑤　合意金の大部分が原状回復工事業者に支払われるとしても，それは，当該支払に対する消費税が課税仕入れとして仕入税額控除の対象になり得るものであることを意味するに過ぎない。したがって，合意金を預り金とする請求人の主張には理由がない。

⑥　合意書による課税資産の譲渡等の時期は，合意書を取り交わした平成17年６月27日であり，結果，合意金は平成17年課税期間の課税資産の譲渡等の対価の額に算入すべきとするのが相当である。

Ⅲ　本問への当てはめ

本来的に原状回復の義務は，入居者の故意・過失又は入居者の通常を超えるような使用による損耗の結果を元に戻すもので，入居者がこれを行うのが筋である。

今般，改正された民法では「原状回復義務」の範囲につき，下記のように，通常の使用による物件の損耗，経年劣化は入居者が回復する義務を負わないことを改めて明示しつつ，「賃借人は，賃借物を受け取った後にこれに生じた損傷（通常の使用及び収益によって生じた賃借物の損耗並びに賃借物の経年変化を除く。以下この条において同じ。）がある場合において，賃貸借が終了したときは，その損傷を原状に復する義務を負う。……*7」と定めている。これにより入居者は自らこの責務を果たすのが本来の姿となる。そして入居者の，この責務の履行方法には，次の二つの方法がある。

①　甲社が入居者の負担分を含めて原状回復工事を行う

一般的には，賃貸人がまとめて原状回復工事の全てを行い，入居者が自らの負担すべき額の相当額を賃貸人に支払うのが便宜であり，多くの場合はこのような清算方法が採用されている。具体的に，入居者は預託した敷金からの相殺や，追加金という対価の支払いにより，その責務を果たすこととなる。そうすると，賃貸人は入居者に代わって，入居者の為すべき原状回復の工事を行うため，これは入居者に対する役務の提供，

そして敷金の相殺や追加金の受領はその対価となり，課税資産の譲渡等に当たることになる。

2 **賃貸人と入居者がそれぞれ単独で，工事施行者と契約して原状回復を行う**

他方，入居者が退去に際して合意した自らの原状回復義務を，自ら工事施工会社の乙社に発注し，預託した敷金の返還を受け，不足金があるときはこれを加算して乙社に支払いをした場合は，入居者はその責務を自ら履行して，その責務を消滅させたことになる。よって，上記1の場合と異なり，賃貸人が入居者に対して，便宜を供することなく，入居者も賃貸人より便宜を受けることなく，退去時の業務は終了する。したがって，消費税の課税要件である，消費税の課税対象となる役務の提供及び，対価の受領の事実も存在しない。

おわりに

賃貸住宅などの入居者が退去する際の原状回復義務と，敷金の精算に掛かる消費税の扱いについて，原状回復義務は入居者が自ら行うべきものであるとの立場から考えてみたのが上記の結論である。入居者がこれを行うと賃貸人は何らの便宜の供与や，対価の授受もないとの判断である。私見であるため課税庁の対応はどうなるかは不明であり，一度，筆者の関与先にて上記の方法を試してみる所存である。

注釈

* 1　国土交通省住宅局「原状回復を巡るトラブルとガイドライン」再改訂版　平成23年8月
* 2　前掲＊1・25頁
* 3　賃貸人の家賃収入の全てが住宅家賃であるときは，賃貸人は消費税の課税事業者でないため，消費税の解釈の問題は生じない。
* 4　裁決事例集 No77・495頁
* 5　消費税法4条1項
* 6　消費税法2条1項8号
* 7　改正民法621条

意思無能力者の相続の手続と租税の申告

> **事例**　永く不動産所得の確定申告の依頼を受けている老齢の夫婦から，相談を受けました。それは長男甲（一人っ子で45歳）には知的な障害があり，障害者手帳の交付は受けていないものの，自治体の障害福祉サービスや手当てを受給する障害者（要介護の状態）であることです。頼るべき親戚もなく，親亡き後の甲への財産の承継をどのようにすべきかというものでした。甲につき相続の手続きや相続税の申告などを支援したく，どのような手続をすればよいかをご教示ください。

> **回答**　父母亡き後の甲は障害により自ら財産管理，あるいは介護などの生活に関する身上監護をすることが困難である。よって，甲に代わって法的に代理や同意，取消しをする権限を与えられた成年後見人を選任する申立てを行い，選任された後見人よって相続の手続きや租税の申告を行うことになる。
> 　後見開始の審判の請求は，甲に申立てを行うべき身寄りが無いため，事情をよく知る相談者が地元の市区町村福祉窓口に出向き，必要な情報を開示して市区町村長による後見開始の申立制度を利用するのが合理的である。
> 　選任された法定代理人の後見人により，甲は財産を承継し，かつ，亡親の準確定申告と障害者控除を適用した相続税の申告及び納税を行い，申告と納付期限は両者とも後見人が選任された日が亡親の相続を知った日となり，前者はその日から4か月以内，後者は10か月以内となる。

はじめに

お一人様となった甲には知的障害があり，行為の結果を弁識（理解）するに足りる精神能力がないため，甲単独では法律行為である相続の手続きや，私人の公法行為と言われる税務申告をすることはできない。そしてこれをしたとしても無効*1となる。成年後見人の申立ても同様である。

では，どのような手順を踏んで甲の法的な利益を叶えることができるのだろうか。財産の承継については遺言，あるいは家族信託の方法がある。他方，甲自らは意思無能力であるため，最優先となる介護サービスなどの申請や，相続した財産についての納税義務の履行はできない事情にあることから，後見制度を利用するのが合理的となる。それでは道順を追って検討してみたい。

Ⅰ 亡父母の準確定申告と，甲の相続税の申告

父母が相次いで亡くなった場合を前提に考えてみよう。甲は意思無能力者であり，準確定申告及び相続税の申告を相談者に委任することはできない。

仮に，申告をしないで放置すると甲に対して無申告加算税や延滞税が課され，甲が不利益を受けざるを得ないことを心配して，相談者が有効な委任がないままに申告すると，どのようなことになるのであろうか。教科書を紐解くと「申告には原則として民法の規定が準用される」，他方，「別段の定めがある場合，又は明文の定めはないが申告の性質又は租税法規の趣旨からしてそのように解すべき合理的理由がある場合は，その適用は排除されるべきであろう」*2とされている。

すなわち，無権代理による申告書の作成や提出は無効であるけれども，例外があって有効とされる場合があるということで，何とも悩ましいところである。

それでは他人が勝手に提出した申告書の有効性が争われた事件を眺めてみよう。

(1) 平成22年 8 月23日裁決
① 事件の概要

20歳の弟は同居する兄にだまされ，不正に所得税の還付を受けるために兄が作成した確定申告書に署名し，兄は勝手に申告書を税務署に提出，

そして弟はその受けた還付金42万円余を兄に渡したところ，後日，課税庁によりこの不正の是正を求められ，同じく兄は勝手に修正申告書を提出した。これに伴う税額を滞納したため，課税庁が弟に滞納処分をしたことに対し，弟が確定申告及び修正申告は何れも無効であると訴えた事件である。

② 審判所の判断

審判所は，弟による兄への委任が認められるとして請求を棄却した。

i 納税申告は，私人の公法行為[*3]であり，原則として納税義務者本人が申告書を提出して行うこととされているため（通則法17《期限内申告》等），納税義務者以外の者が，本人の承諾なく勝手に納税義務者の申告書を作成し，提出した場合には，その納税申告は無効となる。

ii もっとも，納税義務者以外の者が申告書を作成し提出した場合であっても，その者が，納税義務者から明示又は黙示にその申告行為をする権限を与えられている場合は，納税申告は有効であると解される。

iii 弟は当時20歳で，意思能力等に問題があったことを窺わせる証拠がない。

iv 弟は調査担当職員に，確定申告書に自身で住所と名前を記載し提出した旨を説明し，確定申告書の記載内容及びこれを提出することについて，何ら異議を述べていない。

v 以上により，弟は確定申告に係る一連の不正還付の手続きについて，兄に包括的に委任していたというべきであり，その委任の効力は，その後の確定申告の内容を是正する手続きである修正申告にも及ぶと解すべきである。

(2) 最二小判 平成18年7月14日[*4]

この事例は，認知症である相続人につき，他の共同相続人の1人が行った相続税申告と納税が効力を有するか，すなわち委任と事務管理[*5]が成立するか否かが争われた事件であり，相続人が意思無能力者である場合の，相続税の申告と納税義務のあり方について，最高裁が初めて判断を示した事件でもある。

意思無能力の相続人であっても，負担すべき税額が生じる時の相続税

の申告と納税は，後見人等が存在せずとも，申告と納税の義務があり，後見人等が選任されるまで，その期限が到来しない，加えて期限が到来しない前の，他の相続人による本人に代わる申告と納税も，事務管理の成立により有効とする説示がなされている。

　義務はないが他人のために事務の管理を始めた者は，その事務の性質に従って，最も本人の利益に適合する方法によって，その事務の管理をしなければならないとされている。不当利得や不法行為と同じく法定債権の発生事由である。

① 事実の概要

　下記の図表−１のとおり，「分割協議」が成立しない状況にて，意思無能力者の母Ｂの相続税申告と納税をした，子である相続人Ｃとその代襲相続人であるＸが，他の共同相続人に対して，主位的に民法650条１項所定の委任契約に基づく費用償還請求，予備的に民法702条１項の事務管理に基づく費用償還請求として，Ｂに代わって納付した相続税の一部である6,953万円の11分の１ずつの支払等を請求したものである。

② 裁判所の判断

●図表−１

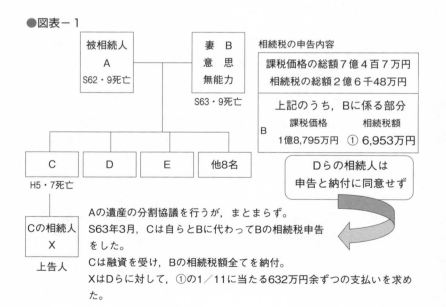

相続税の申告内容

| 課税価格の総額７億４百７万円 |
| 相続税の総額２億６千48万円 |

上記のうち，Ｂに係る部分
Ｂ
課税価格　　　相続税額
1億8,795万円　① 6,953万円

Ｄらの相続人は
申告と納付に同意せず

被相続人
Ａ
S62・9死亡

妻　Ｂ
意思
無能力
S63・9死亡

Ｃ
H5・7死亡

Ｄ　　　Ｅ　　　他8名

Ｃの相続人
Ｘ
上告人

Aの遺産の分割協議を行うが，まとまらず。
S63年3月，Ｃは自らとＢに代わってＢの相続税申告をした。
Ｃは融資を受け，Ｂの相続税額全てを納付。
ＸはＤらに対して，①の1／11に当たる632万円余ずつの支払いを求めた。

原審の名古屋高裁は，主位的請求である委任契約による費用償還請求については，Bは意思無能力であるため，Cに対する相続税申告を委任することはあり得ない，予備的請求の事務管理についても，Bには法定代理人などが存在しないので相続税の申告義務は存在しない，そのため課税庁もBに係る税額を決定することができないとして，Bに係る税額の課税庁による決定を慮る利益は存在しないので成立しないとして，請求を棄却した。

③　最高裁の判断

　主位的請求に関する判断は原審の判断を支持したが，相続税法の解釈を是認することはできないと説示して，事務管理に基づく費用償還請求を棄却した部分を破棄し，CがBのための費用を支出したかどうかなどにつき，さらに審理を尽くす必要があるとして，原審に差し戻した。上告審の相続税法に関する判断を挙げると，

i　相続等により財産を取得した者に，納付すべき相続税額があるときは，申告書の提出義務が生じ，提出期限は「その相続の開始があったことを知った日の翌日から6月以内」*6と解し，意思無能力者については，法定代理人が相続の開始があったことを知った日がこれに当たり，相続開始時に法定代理人がないときは後見人の選任日がこれに当たる。

ii　意思無能力者も，納付すべき相続税額がある以上，法定代理人又は後見人の有無にかかわらず，申告書の提出義務は発生し，法定代理人又は後見人がいないときは，その期限が到来しないにすぎない。

iii　税務署長は申告書の提出期限にかかわりなく，被相続人が死亡した日の翌日から6か月を経過すると，相続税額の決定をすることができ，意思無能力者にも適用される。

iv　本件申告時に意思無能力者のBにつき，相続税申告書の提出義務が発生しない，また，税務署長がその税額を決定することがない，とすることもできない。

v　CによるBに係る申告と納税は，Bの利益に適うものでないとはいえない。

vi　よって事務管理に基づく費用償還請求を直ちに否定することはできない。

以上の考察により，納税義務者以外の者がその委任なく提出した申告書は無効となり，例外として委任が合理的に推認できる場合は有効となる。しかし，意思無能力者の場合はそもそも委任することができないため当然に無効となり，同じく例外として意思無能力者に利益が生じると認められる場合は，事務管理が成立しその申告の効果は意思無能力者に帰属することになる。ただし，事務管理の場合は報酬を得ることはできないため*7，本件の場合はこれを適用することは困難となり，結局は，法定代理人の選任を家庭裁判所に求めることになる。

Ⅱ　市町村長による後見開始の申立て

　これまでの検討により，身寄りが無い甲については法定代理人である後見人により法的なサービスを行う必要がある。では，その後見人を選任するための手続きは，どのようにすれば良いのだろうか。

(1)　後見開始の審判申立権利者

　後見開始の申立権者は，本人とその配偶者や4親等内の親族，及び後見人などと検察官*8，ならびに任意後見人である*9。しかし，本例のように甲が知的障害者であり，かつ，身寄りがない場合は当事者による申立は期待できず，甲は財産の承継，及び福祉を目的とする法的サービスを受けることは困難となる。そのため，当事者による審判の請求を補完し，成年後見制度の利用を確保するために，これらの者に対する相談，援助等のサービスを提供する過程において，その実状を把握できる立場にある市区町村長に対し，その福祉を図るために特に必要があるときは，後見人審判の請求権が付与*10*11されている。

(2)　特に必要があるとき

　市区町村長が後見開始の申立てを行う際の要件である，「特に必要がある」というのは，どのような場合であろうか。本人の意思能力や家族の有無，生活状況，資産などから判断するものとされている。それでは，この後見開始の要件を満たすか，否かが争われた事件をみてみよう。

＜後見開始審判に対する抗告申立事件*12＞

①　事件の概要

　東京都のY区長による後見開始の申立て，及びこれを認めた家庭裁判所の審判に対し同居の子が，Y区長の申立は，本人は民法7条の「精

神の障害により事理を弁識する能力を欠く状況」にないため，「特に必要である」とする後見開始の要件を満たさないとして，原審判の取消を求めた事件である。

② 裁判所の判断

　裁判所は，まず本人の状況を次のように認定した。

　i　本人は86歳の高齢であり要介護3の認定を受け，数度の転倒による骨折や，金銭的な問題から同居する抗告人による水分や栄養の補給が適切でなく，また掃除や身の回りの世話ができず，脱水・低カリウム血症・腎機能低下等を発症していた。

　ii　本来は医療処置が必要であり，必要な訪問介護の提案を拒否するなど抗告人の介護は問題がある。

　iii　本人の状況は，体温，血圧，脈拍，呼吸は安定していたが，夜間の不穏行動や失禁が見られ認知症と診断されていた。そしてY区長による申立の適格性につき，下記のように説示して適法と判断した。

　iv　本人は体力低下のみならず，認知症と診断され判断能力の低下が認められる。

　v　抗告人の介護状況は極めて不適切であり，本人の保護の必要性は高い状態である。

　vi　抗告人による成年後見開始等の審判を申し立てることは，期待できない状況にある。よってY区長による申立は「特に必要がある」の要件をみたすので適法である。

Ⅲ　本問への当てはめ

　父母亡き後の甲は，身寄りのない意思無能力者である。よって，権限のある代理人による身上監護*13が求められる。これにより市区町村長が行う後見開始の申立ての要件である「特に必要な場合」に当たり，相談者は市区町村の成年後見担当の窓口へ要請し，市区町村長は申立ての必要な理由や親族の調査を行うことになる。その結果，申立て決定に至ると家裁への市区町村長による申立てが行われ，審判により後見人が選任され，その後の甲の相続手続きや租税申告などの法律行為は後見人により行われることになる。所得税と相続税の申告及び納税の期限は後見

人等が選任された日が「相続のあったことを知った日」となり，それぞれその翌日から４か月及び10か月*14となり，相談者は善意に基づく事務管理の管理人でなく，後見人から委任を受けて，対価である報酬を得る職務としてこれらの任に当たり，甲については障害者手帳の交付を受けていないが，家裁の審判にて使用した甲に障害があるとする医師の診断書写しを添付して，障害者控除を適用して申告をすることになる。

おわりに

　内閣府が公表する2020年度高齢者白書によると，65歳以上の層が人口に占める割合は28.4％である。そうして2012年は認知症患者数が約460万人，高齢者人口の15％という割合だったものが，2025年には５人に１人，20％が認知症になるという推計もある。そして，お一人様かつ意思無能力者に対する，市区町村長による後見開始の申立数が増加しているのもこの傾向を裏付けるものといえよう。このような事実を背景にして毎年の納税事務を受任する実務家の我々は，顧客にとって一番身近な専門家であると認識し，本件の相談事案のような事態にも十分に対応する能力を備えておくのが良いと思う。

　今回も税の実務に関係する周辺の法律問題を取り上げたが，読者の皆様方のお役に立てれば幸せである。

注釈

＊１　これまでは民法に明文の定めがなく，判例（大判明治38年５月11日民録11輯706頁）や学説により意思無能力者の法律行為は無効とされてきた。今般の民法改正により第３条の２が追加され「法律行為の当事者が意思表示をした時に意思能力を有しなかったときは，その法律行為は，無効とする。」と明確にされた。

＊２　金子宏『租税法』第23版　弘文堂　932頁

＊３　前掲＊２　933頁　私人の公法行為とは「選挙の投票・許可の申請等のように，私人のなす行為で公法的効果の発生を目的とするものをいう」と述べる。

＊４　判例時報1946号45頁

＊５　民法697条～702条

＊６　現在は10か月である。相続税法27条１項

＊７　事務管理には，代理に関する民法648条の受任者の報酬の定めがないため，管理者は報酬を請求することはできず，本人のための有益費についてのみ請求が

可能である。

＊8　民法7条　本文の他に後見人・保佐人・補助人及びこれらの者の監督人が申立権利者である。

＊9　任意後見契約に関する法律10条2項　本文の他に任意後見受任者と任意後見監督人が申立権利者である。

＊10　老人福祉法32条・知的障害者福祉法28条・精神保健及び精神障害者福祉に関する法律51条は，市町村長に対し65歳以上の者，知的障害者，精神障害者につき，特に必要と認めるときは，後見・補佐・補助などの開始の審判を請求することができるとする。

＊11　厚生労働省令和1年5月の「成年後見人制度の現状」参考資料2によると，知的障害者数は平成23年に比較して34万人増加した962千人，平成30年の後見開始申し立ての総件数は36,186件，そのうち市区町村長からの申立は7,705件（同25年は5,046件）であり，全体の21.3％を占めている。

＊12　平成25年6月25日　東京高裁民事第12部決定　判タ　No1392．218頁

＊13　身上監護とは，本人の心身の状況や生活の状況を適切に把握し，介護の依頼や必要な契約の締結などを行うこと。これには，定期的に本人に面会して状況を把握することや，契約がきちんと行われているかどうかを確認することなども含まれる。東京都福祉保健局HP「成年後見制度についてのよくある質問」Q9

＊14　国税庁も相続税基本通達27ー4(7)にて，後見人選任の日がこれに当たると明らかにしている。

契約者の死後，遺族に支払われた人身傷害補償保険金の法的性質と課税関係

事例　後期高齢者の実家の母は，父亡き後も事業主としてスタッフと共に農園業を続け，「道の駅」や通販で野菜などを販売して暮らしていました。ある日，自ら商品を配送するため，軽トラックで出かけましたが，道路脇に転落して負傷しました。事故の状況は単独事故で加害者はなく，母の過失によるものでした。母は半年ほど入院していましたが，治療の甲斐無く死亡し，車両が加入していた損害保険契約に基づいて人身傷害保険金約1,500万円が遺族に支給される予定です。この保険金は遺族が母より承継した保険金の請求権，あるいは生命保険金のように遺族の固有の権利として受け取ることができるものの何れでしょうか。というのも母は事業主であり，農業に投資をした資金の債務約2,500万円があるため，場合によっては相続の放棄を検討しているためです。また，課税関係はどのようになるでしょうか。ご教示ください。

回答　保険契約は保険法という新しい法律が平成22年4月1日に施行されるまでは，明治32年に制定施行された商法によって規律され，人身傷害保険金は旧商法の時代にあっては「原始取得説」が採用されていた。しかし保険法では被保険者の死亡により，その請求権は相続人に承継されると解釈されている。まだ，この点に関して保険実務と裁判所の判断には乖離があり，最高裁の判断が示されていないため，取り扱いは慎重に行う必要がある。保険金を受領した場合の課税関係は相続税の対象となる。

それでは最初に，人を対象とする人身傷害補償保険（以下，人傷保険という）の中身についてお温習いをしておきたい。その概要は図表－1のとおりである。

以上のように自動車事故が生じて，その原因が自らの過失であっても図表－1の補償給付を受けることができる保険である。

Ⅰ　人傷保険の法的性質

本問の人傷保険金は被保険者が死亡している例であり，その保険金請求権を相続人固有の権利として取得，それとも亡母から相続によって承継して取得するかの方法の違いによって，法的な効果は大きく異なることになる。それでは，何れの方法によるべきかが争われた二つの事件を

●図表－1

人 身 傷 害 保 険

保証範囲とメリット

◇　2000年前後より損害保険会社から発売された比較的新しい保険商品。
◇　契約した車両に搭乗中の者が，事故で死傷したときに保険金が給付される。
◇　契約の加入者の過失割合に関係なく，単独事故でも損害分の保険金が給付される。
◇　事故後の示談交渉を待たずに損害額が決まると，速やかに保険金の受領ができる。
◇　特約により契約車両以外の車両に搭乗中の事故，歩行中の事故に対しても給付される。

保険金の支払い

①　入院・通院した場合

　　| 治療費等の実費 | ＋ | 休業損害 | ＋ | 精神的障害 | など

②　後遺障害を被った場合

　　| 治療費等の実費 | ＋ | 逸失利益 | ＋ | 精神的障害 | ＋ | 将来の介護料 | など

③　死亡した場合

　　| 治療費等の実費 | ＋ | 逸失利益 | ＋ | 精神的障害 | ＋ | 葬儀費用 | など

※　損保ジャパンのHPを参考に加筆して作成

●図表－2　実際の事故における保険給付のイメージ

被害事故の様子

	Aの損害額	過失割合	
契約者Aが走行中，歩行者の飛び出しを避けるために急停止。歩行者を避けたが，後続車Bが追突した。	3千万円 ④	A	30%
		B	70%

人身傷害保険に加入していない場合
Bの賠償額→④×70％＝2,100万円

残りの900万円はAの負担

人身傷害保険3千万円以上に加入

過失割合に関係なく3千万円を受領

●図表－3　人傷保険契約約款の概要

①	保険者は，被保険者が車両の運行による偶然な事故により，身体に障害（死亡）を受け，被保険者（父母，配偶者，子）が被る損害に対し，保険証券記載の金額を限度として保険金を支払う。
②	保険金請求権者は，事故により損害を受けた被保険者とし，被保険者が死亡した場合はその法定相続人とする。
③	保険者に対する保険金請求権は，被保険者が死亡した場合には，その死亡したときから発生し，これを行使することができる。
④	保険金請求権者が他人に損害賠償の請求をすることができる場合，保険者は支払いした保険金額の限度内で，かつ，保険金請求権者の権利を害さない範囲で，その有する権利を取得する。

眺めてみよう。

1 盛岡地裁事件*1

(1) 事件の概要

　甲は平成16年8月末に，自ら使用する車両にX損害保険会社（以下，X損保という）の人傷保険金特約を含む自動車総合保険*2に加入した。翌17年2月にその車両を運転中に，トンネルを支える橋脚に激突して負傷しその日に死亡した。

　甲の相続人は妻と子二人（以下，妻らという）であったが，全員が相続放棄をしたので，甲の相続人は不存在となった。このため盛岡家裁は弁護士乙を甲の相続財産管理人に選任した。そこで乙は甲の車両についての人身傷害補償特約及び搭乗者傷害条項に基づいて，甲に係る人傷保険金の請求権は妻らの固有財産でなく，相続財産に帰属すると主張して，保険金合計4,000万円と遅延損害金をX損保に請求した。X損保は乙の請求に応じることなく，提訴に至った事件である。

⑵　裁判所の判断　棄却（確定）

　裁判所は以下のように説示して，乙の請求を棄却した。

① 　人傷保険契約の約款には，死亡保険金はその法定相続人を保険金請求権者，あるいは保険金の支払先と定めている。

② 　これらの定めは，被保険者死亡の場合の保険金請求権の帰属を明確にするため，被保険者の法定相続人に保険金を取得させることを定めたものと解する。

③ 　上記②の権利関係は保険金受取人を，法定相続人と指定した場合と異ならない。

④ 　保険受取人を法定相続人と指定した保険契約は，被保険者死亡時の法定相続人のための契約であり，その保険金請求権は，保険契約の効力発生と同時に法定相続人の固有財産に帰属し，被保険者の相続財産に属さない。

② **東京地裁事件**＊3

⑴　事件の概要

　丙は平成22年1月に，自らを契約者かつ被保険者として所有する小型貨物自動車を契約車両として，W損害保険会社（以下，W損保という）との間で人身傷害事項を含む期間を3年とする任意自家用自動車保険契約（以下，本契約という）を締結した。

　平成24年12月，丙はその車両を運転中に追突事故を起こし，病院に搬送されたが翌日に死亡した。

　丙は平成23年11月30日付けの「遺言書」と題する手書きの書面を遺し，そこには「丙，死亡時受取人は丁です」との記載があり，これに基づいて丁＊4は家庭裁判所に対し，遺言者を丙とする遺言執行者選任の申立を行い，平成25年9月に戊が遺言執行者に選任された。戊はこの事故の保険金請求権は丙の相続財産を構成する，及び戊は丙の遺言執行者であるので当事者適格があると主張して，W損保に対して人身傷害条項による死亡保険金の支払いを求めた。他方，W損保は保険金請求権は相続人の固有の権利とする扱いは，ⅰ保険約款の文言に忠実な解釈である，ⅱ同じく保険契約当事者の合理的な意思解釈として妥当である，ⅲ保険約款は客観的に解釈すべきで戊が主張するような契約者の個々の事情を考慮すべきでないとして，争いが生じた事件である。

(2)　裁判所の判断　棄却（確定）

　裁判所は，本件のように被保険者が死亡した場合の保険金請求権は，被保険者の相続財産として被保険者の法定相続人が固有の権利として原始取得するとして，以下のとおりに説示して戊の請求を斥けた。

① 　被保険者が死亡したとき，仮に被保険者が保険金請求権を取得するとすれば，通常，被保険者の死亡時点でその保険金請求権が相続財産となり，法定相続人が相続によって取得することになる。

② 　上記の①にもかかわらず，保険約款[*5]では「被保険者が死亡した場合は，その法定相続人」との文言が敢えて付加されていることに照らすと被保険者が死亡した場合の保険金請求権は，被保険者すなわち亡丁の法定相続人であると解釈するのが合理である。

③ 　亡丁が遺言書を作成したのは，平成23年11月末であることから，亡丁がW損保と本契約を締結した平成22年1月10日時点では，保険金請求権を法定相続人でなく，丁に帰属させる意思があったかどうかは不明である。

④ 　保険約款に被保険者は本人の他，父母と配偶者及びその子を含むとされ[*6]，被保険者が不特定であるという性質がある。このため，保険契約者が保険契約の締結時に具体的な人物を保険金請求権者として指定する，また，その後に保険金請求権者を変更するようなことは予定していない，よって亡丙が遺言によって保険金請求権者を変更することはできない。

　このように盛岡と東京の両地裁は，人傷保険金の法的性質につき相続承継説を斥け，相続人の固有権利とする原始取得説を採用した[*7]。

Ⅱ　人傷保険金の課税関係

　加害者が存在する場合の，契約者と保険料負担者が共に夫である場合の例による人傷保険金の課税関係は以下の図表－4のとおりである[*8]。

　図表－4のとおりに損保会社から給付される保険金のうち，加害者からの損害賠償金[*9]に相当する部分の金額を除いた部分，すなわち運転していた夫の過失割合40％に相当する部分が，相続税の課税対象となる扱いである。これにより，加害者のいない単独事故の場合は，運転者の過失割合は100％となり，その全額が課税の対象となる[*10]。

●図表−4

| 夫 | 妻 |

| 子A | 子B |

被保険者死亡の損害額	10,000
相手方の過失割合	60%
相手方の損害賠償金	6,000 非課税

| 夫の過失割合 |
| 40% |
| 4,000 課税 |

所有者	
運転者	
契約者	夫
保険料負担者	

死亡者	保険金受取人	所得保険金額	課税される金額
夫	妻	5,000	2,000
	A	2,500	1,000
	B	2,500	1,000

課税される税目
相続税

本図表は，平成11年10月4日付，東京海上火災保険㈱が国税庁に照会した「人身傷害補償保険金に係る所得税，相続税及び贈与税の取り扱い等について」に記載の図表を加筆して作成した。

Ⅲ 本問への当てはめ

さて，上記で紹介した盛岡地裁と東京地裁の判断と，税務の取り扱いを本問に当てはめてみよう。

(1) 単 純 相 続

単純相続をすると，母の債務額は2,500万円，母からの原始取得する，あるいは相続承継する人傷保険金1,500万円であり，債務が1,000万円超過し，相続人らは自らの資金でこれを弁済することになる。

税務については，被保険者と保険料の負担者が母，受取人が母の相続人の子であるため，子が相続により取得したものとみなされ，相続税の課税対象となる。他方，債務が超過するため相続税の課税関係は生じない。

(2) 相 続 放 棄

相続放棄すると，子は相続人でなくなるため債務を承継し負担することはない。また，母が一人っ子であるなど他の相続人がいないときは，相続人不存在となるため，母の財産は相続財産管理人によって整理されることになる。

そして上記の2つの裁判所の判断によると，相続財産管理人が損害保険会社に人傷保険金の請求をしてもこれは許されないことになる。他方，子らの人傷保険金請求権は固有の権利として原始取得するため，人身傷害保険金を請求し受領することが可能となる。

この受領した人障保険金についての課税関係は，みなし相続財産となって相続税の対象となる。他方，相続の放棄をしても相続税の基礎控除額は適用されるため，課税の対象となる人身傷害保険金1,500万円は基礎控除額以下となり，課税関係は生じない。

以上により，相続放棄をするのが子らにとって経済的な合理性があることになる。

おわりに

人傷保険金の法的性質につき裁判所の判断や保険実務での扱いを，きちんと調べることが求められる事案である。

採用される法形式の違いによって相続人の負担が生じるか否か，あるいは受け取った保険金を手元資金として留保ができるかどうかの違い，加えて税務の扱いも異なる事案である。顧客にとって最も身近な専門家である我々にとって，このような相談を受けたときはどの様に対処をすれば良いのだろうか。税負担の多少が法形式の選択の判断要素にもなることから，十分な説明をしておかないと後々にクレームが生じる虞もあると考える。ここは法律の専門家である弁護士の協力を仰ぐ，自ら判例を調べる，損保会社への問い合わせなど入念な調査をしておくべき場面と思う。

注釈

＊1　盛岡地判平成21年1月30日　LEX/DB 文献番号25480033
＊2　この保険契約の約款の概要は図表―3のとおり
＊3　東京地判平成27年2月10日　ウエスト・ロー文献番号2015HLJPCA021060001
＊4　丁は相続人でなく，丙の相続人は遺留分権利のない兄弟姉妹及び甥と姪の9名
＊5　図表―3②参照
＊6　図表―3①参照
＊7　両地裁の判決に反対する論考として，立命館法学2016年5・6号所収「村田敏一「被保険者の死亡による人身傷害保険金請求権の法的性質」―相続人による承継取得か原始取得か―」がある。
＊8　この例の他，同乗していた妻が死亡して夫らが保険金を取得した場合の，課税される金額の算定は，相当に複雑である。本稿では紙幅の都合上，省略する。

＊9　死者が受けた精神的・身体的苦痛に対する慰謝料などの損害賠償請求権は，相続により遺族が承継する，そしてその性質が身体に受けた損害に対する補償であるため，相続税と所得税は課さないという扱いである。本書 No.1「損害賠償請求権」の相続と，受領した賠償金の課税関係を参照

＊10　国税庁　文書回答事例　平11.10.18人身傷害保険金に係る所得税，相続税及び贈与税の取り扱い等について（法令解釈通達）

医療保険の契約者変更と,相続税法との関わり
―みなし相続財産と,相続開始前3年以内の贈与財産の加算―

事例

　悠々自適の関与先の創業者（以下「祖父」という。）は，4人の孫に対して毎年，教育費や有価証券などを贈与し，孫達は贈与税の申告をしています。孫達への援助の一つに祖父が保険契約者（保険料の負担者），孫が被保険者かつ保険金受取人である医療保険契約（若干の解約返戻金があるタイプ）があります。

　孫達も成人し社会人になるので，保険契約者を孫に変更することを考えています。今後も孫達への暦年贈与を続ける予定もあり，この変更手続を行うと将来の祖父の相続に際して，どのような影響を与えるのかをご教示ください。

回答

　保険契約者を孫に変更し，保険事故が生じることなく祖父の相続を迎えると，相続開始時の解約返戻金のうち，祖父が負担した保険料の割合に対応する額は，孫が遺贈によって取得したものとみなされ，相続税の課税対象となる。

　加えて，孫は祖父より遺贈によって財産を取得した者となり，祖父から受けた贈与財産のうち，相続開始前3年以内の財産は，相続税の課税財産に加算され，暦年贈与の基礎控除額がなくなること，及び祖父の遺産額が多額で適用される相続税率が，贈与時の贈与税率を超える場合は追加の税負担が生じることになる。

　したがって，少額の解約返戻金があるに過ぎない医療保険契約は解約して，解約返戻金は祖父が受領し，孫は新たな医療保険契約に加入するのが将来の課税関係を複雑にしない方法と考える。

生命保険会社や損害保険会社が販売する医療保険契約は，契約者と被保険者及び医療給付金の受取人は，すべて同一人とするのが基本である。他方，就学中の子供や孫の医療保険を，親や祖父母が契約者となり保険料を負担することがある。そして子どもや孫が社会人になって独り立ちすると，契約者を親や祖父母から子どもや孫に，保険料も子や孫が負担することに変更する例も，よく見られるケースである。このように，医療保険の契約者を変更すると，租税負担にどのような影響を与えるのであろうか。それでは医療保険についてのお温習いをしつつ，とりわけ，相続税法のみなし課税や相続開始前3年内の持戻制度との関わり，そして保険会社からの契約者変更に伴う，課税庁への情報提供の様子を紹介したい。

Ⅰ 医療保険とは

●図表－1　保険法における保険の分類*1

	人に対する保険		財産に対する保険
	生命保険	その他（傷害・疾病）	
損害保険会社	扱いなし	傷害疾病損害保険契約	損害保険契約
生命保険会社	生命保険契約	傷害疾病定額保険契約	扱いなし
	第一分類　①生保会社のみ販売	①②以外の第三分類生保・損保社が販売	第二分類　②損保会社のみ販売

保険契約に関するルールは，従来は1899（明治32）年の商法の中に定められていた。この定めは，片仮名・文語体の表記のまま制定後100年近く，実質的な改正がなく，本稿に取り上げる傷害疾病保険に関する規定も存在せず，いかにも古くさいものとなっていた。そこで適切なものとするため，平成22（2010）年4月1日から新しく保険法*2が施行さ

れた。

　図表－1のように，保険法に第三分類として定められた医療保険は，生命保険会社＊3や損害保険会社から販売され，病気や怪我による入院，手術などを幅広く補償するものである。保険期間は一定期間を保障するものと終身のタイプがあり，入院給付金の支払日数には一定の制限が設けられ，次の2種類に区分されている。

① 「傷害疾病損害保険契約」

　「入院・通院」のために実際に出費した費用を補償する。

② 「傷害疾病定額保険契約」

　「入院・通院等」をした場合に，契約時に定めた一定額を支払うもの。

Ⅱ　医療給付金への課税関係

　それでは，上記の①②による医療給付金の租税法での扱いを眺めてみよう。基本的に，病気や怪我を原因とする死亡を伴わない生前給付金は課税されない扱いである。所得税法施行令30条1項は「身体の傷害に起因して支払を受ける保険金，損害賠償金等」を非課税と定めているのが，その法的な裏付けである。

　同施行令のいう給付金には「入院」，「手術」，「通院」，「がん診断」，「特定疾病保険金」，「先進医療給付」，「介護保険金」などであり，さらには「高度障害保険金」も含まれる。そして受給する生前給付金は，本来は病気や怪我をした者が給付を受けるものであるが，受取人がその本人の場合でなく，配偶者や直系親族，生計を同じくする親族であっても原則的に非課税とされている＊4。唯一，医療費控除の際に支払った金額から，これらの給付額を差し引く必要があるだけである。

Ⅲ　契約者の変更

　生前給付金への租税法の対応は上記のように，かなり緩やかである。それでは，契約者を変更した場合は，どのように扱えば良いのであろうか。

　一般的に，保険料の額を安くするため医療保険契約は解約返戻金のないタイプが多いが，若干の解約返戻金があるタイプも存在する。前者で

あれば保険契約に関する権利が存在しないため，契約内容の変更があっても課税関係は生じない。他方，後者の場合は，契約者（保険料負担者）を変更した後に，保険事故が生じないまま保険契約者の相続が生じると，同じく保険契約者の遺産に係る相続税の課税に影響を与えることになる。

Ⅳ　みなし相続財産の定め

相続税法は 3 条に，「相続又は遺贈により取得したとみなす」，そして19条に「相続開始前 3 年以内に贈与があった場合の相続税額」の定めを置いている。

本問に関わる定めであるので，本問に則してポイントを挙げてみると，図表- 2 のとおりである。

●図表- 2　相続税法のみなす規定

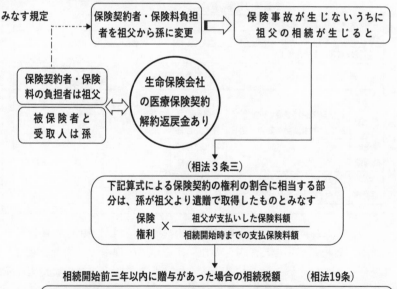

Ⅴ　契約者変更の情報

　もう一つ，留意点がある。従来は，保険事故が発生していない生命保険契約などについては，被相続人が保険料を負担していても保険会社からは，その情報は調書として課税庁に提出されなかった。

　このため，「生命保険に関する権利」に対する課税漏れは，調査を実施しないと防ぐことができず，情報不足によってかなりの課税漏れがあったようである。

　これに対処するため，平成27（2015）年度税制改正により，平成30（2018）年1月1日からは，保険会社は死亡による契約者の変更があった場合には，以下の調書を課税庁に提出することになった*5。

第8号書式					
保険契約者等の異動に関する調書					
新保険契約者 死亡した保険契約者等 被保険者等	住所又は所在地		氏名又は名称		
解約返戻金相当額		既払保険料等の総額		死亡した保険契約者等の払込保険料等	
評価日	1　保険契約者等の死亡日 2　契約者変更の効力発生日		保険契約者等の死亡日	年　　月　　日	（摘要）
保険等の種類			契約者変更の効力発生日	年　　月　　日	（　　年　月　日提出）
保険会社等	所在地				
	名　称			法人番号	

　このように保険会社から保険契約者の異動の情報が課税庁に提供されるため，契約者が死亡した場合の他，死亡以外の理由で契約者を変更した場合も，課税庁はこれを知り得る立場にあることを，納税者や実務家の我々も承知しておきたいところである。

Ⅵ　本問への当てはめ

　それでは，これまでの検討を，本問に当てはめてみよう。

　医療保険事故が祖父の生前に生じた場合の給付金については，被保険

者の身体への傷害や疾病への給付であるため，特段の課税関係は生じない。

そして，保険事故が生じているため，相続税法3条3項の「保険事故が生じていない」とする要件に当たらないことになる。おそらく解約返戻金もないであろうから，祖父の相続に際しても影響を及ぼさないと考える。

他方，保険事故が生じないままに祖父の相続を迎えると，祖父が負担した保険料に相当する保険の権利額を，孫が遺贈により取得したとみなされ，加えて孫達は相続人でないのに，相続開始前3年以内の贈与財産は，これを相続税の課税価格に加算しなければならない。

そして，保険契約の契約者変更の情報は保険会社から課税庁に調書として提出されるため，課税庁によるチェックを受けることになる。

では，このような事態を避けるには如何にすべきか。それは，現在加入している医療保険契約を解約し，保険料の負担者である祖父自らが，保険の性質上から，さして多くない金額の解約返戻金を受領することであると考える。

そして，成人し，独り立ちの時を迎えた孫達は，自らを保険契約者・保険料負担者・被保険者・医療給付の受取人とする保険料の安い掛捨タイプの，医療保険に加入することである。保険料の負担額が増えるという要素があっても，これにより，将来に保険契約の権利を遺贈により取得したとみなされること，及び，贈与を受けた財産を相続税の課税財産に加算されることもなくなる。保険料の負担が増えるとしても，相続税法のみなす規定に伴う租税負担をしなくて済む途を選択するのが合理的となる。

おわりに

租税法の条文には「みなす」という用語が用いられている。この意味するところは,「本来は異なるものを法律上は同じものとして取り扱う」ということである。本問では「みなす」という用語により，本来は遺贈ではなく贈与であるものを，相続税法では遺贈と同じものとして取り扱うのである。この定めは課税の公平負担の見地から設けられていること

を理解しつつ*6，暦年贈与による節税を行う際には，保険会社から課税庁への情報提供制度を踏まえて，保険契約につきこれまで以上に注意を払うべきと思う。

注釈

* ＊1　一般社団法人日本損害保険協会 HP を参考にして作成
* ＊2　保険法：保険契約に関する一般的なルールを定めた法律。保険契約の締結から終了までの間における，保険契約における関係者の権利義務等を定める。
* ＊3　生命保険協会の2019年度「生命保険の動向」によると，医療保険は個人保険の契約総数 1 億8,129万件のうち，21.2％の3,850万件であり，これに損害保険会社の件数を合わせると，多くの方が加入する人気のある保険で，極めて身近な保険である。
* ＊4　所基通 9 －20，同21
* ＊5　相続税法59条 2 項・ 4 項
* ＊6　金子宏『租税法』23版　弘文堂　682頁

難問

File

05

贈与事実の無いことの反証

事例 　関与先甲社は，その提供する業務が消費者保護の立場から問題ありとして，利用者から代金返還請求訴訟を提起され，結果，かなりの額にのぼる利用代金を返還すべきとの判決が確定しました。甲社のみならず役員を務める乙にも債権者からその履行を求められ，乙の住居や預金口座が差し押えされ，これらを失う状況となりました。

　乙は債権者からの徴求を避けるために，加入する年金払積立傷害保険契約の契約者及び受取人を，乙から妻の丙に変更し，令和元（2019）年に第一回目の給付金を妻名義の預金口座で受領しました。他方，この変更は丙の名義を借用したに過ぎないため，乙がこの給付金を管理しています。

　保険会社からは丙宛に贈与税の申告の案内が届いていますが，どのように扱うべきかを，ご教示ください。

回答 　贈与税が課される客体は，贈与によって取得された財産である。乙から丙への契約内容の変更が乙の贈与，丙の受贈の合意によるものである場合は，丙に対して名義変更時に給付金受給額相当額の贈与があったとして，贈与税が課されることになる。

　他方，本問における契約内容の変更は，乙の財産である保険契約を債権者から保全するためにやむを得ずに行われたものであるため，贈与の事実のない旨の反証を，確定申告において行うべきである。よって，実質課税の原則を定める所得税法12条により，給付金は乙の雑所得と扱い，契約内容の変更に至る事情，及びその裏付けとなる事実（証拠）を，乙の令和元（2019）年分所得税確定申告書に添付して申告することになる。名義と実質が一致するという経験則に基づく贈与税の課税処分が為された後の，再調査及び審査の請求などに要する労力や時間などの負担を回

避でき，納税者と課税庁双方に合理的な選択と考える。

はじめに

　相続税法では民法に定める贈与のほかに，贈与があったものとみなして課税する仕組みが5条から9条*1に定められている。その趣旨は法律的には贈与により取得した財産ではないけれども，その実質が贈与により取得したものと同視できるものについては，これを贈与によって取得した財産とみなして，贈与税を課すことが租税の公平負担の見地から要請されるからである*2*3。

　他方，ここにいうみなし贈与の事実の有無の判定は相当に困難であり，納税者と課税庁との争いになりやすく，多くの裁判例があり，悩ましいところである。

　結局のところ，贈与の有無は個別の事案ごとに，その具体的事実に即して判断するほかはない*4。

　それでは，本問の解決に向けての参考となる事例，一つは父が娘の婚姻費用を準備するために加入した養老保険契約の受取人の判定に係る事件，いま一つは父が自らの車両を入れ替える際に，有利な条件で取得するために息子の名義を用いた事件を取り上げ，前者は裁判所，後者は審判所の判断をみることとしたい。

Ⅰ　贈与税における保険金受取人の判定事件*5

　今を去る56年前の高裁判決であるが，相続税法5条*6（以下，相法5条という。）に定める保険金受取人の解釈につき，先例となる判断*7である。

⑴　事件の概要

　図表−1のとおりに，父のAは娘Xの婚姻費用の準備のために養老保険に加入したが，満期になる前に娘は婚姻し，その際に3，4百万円を支出して費用を負担した。

　これによりAは満期保険金をXに贈与をする意思もなく，この満期金は自らに帰属するものと考え，Xの名義にて自らが受領した。

　これに対し課税庁は，相法5条にいう保険受取人は保険契約にて保険

●図表－1

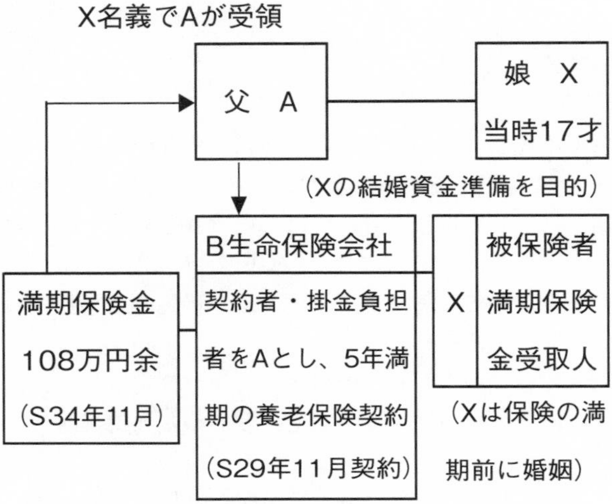

X名義でAが受領

受取人と指定されたXであるとし，Xに対して保険満期金はAからX
への贈与に当たるとして贈与税21万円余の決定をし，X所有の21万円余
を差し押さえる滞納処分を行った。

　Xによる再調査の請求，国税局長への審査請求を経て，Xはその処分
の取消しを求めて提訴したところ，原審*8では「保険金受取人」は実
質的に判定すべきとしてXの請求を認容し，課税処分を取り消したの
で，課税庁が控訴したのが本事件である。

(2)　高裁判決の要旨（控訴棄却）

　裁判所は以下のように説示して，控訴を棄却した。

①　相法5条にいう保険受取人につき，本条の要件*9を具えるときは，
　受取人が取得した保険金は贈与税の課税対象となる。

②　保険契約上殊に保険証券等の文書上に受取人として記載された者，
　即ち名義人が，課税庁の主張のように，常に相法5条の受取人に該当
　するものと解することはできない。

③　保険契約者が保険契約の表面上，通名，家族や雇人等，自己の事実
　上支配使用し得る名義を用い，その名義人以外の者，多くの場合，自
　らを示す氏名として用いることは，世上往々にして見られるところで

ある。

④ 国の課税処分は，税負担者の生活関係の真相を調査してされるべきであり，単なる外形，表面的事実のみで全く実質を伴わない財貨移動現象等を捉えて，軽々に課税すべきでないことは，実質課税の建前上，理の当然である。

⑤ 他人名義の使用が，その者に保険金受取りの権利を得させる意思もなく，単にその名義使用者の一方的都合のみによりなされた場合は，多少の困難は伴うとしても，課税は前記の実質の有無を調査判定し，実質が存しなければ行うべきでない。

⑥ 保険契約上の受取人は，その名義がXであるが，実質はAと認められ，受領する保険金に対する支配力を有し，保険事故発生当時の保険金債権の実質的取得者もAである。

⑦ 以上により，本件贈与課税は相法5条の要件が存在せずに為されたもので，違法であり取消しを免れない。

Ⅱ 贈与事実不存在の反証により，贈与税決定処分が取消された事件*10

次に，いま一つの事件での審判所の判断を見てみよう。本件に関係する定めは相法1条の4と9条ならびに解釈通達の相法基本通達9－9*11と，「名義変更等が行われた後にその取消等があった場合の贈与税の取扱いについて」*12である。

(1) 事件の概要

次頁の図表－2のとおりに，Bが自らの名義でなく，キャンペーンの対象となるG社に勤務するYの名義にて車両E（以下，E車という。）を購入し，装備の代金相当額の割引を受け，加えてYはプリペイドカードを受領して，Bによる車両購入の場合より，優遇された条件にて車両の購入取引が成立した。他方，課税庁により，YはE車を無償で取得したとして贈与税の課税処分を受けたので，Yがこれを不服として審査請求に及んだ事件である。争点は，YがE車をBから贈与を受けたか，否かである。

(2) Yの主張

Yは，E車の贈与を受けていない。

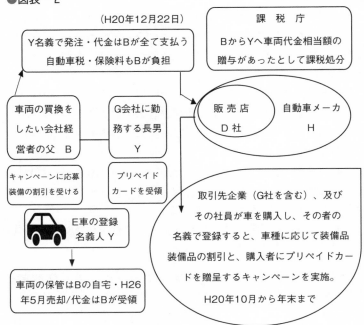

① E車はBが自己資金で取得した単独所有物であり，購入手続きや税金及び維持費の支払いはBが全てを行っている。

② YはE車を2，3回運転したことがあるのみである。

③ BがE車の名義をYにしたのは，Yがキャンペーンの対象者であり，装備品の優遇が受けられたからであり，BがYの名義を借用したものである。

④ E車の名義をYにしたのは上記の理由によるもので，軽率に為されたものであり「本通達」により，贈与はなかったものとして取り扱うべきである。

(3) 課税庁の主張

① E車はその代金全額をBが負担しているのに，Yの名義で登録されているから，原則として贈与として取り扱うことになる。

② E車をY名義で登録したことが過誤，又は軽率にされたものであ

ることが，B・Yの年齢その他により確認できる証拠がなく，「本通
達」を適用して贈与をなかったとすることはできない。

(4) 審判所の判断

請求認容・全部取消し。

① 相基通9－9の解釈

審判所はまず，課税処分の根拠である相法9条，及びその解釈通達の
相基通9－9を，以下のように判断した。

　i　親族間で多く行われる贈与は，それが事実であるか否かの認定は
　　　困難であるが，一般には不動産登記等の名義（外観）が権利関係を
　　　公示するため，通常は外観と実質が一致する。これにより，財産の
　　　名義人とされる者が真実の所有者であるとの経験則が存在する。

　ii　上記 i を前提にし，他の者の名義で新たに財産を取得した場合な
　　　どには，反証がない限り，名義と実質が一致するものとして贈与が
　　　あったことを事実上推認する取扱いを定めたものである。

　iii　したがって，反証として上記の推認の前提となる経験則の適用を
　　　妨げる事情の存在が認められる場合には，その推認は働かない。

② 裁決の要旨

　i　Bが販売店のキャンペーンを利用することは，経済的に合理性の
　　　ある行動であり，Bはその利用条件を満たすために，Yの名義を使
　　　用してE車を購入したことは容易に推測できる。

　ii　BがE車の購入前に保有していた車両（以下，旧車という。）は，
　　　自ら代金を支払い，名義もBであった。そして，車両のBの家族
　　　による使用状況は旧車とE車にあっても変わりがない。E車を主
　　　に使用するのはB及びYの妹であり，YはE車をほとんど利用せ
　　　ず，このようなYに対してBが車両を贈与するとは考え難い。

　iii　YがBよりE車の贈与を受けるのであれば，Yの好みの車種や
　　　色などの希望を述べ，これが購入する車種の決定に反映されるのが
　　　通常であるところ，Yは購入する車両の選定や手続きなどに関与し
　　　た事実はない。

　iv　以上のことからB所有の旧車がE車に買い換えされた際に，E
　　　車をYに贈与する動機はなかった。

　v　図表－2に記載のキャンペーンや上記の諸事情を総合すると，本

件においては推認の前提となる経験則の適用を妨げるための反証がされている。したがって、YはE車の贈与を受けたとは認められない。

vi　前記vのとおりに反証がなされていることにより、「本通達」の要件を満たすか否かにかかわらずに、上記の結論は左右されない。

Ⅲ　本問への当てはめ

(1)　二つの事件の要点

養老保険契約の保険金受取人事件では、父が娘の名義を、車両購入事件では父が息子の名義を借用し、それに対して課税庁が贈与税の課税処分をした事件である。

前者に対して大阪高裁は、保険証券等の文書上に記載された受取人（名義人）が常に相法5条の受取人に当たると解することはできない。

受取人は租税法の基本原則である実質課税の立場から、受領する保険金及び保険債権を誰が実質的に支配・取得するかにより決定すべきと判示している。

後者の車両購入に係る事件では、審判所は、親族間で行われることが多い贈与は、その事実の認定は困難であるが、一般には財産の名義（外観）が権利関係を表すため、通常は外観と実質が一致し、これにより財産の名義人とされる者が、真実の所有者であるとの経験則があり、名義（外観）と実質が一致すると推認される。他方、推認の前提となる事情や事実が反証され、この存在が認められる場合には推認は働かないと判断している。

(2)　具体的な当てはめ

以上の裁判所と審判所の判示・説示により、本問の積立傷害保険契約による給付金は、保険契約の内容変更により受取人は丙とされたが、この変更は乙の財産である給付金の受給権を、債権者からの差押えを避けるために、やむを得ずに行われたこと、加えて乙自らこの給付金を管理・処分していることから、乙は丙に対して受領した給付金を丙に贈与する動機もないため、実質の受取人は乙とすべきことになる。

これにより丙には贈与によって取得した財産は存在しないことになる。

そうしてこのような乙の事情*13を知る立場にない課税庁に対して、

上記の推認によるみなし贈与の課税処分がされないように反証を行い，実質所得者課税の原則*14に従い，保険給付金は乙に帰属するものとして，令和元（2019）年分の所得税確定申告をすべきである。

おわりに

　本問は一見すると，損害保険契約の内容変更により，夫の有していた給付金の受給権が，妻に移転しているため，相法5条により，贈与があったとみなされることになる。

　丙がこの給付金を取得し，自ら管理処分を行える状況にあると，課税要件を充たすので，贈与税が課されることになる。即ち，名義と実質が一致するという推認が働くのである。

　他方，世の中には色々な事情があり，必ずしもこの推認が当てはまるものではない。このような場合に，我々実務家はどのように対処をすべきかを検討したのが本稿である。

　読者の皆さまの実務への一助になれば，幸いである。

注釈

*1　5・6条は保険金や定期金の受取人以外の者により保険料が負担される場合，7条は低額譲渡，8条は債務免除，9条はその他の利益の享受（対価を支払わないで，又は著しく低い価額の対価で利益を受けた場合）がある場合の定めである。

*2　金子宏『租税法［第23版］』706頁

*3　これに関する最近の判決として，大阪高判平26.6.18は「…私人間法律関係の形式とは別に，実質的にみて，贈与…を受けたのと同様の経済的利益を享受している事実がある場合に，租税回避行為を防止するため，税負担の公平の見地から，贈与契約…の有無にかかわらず，その取得した経済的利益を，当該利益を受けさせた者からの贈与…によって取得したものとみなして贈与税…を課税することとしたものと解される」と判示している。『租税判例百選［第6版］』「7みなし贈与」

*4　前掲*2・706頁

*5　大阪高判昭39.12.21行裁例集15巻12号2331頁『租税判例百選［初版］』62頁

*6　前掲*1参照

*7　『租税判例六法［第4版］』（有斐閣，2019年7月）381頁に記載されている。

*8　大阪地裁昭和36年（行）第19号・例集14巻10号128頁

*9　Aが保険料を負担し，Xが保険会社からの満期保険金を受領し，自ら利得し

たこと

＊10　平成27年9月1日裁決・裁決事例集100集149頁

＊11　不動産等の名義変更があった場合に，対価の授受がない，又は他の者の名義
　　　で新たに財産を取得した場合は，これらの行為は原則，贈与として扱うとする。
　　　以下，相基通9－9という。

＊12　他の者の名義で財産を取得したことが過誤，軽率であり，一定の日前までに
　　　取得者などの名義にした場合に限り，贈与がないものと扱うことを定めた通達。
　　　昭和39年5月23日付直審（資）22　直資68　以下「本通達」という。

＊13　保険契約の内容変更については，2018年1月1日より保険会社から課税庁に
　　　対して，支払調書の形で情報が提出されることになっている。

＊14　所法12条

相続人に滞納者がいるときの，資産の承継方法
─徴収法39条にかかる第二次納税義務─

事例　二代目である乙が代表を務める，関与先の甲社の本社家屋は乙の母が所有，加えて甲社の株式も60％保有し，その評価額は約1億円です。母の相続人は長女乙の他に，甲社を承継せずに自ら起業し会社経営をしている弟の長男丙の2人です。

丙は，8年前に母から約1億円相当の支援を受けて起業しましたが，2年ほど前に事業が不振となり，不動産を売却して損失の穴埋めを行い，その際に譲渡代金全部が債権者に回収され，譲渡益に係る租税約2,000万円が未納です。このような背景の下に相続対策を検討していますが，母は丙には既に財産分けしたので，甲社に係る財産は乙に承継させたいと考え，丙も母の意思を承諾しています。このまま母が逝去し，乙丙間の遺産分割協議において，丙が母の財産を相続しないと，前述の事情があるとしても，丙から乙に対して法定相続分に相当する利益の供与があったとして，乙に対し，丙の滞納租税に係る第二次納税義務が課されるのでしょうか。

回答　丙は起業する際に母から多額の支援を受けているので，残る母の財産は乙が取得し，これにて乙と丙が母の財産を等しく相続するとの家族内の合意は，尊重されるべきで法的な保護に値すると考える。

これを前提とし，その合意を実現するには，通常の遺産分割協議による承継手続きに依らずに，母は全ての財産を乙に相続させる旨の遺言を作成し，丙は前述の家族内の合意により，遺留分の放棄の申述を家庭裁判所に申し出て，その認容を受けることである。ならびに，母の逝去後に丙が相続放棄の申述を行うと，母の負の財産を相続することもなくなるため，併せて検討すべきである。

これにより，母の遺産を丙が取得しないことが，丙から乙に対する「利益の供与」にあたるとして，丙の滞納租税に係る第二次納税義務を，乙に課される可能性は少なくなる。加えて，丙は滞納額を自らの責任で負担すべきであるから，徴収当局と相談し，分割などの方法により納税計画を立てることが望まれる。

はじめに

申告や課税庁の賦課や決定により確定した租税は，納税されなければならない。租税負担の公平の見地から当然の要請であり，理由なき減免をすることは許されず，租税債権者である国等はその徴収を図る必要がある。そしてこれを担保する仕組みとして国税徴収法[*1]（以下，徴収法という。）が定められている。その中に滞納者がその徴収を妨げるために，他の者に財産を移転した場合には，民法424条に定める「詐害行為取消請求」[*2]と，迅速な租税徴収を図るために，その利益を受けた者から徴収が可能となるように，第二次納税義務（以下，単に「二次義務」という。）[*3]を課す仕組みが徴収法32条以下に用意されている。この定めが遺言や相続手続，あるいは相続放棄という民法上の財産承継手続に影響を及ぼすのであろうか。

それでは，相続人に滞納者がいる場合の，相続手続と「二次義務」との関係を眺めて，本問への回答にアプローチしてみたい。

Ⅰ 無償譲受人等の「二次義務」

本問に関係する条文は徴収法39条であり，乙に対して「二次義務」を課すとする場合の要件は次のとおりである。
① 丙につき滞納処分をしてもなお徴収不足であり，
② 不足する原因が，丙が相続することができる母の遺産を，相続放棄，遺産分割による実質的な相続放棄，又は遺留分減殺請求をしないことが，乙に対して利益を与える処分をしたことにあり，
③ ②の行為をした日が滞納国税の法定納期限の一年前の日以後に行われたこと。
この要件に当てはまると，乙は丙より法定相続分を超える部分の利益

216

の供与を受けたことになり，その部分に対する相続税や不動産登記に要した費用を除いた額を限度として「二次義務」を負担することになる。

そして，キーポイントは「利益の供与」の内容が如何なるものであるかである。

それでは，本問の解決に必要な民法における相続に関する事項と，「二次義務」が争いとなった事件に対する最高裁の判断を見ることにしたい。

Ⅱ 民法の定め

(1) 詐害行為の取消し

詐害行為取消権とは，債権者を害する債務者の法律行為を，裁判所に提訴して取り消し，債務者の財産から逸出した物や権利を債務者の元に回復する権利である[4]。そして，この取消権は「財産権を目的としない行為」については対象としないとされ，相続法や親族法上の行為，すなわち婚姻，養子縁組，離婚，離縁などを取消権の対象とすることは許されない。ただし，問題となるのは，離婚に伴う財産分与・慰謝料，また本問のような遺産分割協議，相続放棄などは財産の移動という側面があり，純粋な家族法上の行為といえない場合である[5]。

(2) 遺　　　言

遺産は被相続人が築いた財産である。

そして，遺言は自己の死後においても有していた財産につき，一定の効果が生じることを意図し，その意思を一定の方式に従って表示したもので，権利の主体であった遺言者が死亡した後も，私的自治の原則を拡大することを認める法律の仕組みである[6]。

そうすると，母が財産の全てを乙に相続させるとする遺言を遺すと，法的な拘束力が生じ，母の意思は尊重され，遺言の内容にしたがって遺産は乙が取得し，丙の取得する財産はないものとなる。

そして丙に遺留分が存在するときは，その部分が侵害額となり，乙に対して請求権が生じる。

(3) 遺留分の放棄

遺留分の放棄は被相続人の死亡後は，自由にすることができ，生前でも家庭裁判所（以下，家裁という。）に申立て[7]をし，許可を得ることにより放棄することが可能である[8]。家裁は，

① 遺留分権利者の自由な意思に基づく遺留分の放棄であるか，否か，

② 遺留分を放棄する理由に合理性・必要性があるか，否か，

③ 遺留分の放棄と引き替えに何らかの代償（対価）を受け取っているか，否か

などを考慮して，遺留分の放棄を許可すべきか，否かの審判（判断，決定）を下すことになる。許可された事例として，

④ 死後の遺産紛争を懸念して，婚外子に財産を贈与して遺留分を放棄させる場合

⑤ 老親扶養のために親と同居する子以外が放棄する場合

などがある。許可されない事例として，

⑥ 被相続人たる夫の発意によって，妻が被相続人となる夫に対する遺留分の放棄許可を求めた場合

⑦ 5年後に被相続人が遺留分権利者に3百万円を贈与するとの約束の下で，遺留分の放棄許可を求めた場合

などがある*9。

　このように丙による遺留分放棄の申立てを行い，審判により許可を得たときは，丙は遺留分権そのもの失い，遺留分侵害額請求をすることはできなくなる。

(4) 相 続 放 棄

　相続放棄は，相続によって被相続人の財産を包括的に承継した効果を遡及的に消滅させる意思表示であり，これにより相続人は初めから相続人とならなかったとみなされる*10。

　そして，相続人は申述のできる期間内であれば自由に相続の放棄をすることができ，遺言によって放棄を禁じていても拘束を受けず，債務のみが相続の対象であるときも放棄をすることができ，放棄が道徳的観念に反しても効力に影響を受けず，相続放棄の自由は絶対的である*11。

　なお，相続の放棄は，前述の遺留分放棄と異なり，相続開始後に家裁に申述し，その受理の審判により生じるため，相続開始前に相続権を放棄すること，親族間での相続放棄契約を結ぶことは認められていない。

　以上が民法のお温習いである。次に，詐害行為取消権や「二次義務」における「利益の供与」の有無が争われた事件など対する裁判所の判断を見ることとしたい。

Ⅲ 裁判所の判断

　本問の回答に参考となる判決は，次の３件であり順に眺めてみよう。
(1)　**最高裁平成11年６月11日判決**[12]
＜遺産分割における詐害行為取消権の適用の可否事件＞
　事実の概要は図表－１のとおりである。
　夫Ａの死亡後に，Ｂが他人のCDの融資の連帯保証人となった。その後，Ｘ信金よりCDに対する保証債務の履行と，債権確保のために建物につきＢの持分を登記するように求められたところ，Ｂは建物持分を取得せず，子２人の共有とする遺産分割協議を行い，登記を為した。これは詐害行為に当たるとして，Ｘ信金から取消しと，Ｂへの持分登記をするように提訴され，一審・二審ともＸ信金の請求を認めたので，上告した事件である。
　子２人は，遺産は法定相続分を各相続人が当然に取得するものでなく，未確定な権利であり，しかも身分関係に付随する権利は，詐害行為の対象にならないと主張したが，最高裁は以下のように説示して，上告を棄

●図表－１

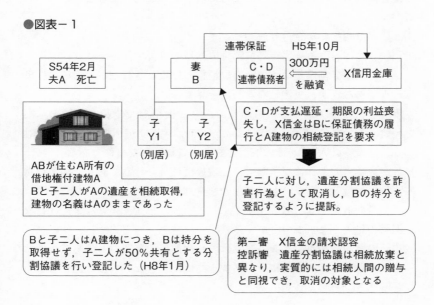

却した。

① 相続人間で成立した遺産分割協議は，詐害行為取消権行使の対象となり得る。

② 遺産分割協議は，相続の開始によって相続人の共有となった相続財産について，全部又は一部を各相続人の単独所有とし，又は新たな共有関係に移行させることにより，相続財産の帰属を確定させるものである。

③ その性質上，財産権を目的とする法律行為であるということができる。

④ 前記の事実関係の下で，Xは本件遺産分割協議を詐害行為として取り消すことができるとした原審の判断は正当で是認できる。

この最判11年判決は，遺産分割協議が詐害行為取消権の対象となることを明らかにした先例として位置付けられている。ただし，どのような場合であっても取消しの対象となるものでなく，特別受益や寄与分を有する相続人の存在や，遺産分割の自由の原則を考慮すると，法定相続分を下回る財産を取得する結果となる遺産分割協議がされたからといって，債権者は直ちにこれを詐害行為として取り消すことはできないとしている*13。

(2) **最高裁昭和49年9月判決***14

＜相続放棄における詐害行為取消権の適用の可否事件＞

さて，遺産分割協議は詐害行為取消権の対象とされたが，相続の放棄はどうであろうか，先例となる判決を見てみよう。

事実の概要は図表−2のとおりであり，被相続人のFの負債の承継を避けるため子らは相続放棄し，資力のない妻Gが承継したことに対して，破産管財人Wがその取消しを求めて提訴した事件である。

最高裁は次のように説示して，相続放棄は身分行為であり，詐害行為取消権の対象とならないとして上告を棄却した。

① 相続の放棄のような身分行為については，民法424条の詐害行為取消権の対象とならないと解する。

② その取消権の対象となる行為は，積極的に債務者の財産を減少させることを要し，消極的にその増加を妨げる過ぎないものは包含しないと解する。

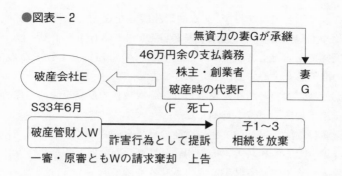

●図表－2

③ 相続の放棄は，既得財産を積極的に減少させる行為というよりは，むしろ消極的にその増加を妨げる行為に過ぎないとみるのが相当である。

(3) **最高裁平成21年12月10日判決**[*15]

<遺産分割への二次義務の適用可否事件>

上記の二つの最高裁の判断は詐害行為取消権についての判断である。次なるは詐害行為取消権の簡易版とも言われる，徴収法39条に定める「二次義務」についての最高裁の判断である。

事実の概要は図表－3のとおりであり，多額の滞納者であるHが自らの滞納国税の徴収を免れ，また，近くに住みHの面倒をみている長男Jに，遺産の60%を超える財産を取得させる意図で，分割協議をなし

●図表－3

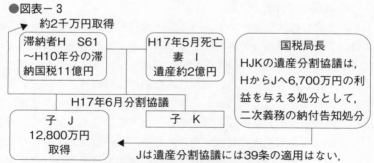

Jは遺産分割協議には39条の適用はない，
39条の適用には「詐害の意思」が必要などとして出訴
1審・原審は遺産分割協議は「利益を与える処分」に当たる，詐害の意思は二次義務の要件ではないと判示。

た。これに対し国税局長が，Jが法定相続分を超えて取得した財産から，相続税や登録免許税，債務などを控除した6,748万円をJの受けた利益の限度額であるとして，Jに対し二次義務の告知処分を行ったので，Jがその取消しを求めて提訴した事件である。

最高裁は，次のとおりに説示して，二次義務の成立を認めた原審の判断を正当と判断，上告を棄却した。

① 遺産分割協議は，……相続財産の帰属を確定させるものである。

② 滞納者である相続人にその相続分に満たない財産を取得させ，他の相続人にその超える財産を取得させるものであるときは，

③ 徴収法39条にいう第三者に利益を与える処分に当たり得るものと解する。

詐害の意思については，

④ Hに詐害の意思のあったことは明らかである上，そもそも同条の規定によれば，Hに詐害の意思のあることは，所定の二次義務の成立要件ではない。

本判決は，上記②，③のとおりに滞納者を含む相続人間で成立した遺産分割協議が，徴収法39条にいうところの第三者に利益を与える処分に当たり得る，そして滞納者による詐害行為の意思は同条による二次義務の成立要件ではないと判示した初めての最高裁判決である。

Ⅳ 本問への当てはめ

(1) 3件の最高裁判決

上記の3件の判決をまとめてみると，平成11年判決により，遺産分割協議は詐害行為取消権行使の対象となり得る，平成21年判決により遺産分割協議は徴収法39条の「二次義務」の対象となり得るとされ，他方，昭和49年判決により相続放棄は詐害行為取消権の対象外とされている。

これをそのまま当てはめると，本問の滞納者である丙が，遺産分割協議にて財産を取得しないことにすると，徴収法39条の二次義務の対象，ひいては詐害行為取消権の対象になる。他方，相続放棄をすると，お構いなしということになる。そうするとこれでは租税負担の公平に失するという疑問が残る。そして，このバランスを保つため，相続放棄にも詐害行為取消権の対象とすべきという説，が有力に主張されている*16。

この点は十分に留意して対処すべきところと思う。

(2)　具体的な当てはめ

　丙は，8年前に起業する際に，約1億円を母から援助されている。これは特別受益*17であり，母の相続に際して，丙は既に財産を受領しているため，相続分はないことになる*18。これにより遺産分割協議により自らの取得分をないものとする合意によっても，詐害行為取消権及び第三者への利益を与える処分の対象にならない*19。しかし，これを法的に明確にし，課税庁への対応を事前に具えておくのが合理的である。それゆえ母は，丙には既に財産分けをしたこと，これにより有する全ての財産を乙に相続させる旨の遺言を作成する，丙は母の生存中に遺留分の放棄の申述を家裁に申し立て，事実に基づいた家裁の審判と許可を得，加えて丙は母の逝去後に相続の放棄の申述を行う。

　そして，この事実を，母の遺産にかかる相続税申告や，自らの滞納租税の支払協議を行う際に提出して情報を提供すると，課税庁による形式的な乙への二次義務の告知処分を防ぎ，不要な争訟を避ける効果があると考える。

おわりに

　令和元（2019）年の所得税の新規の滞納税額発生額は1,249億円，滞納整理中の残高は3,328億円とかなりの金額であり*20，世の中には滞納者が少なからず存在する。実務家の我々は顧客の財産承継に携わる際に，滞納租税の存在には余り注意を払ってこなかったように思う。徴収法についても余り関心がないのかもしれない。しかし，第二次納税義務は課税庁の自力執行権に基づいて告知処分により効力が生じ，その効果はかなり強いものである。そして，この処分の取消請求はかなり大変である。

　予期せぬ租税負担を避けるべく，財産承継に伴う手続きと，その法的効果について十分に留意して実務に当たりたい。

注釈

＊1　「二次義務」は，第二次世界大戦後の経済社会の混乱期であった1951（昭和26）年に旧徴収法の改正時に創設され，その後1956（昭和31）年に改正，現在

まで64年が経過するがそのままの状態である。

＊２　詐害行為取消権と徴収法39条との関係については，滞納者の無償譲渡などの処分をした場合は，先に徴収法39条の適用可否を検討し，これの適用がないときは詐害行為取消権（国通法42条）の行使の可否を検討するとされている。国税庁事務運営指針第２編８章４節106

＊３　「二次義務」制度につき金子宏教授は，滞納処分後もなお徴収が不足する場合に，「形式的には財産が第三者に帰属しているとはいえ，実質的にはこれを否認して，納税者にその財産を帰属していると認めても公平を失しないような場合に，その形式的な財産帰属を否認して，私法秩序を乱すことを避けつつ，その形式的に財産が帰属している第三者に対し補充的，第二次的に納税者の納税義務を負担させることにより租税徴収の確保を図ろうとする制度」（大阪高判昭和48年11月８日行裁例集24巻11＝12号1227頁）と説明されることが多いと述べられている。金子宏『租税法』弘文堂　第23版　162頁

＊４　平成29年改正前の民法では，詐害行為取消権については424条以下僅か３条に定めを置いていたが，この権利の内容の多くが判例や解釈に委ねられていた。そこで改正民法は，この定めを大幅に拡充して合計14条の定めを設け，判例法理や，平成16年に成立した新しい破産法の否認権に関する内容を踏まえ，①財産減少行為，②①より厳しい要件を課した相当価格処分行為，③偏頗行為という行為類型を定めて明確にされている。

＊５　能見善久・加藤新太郎編『論点体系判例民法〈第３版〉４債権総論Ⅰ』第一法規　2019　147頁

＊６　民法960条〜973条

＊７　遺留分放棄の許可は，被相続人となる者の住所地を管轄する家庭裁判所に行う（家事事件手続法216条１項２号）。

＊８　民法1049条１項

＊９　片岡武・管野眞一／編著『第３版　家庭裁判所における遺産分割・遺留分の実務』日本加除出版　449頁

＊10　民法938条〜940条

＊11　谷口知平・久貴忠彦／編集『新版注釈民法(27)』有斐閣　587頁

＊12　民集53巻５号　898頁

＊13　平成11年最判の調査官解説　佐久間邦夫「調査官解説」法曹会編『最高裁判所判例解説民事篇平成11年度（上）（１〜６月分）』法曹会　2002年　482頁

＊14　民集28巻６号1202頁

＊15　民集63巻10号2516頁『租税判例百選第６版』N025　52頁

＊16　前掲＊13　調査官解説479頁，神山弘行「国税徴収法39条の第二次納税義務と遺産分割協議」租税判例研究461回　ジュリ1422　151頁

＊17　相続人が複数の場合に，一部の相続人が被相続人から遺贈や贈与によって特別に受けた利益をいう。

＊18　民法903条

＊19　前掲＊13

＊20　国税庁統計「令和元年度租税滞納状況について」

高齢者夫婦の老人ホーム入居に伴う，贈与税の関わり

―夫が負担する老人ホーム入居一時金は，妻に贈与税が課されるか？―

事例　関与先の創業者の妻乙が，足腰に障害が生じて歩行が困難となり，要介護の認定を受けました。一緒に暮らす夫の甲は元気ですが，高齢のため十分な世話はできません。そのため，都内M区にある自宅近所の利用権方式の，ごく普通の設備と居室（18㎡の個室）を備えた，介護付き老人ホームに入居することになりました。入居に必要な費用は，

①　入居一時金1,500万円（償却期間は6年，償却期間中退去の際は返還あり。）

②　月々の費用28万円（食費8万円・管理費（光熱費等）12万円・介護費8万円）

乙にはこの費用を賄える資産がないため，甲が全てを負担する予定です。乙の老人ホーム入居に際して，課税関係は生じますか，ご教示ください。

回答　入居者である妻が有料老人ホーム（以下，単に「ホーム」という。）との契約者となって終身利用権を取得し，夫が入居一時金を負担すると，妻は無償で終身利用権を取得する。これは夫婦間の資産の移転，すなわち夫から妻への贈与となり，妻の利益となるので贈与税の課税関係が生じる。

他方，夫婦は互いに扶養の義務を負うとする「生活保持義務」があり，この入居金の負担が「生活に通常必要な資産の贈与」に当たると，贈与税の非課税財産となり課税関係は生じない。

また，入居者とホームとの契約は当事者間の自由な意思により合意することが可能であることから，当事者を夫とし，夫が終身利用権を取得して，その利用権につき妻が有する扶助義務に基づく居住権限により，

これを利用するときは権利の取得者と入居一時金拠出者が共に夫であるため，同じく課税関係は生じない。

はじめに

　親族間の扶養義務，すなわち保持義務や扶助義務を履行するために行う，生活費や教育費に充てるための資金の贈与については，その親族の生活の程度に応じたものである場合は，贈与税が課されることはない。

　そしてここにいう「生活費」とは，その人にとって普段の日常生活に必要な費用であり，また，教育費とは，学費や教材費，文具費などである。ただし，これらは必要な都度，直接これらに充てるためのものに限られ，前払いをした場合は，課税の洗礼を受けることになる[*1]。

　このような取扱いから，入居一時金を家賃の前払いと捉えると，その都度の支払いではないため，贈与税の課税の対象となりそうである。

　他方，人生の終末期の年月を安心して過ごせるように，介護や療養を受けるために永年にわたって形成した資産を用いて，他方の配偶者のため費用を負担するのは当然のことであり，これを資産の取得とみなして，その配偶者に課税をすることは，納税者の感情に沿うものであるかどうかは，強い疑問を感じるところである。

　それでは，本問につき，老人ホームの入居契約の内容や，夫婦間の扶助義務及び先人の争いを参考にして，回答への道筋を明らかにしてみよう。

Ⅰ　本問への解決に必要な定め

(1)　老人ホームの入居契約

　有料老人ホームは，介護サービスの提供方法の違いにより健康型・住宅型・介護付型の3区分に分類され，多数は介護付型である。そこでは介護が必要になった場合に，施設が提供する介護サービス等を利用し，施設内の居室での生活を継続することが可能である。

　この居住の権利形態は利用権，建物賃貸借，終身建物賃貸方式などがあるが，利用権方式が多数を占め，入居一時金の償却を終えた後も，終身に渡って居住部分と食堂や入浴施設の利用，及び介護や生活支援等の

サービス部分の契約が一体化されている。

　他方，利用者は居室や共用部分などの所有権を取得することはなく，その法的性質は明確なものではない*2。

(2)　夫婦間の扶助義務

　夫婦間の扶助義務*3は，夫婦は互いに経済的に援助すべき義務*4，すなわち夫婦間の扶養の権利と義務を定めたものである。

　この扶養義務は親の未成熟子に対する扶養義務と同様の生活保持義務であり，他の親族間の生活扶助とは区別され，他方配偶者の生活を自己の生活と同一水準で維持すべき義務として当然に生じるものとされている*5。

(3)　贈与税の非課税財産*6

　扶養義務者相互間において生活費又は教育費に充てるためにした贈与により取得した財産のうち，通常必要と認められるものの価額は，贈与税の課税価格に算入しない。

Ⅱ　先人の争い

　本問の解決に必要な基礎的な背景は上記のとおりであるが，何らかの基準がある訳でもなく，それぞれを個別に取り上げて判断する他のない，悩ましい問題である。そこで，平成22（2010）年と23（2011）年に国税不服審判所が示した判断を，見ることとしたい。入居一時金の扱いにつき，一つは平均的な価格帯の介護付きホームへの入居費用，いま一つは入居費用が1億円を超える高級な住宅型老人ホームへの入居一時金が問題となった例である。

(1)　入居一時金を相続税法21条に定める非課税財産とした裁決*7

　この事件は，被相続人Ｋの配偶者Ｇが図表－1の介護付き老人ホーム（以下，「ホーム」という。）に入居する際に，夫であるＫが支払った入居一時金は，ＫからＧに対する相続開始前3年以内の贈与であるとして，相続人のＧらがＫの遺産に係る相続税の課税価格に算入して申告をした後に，その入居一時金の支払いは，夫の妻に対する生活保持義務の履行であり，贈与には当たらないと判断して更正の請求をしたところ，原処分庁が入居一時金の支払いは贈与に当たらないが，入居一時金の一部は夫の妻に対する金銭債権であると相続税の更正処分をしたの

●図表−1
介護付き老人ホーム鉄筋コンクリート造り3階建て64室定員64名

契約者と入居者は共に妻G（80代・要介護4）		契約内容は終身利用権
一時金の額 945万円　①	入会金・施設協力金各105万円	返還されない
	一時入居金735万円	即時償却2割・残りは5年定額償却
月額利用料　②	238,500円	①＋②の前払金を夫Kが拠出
個室・共用設備	個室15㎡・ロビー・食堂・多目的スペース・浴場など	
介護の内容	介護サービス・健康管理・食事・生活サービス・その他	
一時金の返還	定額償却期間内に退去した場合は，一定の金額を返還	
妻Gの入居日平成19年12月29日・夫Kは平成20年5月に死亡		

に対し，納税者がその処分の取消しを求めた事件であり，争点はKによるGのホームの利用権の取得に伴う入居一時金の負担が，Gに対する非課税となる贈与に当たるかどうかである。

① 納税者の主張

i Gは他人の介護を受けないと日常生活ができない高齢者である。

ii 夫のKが拠出した老人ホームの入居一時金負担は，妻のGに対してKが負う生活保持義務を履行したもので，贈与に当たらない。

iii Gはiiの効果により，生涯にわたるホームへの入居と介護などのサービスを受けることができることになったに過ぎない。

iv Kには，Gの入居契約に関する権利義務は帰属しないため，入居金返還金をKの遺産である金銭債権となる余地はない。

② 課税庁の主張

i ホームへの入居一時金はKの生活保持義務の履行により支払いをされたものである。他方，定額償却部分は時の経過により家賃等に充当され，入居時にはGは生活保持義務の履行に係るサービスを受けていないことから，入居一時金は生活保持義務の前払金の性格を有する。

ii Kの死亡後は，KはGに対して生活保持は負わないため，未償却部分は，GはKに対して返還義務がある。これによりKはGに対して金銭債権を有する。

iii KG夫婦は，ホームへの入居に際し，Kの死亡後もGはホームへの入居を続けることを認識していると認められ，iiの金銭債権はKの

死亡を始期とする贈与があったとみるべきである。

③　審判所の判断

　審判所は，まずKが負担したGに係る入居一時金は，この支払いによりGは，ホームに入居して介護などのサービスを終身に亘って受けることを可能とするもので，この権利の対価の支払いであり，定額償却部分を家賃の前払いとすることは相当ではないと判断。そしてGには資産がないため，Kがこれを支払い，Gには返済を求めないというのがKG夫婦の合理的意思であった。これによりKからGに対して入居一時金相当額の金銭の贈与があったと認定し，そしてこの贈与が相法21条の定めによる非課税の贈与に当たるか，否かを次のように説示してGの請求を認容した。

i　Gは高齢かつ要介護状態にあり，Kによる自宅での介護が困難となり，介護施設に入居する必要があった。

ii　ホームに入居するには，入居一時金の支払いが必要であった。

iii　Gは入居一時金の支払いに足りる金銭を有さず，資金を有するKがGに代わって支払いしたこと。

iv　Gのホームへの入居は，自宅での介護を伴う生活費の負担に代わるもので相当であること。

v　入居したホームは，介護の目的を超えた華美な施設ではなく，むしろGが介護生活を送る必要最小程度である。

　以上により，Kが拠出した入居一時金は要介護の配偶者Gの生活費に充てるために通常必要と認められる。

(2)　**贈与税の非課税財産に当たらないとした裁決*8**

　この事件は被相続人夫Hの妻A（自立し介護が必要な状態ではない。）が申告した相続税につき原処分庁が，図表−2のとおりに，夫婦が住宅型老人ホームに入居するに当たって，入居契約上はAが支払うべき入居一時金の相当部分をHが負担したことは，HからAへのみなし贈与に当たる。よって，その負担額を相続開始前3年以内の贈与として相続税の課税価格に加算する更正処分などの賦課決定処分を行った。これに対しAが入居一時金はAの一身専属権である終身利用権の対価であるので相続税の課税対象ではないとして，その取消しを求めた事案であり，争点は入居契約の主体は誰か，Hによる入居一時金負担は非課

●図表－2

住宅型老人ホーム	鉄筋コンクリート造7階，地下1階建	
主契約者妻・追加契約者夫　夫婦で入居		契約内容は利用権
一時金の額 妻A　13,370万円　① 夫H　追加金700万円　②	入居時即時償却15%・残額は180ケ月で償却 契約終了時の未償却残高は返還される。 Aは①のうち1,010万円を支払，残額をHが拠出	
月額利用料	夫婦合わせて462千円＋有料サービス費用	
個室・共用設備	個室100㎡超・ラウンジ150㎡・レストラン520㎡ 大浴場115㎡・フィットネス室72㎡・プール208㎡ ビジネスセンター・ヘアーエステ・娯楽室などが併設	
サービス内容	医療支援・健康管理・食事・生活支援と相談 文化・余暇利用活動・運動・娯楽に関する生活支援	
HA夫妻は平成19年4月30日に入居・夫Hは同年7月に死亡		

税の贈与に当たるか，否かである。

① 納税者の主張

i 名義上の主契約者はAであるが，実質的な主契約者はHであり，入居一時金はHが負担すべきものであった。

ii AはHの死亡により，Hから主契約者の権利である終身利用権を死因贈与により取得したもので，この終身利用権は一身専属権であるから，相続税の対象とならない。

iii 主契約者がAとしても，入居一時金の性質は終身利用権の対価であり，その権利の贈与としても，生活保持義務の履行であり贈与税は非課税であるから，相続開始前3年以内の贈与加算の対象にならない。

② 原処分庁の主張

i 入居契約内容を理解し，主契約者をA，追加契約者をHとし，入居契約書に主契約者として署名押印しているのはAである。

ii 入居一時金の法的性質は，家賃相当額の前払金であると認められる。

iii 主契約者はAであり，Aが入居一時金支払義務を負うところ，Hが生活保持義務履行のために入居一時金の一部に相当する金額を負担したものである。

iv Hが負担した入居一時金の一部は，入居契約開始日において，未だ生活保持義務の履行がなされていないため，妻Aがホームを使用する期間の経過に応じて償却されていくものであるから，Hの生活保持

230

義務の前払金とみるべきであり，Hの死亡時に生活保持義務の履行が
完了していない部分は，HのAに対する返還請求権の対象となる。

③　審判所の判断

　審判所は，入居契約書の内容，締結に至る経緯，その関与状況，入居
費用の出捐者，当事者の認識等を総合的に勘案して主契約者をAと認
定した。そして入居一時金の支払義務はAが負うところ，その義務を
負わないHが入居一時金の大半である1億2,359万円を負担し，A自ら
は1,010万円余のみを負担したのは，施設の利用権を低廉な出損によって
取得したものである。したがってAは著しく低い価額の対価でホー
ムの施設利用権に相当する利益を享受したことになる。よって，Aは
その利益に相当する額をHから贈与により取得したとみなされるとし，
これが扶養義務者間の非課税となる贈与に当たるか，否かについて次の
ように説示してAの請求を棄却した。

i　　相法21条の立法趣旨は，扶養義務者相互間の生活費・教育費は日常
　　生活に必要な費用であり，その費用に充てるための財産を贈与によっ
　　て取得しても，それらに担税力が生じないこと，また，当事者間の人
　　間関係などの面から見ても，これに課税することは適当でない点にあ
　　る。

ii　　上記 i の趣旨により，非課税の定めに該当するかどうかは，一律に
　　定められるものではなく，個々の具体的事情に即して，社会通念に従
　　って判断すべきものである。

iii　　そこで本件の施設利用権*9を見ると，ホームの入居一時金は1億
　　3,370万円と極めて高額であること，居室面積もXXX平方メートル
　　と広いこと，共用施設としてフィットネスルーム，プール等が設けら
　　れ，さらには，ヘアエステ等の施設も併設され，これらは無料で利用
　　できること等に鑑みれば，ホームの施設利用権の取得のための金員は，
　　社会通念上，日常生活に必要な費用であると認めることはできない。

iv　　また，ホームは介護付き老人ホームでなく*10，Aも介護を要する
　　状態になくホームに入居する以前は自宅に居住していたことから，A
　　がホームに入居することが不可避であったとはいえない。

　　以上により，ホームへの入居一時金はAの日常生活に必要な費用で
あると認めることはできない。よって相法21条に定める「生活費」には

該当せず，Hが負担した金額は贈与税の非課税財産に当たらず，「相続開始前3年以内の贈与」として相続税の課税価格に加算することとなる。

Ⅲ　二つの裁決例が与える示唆

これまでの検討と，二つの審判所の判断から明らかになった事項は，以下の3点である。

(1)　ホームへの入居一時金は，ホームの施設を終身に亘って利用するために支払う利用権の対価であり，家賃の前払金ではないこと。

(2)　入居者でない一方配偶者が，入居者である配偶者が支払うべき入居一時金を負担すると，この金額は夫婦間の贈与に当たること。

(3)　上記(2)の贈与が相法21条の非課税となる贈与に当たるかどうかは，一律に定められるものでなく，それぞれ個々の具体的な事情により，社会通念に従って判断を要する。

すなわち，利用権方式の場合に支払いを要するホームの入居一時金は，利用権の対価である。そして，他方の配偶者が入居配偶者のために負担した入居一時金は夫婦間の贈与に当たり，その具体的事情によって非課税の贈与に当たるかどうかを判断し，これにより入居時及び入居金負担者の相続開始時の課税関係を律するとの構成である。

(4)　非課税となる贈与の判断基準

次に，相法21条の「日常生活に通常必要な費用」，すなわち非課税となる贈与に当たるかどうかの判断基準を挙げてみると，次の4点であると考える。

①　入居する配偶者が，要介護の状態となり自宅での介護が困難で，ホームに入る必要があること。

②　入居する配偶者に資力がないこと。

③　ホームへの入居は，自宅での介護を伴う生活費の負担に代わるもので，相当であること。

④　入居するホームは，介護の目的を超えた贅沢な施設でなく，自宅での生活状況と同程度のものであること。

Ⅳ　本問へのあてはめ

それでは，本問における乙のホームへの入居一時金1,500万円が，相

法21条に定める非課税の贈与に当たるかどうかを，筆者なりに述べてみたい。

(1) 乙の状況

　乙は高齢かつ，要介護の状態にあり，夫の甲では介護はできず，介護を要する日常生活を過ごすには，ホームに入居する必要がある。

　ホームでの生活は自宅における介護生活に代わるものであり，入居費用も一般的な金額である。そして，乙は資力を有さず，夫の甲が入居一時金を負担せざるを得ない状況である。

(2) 1,500万円の入居一時金

　入居一時金の1,500万円は，東京都の平均額*11よりは高額である。他方，入居一時金はホームの設置者の立場からすると，土地や建物及び施設の取得に要した費用の回収額であり，地価の高い地域では高めの水準になることは否めない。甲の自宅のあるM区は都内でも地価の高い地域であることから，相応の額と捉えるべきであろう。むしろ，ホームの施設自体が介護の目的を超える贅沢・華美なものであるかどうかに重きを置いて判断すべきであると考える。これにより本問のホームにおける施設の内容は，他の介護付き老人ホームと同様のものであることから，必要最小限の施設であるとするのが合理的である。したがって，夫婦間の生活保持義務の履行であって「生活に通常必要な生活費」に当たり，贈与税の非課税の対象となる夫婦間の贈与にあたり，入居時に際して乙には，課税関係は生じない。

おわりに

　本稿では，人生百年時代の晩年を過ごす老人ホームの入居一時金につき，贈与税の課税，非課税の境界線がどこにあるかの検討を行った。

　我が国には3,139万4,000組*12の夫婦が存在するが，それぞれの夫婦の事情は様々である。そして，第二次世界大戦後に生まれた団塊の世代が2022年には後期高齢者の年代となり，より多くの方が老人ホームの世話になることが予想される。そのたびに，課税関係を個々の事例ごとに吟味を行い，判断するのは大変である。筆者は，入居する老人ホームが平成22（2010）年裁決事件にあるように，建物及び施設の内容を重視し

て一般的な施設であるならば，入居時の課税関係は無いとするのを原則
とし，レストランのような食事室やプールなど特別な施設を有する老人
ホームの場合には，課税関係が生じるという，大きな枠組みを示すのが
よいと考えるが，読者の皆様はいかがであろうか？

注釈

＊1　国税庁　タックスアンサー No. 4405。なお，教育費の一括前払いについては
　　　1,500万円までの教育資金贈与の特例が設けられている（措置法70の2の2）。
＊2　黒田美由紀「有料老人ホーム入居契約を巡る法的問題」明治学院大学法律科
　　　学研究所年報27巻279頁
＊3　民法752条「夫婦は同居し，互に協力し扶助しなければならない。」
＊4　民法760条「夫婦は，その資産，収入その他一切の事情を考慮して，婚姻から
　　　生ずる費用を分担する。」
＊5　犬伏由子・石井美智子・常岡史子・松尾和子『親族・相続法』第2版　弘文
　　　堂2016年54頁
＊6　相続税法21条の3第1項2号，以下，相法21条という。
＊7　平成22年11月19日裁決
＊8　平成23年6月10日裁決
＊9　前述の平成22年11月の裁決と同様に，入居一時金は施設利用権取得の対価と
　　　し，家賃の前払いとする原処分庁の主張を斥けている。
＊10　住宅型老人ホームでは，入居後に要介護の状態になったときは，ホームが介
　　　護をせずに，外部の介護事業者に委託して介護サービスをする例が多いとされ
　　　ている。
＊11　東京都における介護付き老人ホームでは，入居一時金は1,000万円前後，月額
　　　費用は25万円前後が平均金額とされている。LIFULL 社 HP より
＊12　総務省統計局 HP より

未経過固定資産税の精算金は譲渡所得の収入金額に当たるか

事例　父母が相次いで亡くなりました。両親が住んでいた都内S区に位置する家と敷地を私と妹の2人で相続しましたが，2人とも既に独立しているため，空き家の状態です。そこで売却することにし，譲渡代金は1億円弱で成約できそうです。空き家の譲渡所得の特例の適用を受けるつもりですが，売却後の期間に対応する固定資産税等の精算金を受け取ると1億円をわずかに超えるとのことです。私達は，精算金は土地家屋に対して賦課される税金の精算であり，譲渡対価には含まれないと理解していますが，どのように対処すべきでしょうか。

売買成立価格　9,950万円
固定資産税精算金　60万円

東京都S区所在　父母の居住用
現在は空き家のまま放置されている。

回答　不動産の売却後の期間に応じた固定資産税と都市計画税（以下，併せて「固定資産税」という。）の精算金（以下，単に「精算金」という。）は，売買当事者間の固定資産税の負担の調整であり，私法上も固定資産税の性格を有するため，譲渡所得の計算においても固定資産税と同様に扱うのが相当と考える。

　ただし，課税庁及び国税不服審判所は，この精算金は売主が買主に対

して未経過固定資産税相当額の求償権を取得したものでない，そして固定資産税は毎年1月1日現在の固定資産課税台帳（以下，単に「台帳」という。）に所有者として登録された者に課税され，その後に所有者の変動があったとしても課税関係に変動はないため，売買当事者間でやりとりされる精算金は，固定資産税の性格を有しない，これにより譲渡所得の収入金額に当たるとしている。

　相反する立場であり，筆者の考えによる申告では，更正処分は避けられない。このため，予想される課税庁との争訟に要する人的労力やその費用，加えて租税の増加負担を避けるとの立場からは，精算金を含めて譲渡対価は1億円以下とすることが現実的な対応となる*1。

はじめに

　固定資産税は，財産の所有という事実に着目して，世の中に大量に存在する家屋や土地及び償却資産の所有者に対して負担を求める税である。それには所有者を正確に把握する必要があるが，不動産は取引によりその所有者は変動する宿命があり，また，不動産登記簿に記載されている者が真実の所有者とはいえない場合があるなど，課税する側の市町村等がその所有者は誰かを把握することは相当に困難である。そのため，一つの割切りとして，毎年1月1日の台帳に登録された者を納税義務者とし，その者に課税する方式を採用し，これは台帳課税主義と呼ばれている*2。

　反面，台帳に登録されている者と，真実の所有者が異なる場合は，所有者でない者が固定資産税を負担する，真実の所有者がこれを負担しない，また，年の中途で不動産を売却すると，売主は未経過分の固定資産税を負担し，買主は不動産の所有者であるのにこれを負担しないという不都合が生じる。

　いずれの場合も解決が求められる場面であり，前者の場合は固定資産税の負担者は，真実の所有者に対して納付税額相当額の不当利得請求権*3を有することになり，後者の場合は，売主は買主に対し，その所有期間に応じた固定資産税相当額の負担を求めることになり，不動産の売買取引では，譲渡代金の他に精算金の授受が行われている。

そこで，本稿では後者の精算金につき，その税務における取扱い*4を取り上げ，固定資産税の負担を巡る争いを裁いた最高裁の判示内容を基にして，課税庁の扱いと国税不服審判所の裁決に対して，どのように対処すべきかを考えてみたい。

そして，ここでの論点は売主が受領した精算金が，各種所得の計算における収入金額の通則を定める所得税法36条の「収入すべき金額」，及び譲渡所得を定める同法33条の「総収入金額」に当たるかどうかの法解釈であり，精算金の性質をどのように捉えるかで結論を異にすることになる。

Ⅰ 固定資産税の性質と課税方法

固定資産税はどのような性質を持つのであろうか。教科書を紐解くと「固定資産の所有の事実に着目して課される財産税の性質を有する」*5とされている。この点に関する最高裁の二つの判決を眺めると，

(1) 最高裁昭和47年1月25日判決*6（以下，「最昭和47年判決」という。）

登記名義人が土地建物の固定資産税を負担したが，本来は真実の所有者がこれらを負担すべきであるとして，登記名義人が真実の所有者に対して納付税額及び法定利息の支払いを求めた事件において，次のように判示している。

① 固定資産税は，主に不動産の資産価値に着目して課す物税であり，負担者は，その資産の所有者である。

② 地方税法は課税上の技術的考慮から，台帳に一定の時点に所有者として記載した者を所有者とし，その者に課税する方式である（以下，これを「台帳主義」という。）。

③ したがって，真実は土地，家屋の所有者でない者が，台帳に所有者として記載されているために，納税義務者として課税され，これを納付した場合には，土地，家屋の真の所有者は，これにより同税の課税を免れたことになる。

④ 所有者とされている者に対する関係においては，不当に，右納付税額に相当する利得を得たものというべきである。

と判示し，名義上の所有者に課されて納付した固定資産税について，真

の所有者に対し，不当利得として返還請求をすることを認め，固定資産税の「財産税」という性格に基づいて，固定資産税の負担者は真の所有者であることを明らかにしている。

(2) **最高裁平成26年9月25日第一小法廷判決**[*7]

　もう一つの最高裁の判断を見てみよう。年末に新築された家屋につき，約1年後に登記がされた。これに対し市長が年初の賦課期日の台帳に家屋を登録し，その年の家屋に係る固定資産税の課税処分をしたところ，納税者が賦課期日には台帳に登録がないことを理由にして，処分の取消しを求めた事件において，次のように判示している。

① 　土地・家屋など極めて大量に存在する課税物件について，市町村等がその真の所有者を逐一正確に把握することは事実上困難である。

② 　地方税法は台帳主義を採用し，所有者として記載した者を固定資産税の納税義務者として，その者に課税する方式である。

③ 　真の所有者がこれと異なる場合における両者の関係は，私法上の求償等に委ねられていると解される。

　そしてこの扱いは，競売手続きにより所有権が移転した不動産に係る固定資産税につき，前の所有者が競落者に対して競落後の期間に応じた精算金相当額の返還を求めた事件を裁いた最高裁決定[*8]でも同様である

　上記の三つの最高裁の判示に共通する判断は，次のとおりである。

④ 　固定資産税を負担すべき者は真実の所有者である。

⑤ 　固定資産税は課税技術上の見地から，賦課期日における課税台帳の登録者とするが，本来は財産の所有者に対して課す租税である。

⑥ 　そして固定資産税の負担者と，真実の所有者が異なる場合の両者の関係は，財産税である固定資産税の性質から私法上にて解決すべきである。

　ところが，精算金の扱いにつき，課税庁は，これを譲渡所得の収入金額に算入すべきとし，国税不服審判所も支持しているので紹介する。

Ⅱ 　平成14年8月29日裁決[*9]

(1) **事案の概要**

　AはX年分の譲渡所得につき，売買時に受領した未経過固定資産相

当額1,806,304円を，譲渡対価に含めないで譲渡所得の金額を申告したところ，課税庁は，Ａが受領した精算金は譲渡所得の総収入金額に含めるべきとして，更正処分及び過少申告加算税の賦課決定処分をしたので，Ａがその取消しを求めた事案である。争点は精算金相当額を，譲渡所得の金額の計算上，総収入金額に算入すべきか否かである。

(2)　Ａ の 主 張

①　精算金を総収入金額に含めるか否かは，売買により固定資産税の納税義務に異同は生じないという形式的側面のみで解釈すべきではない。

②　買主に固定資産税の納税義務がないが，精算が行われている。

③　固定資産税の課税は，資産の所有期間に応じて，その所有者に課すべきである。

④　売買に際してはその所有期間により納税額を按分すべきで，精算金は立替金の回収にほかならない。

⑤　譲渡所得の本質は，所有期間中の価値の増加益であるが，精算金は増加益でない。

(3)　課税庁の主張

①　固定資産税は，台帳に所有者として登録された者に課される税である。

②　賦課期日後に土地を売却しても，その納税者の納税額には影響はなく，買主も未経過期間に対応する固定資産税の納税義務を負わない。

③　売買当事者間で，固定資産税の精算の取決めがされても，それは民事法律関係でなされたにすぎず，地方税法の固定資産税に係る租税法律関係に影響は及ばない。

④　授受された精算金は，土地の譲渡により取得した反対給付であり，増加益の一部を構成する。

(4)　裁決の概要

審判所は，以下のように説示して，Ａの請求を棄却した。

①　譲渡所得の対象となる資産の値上益は，その際に得られた対価により顕現したもので，それに基づき算定するのが相当である。

②　上記①の対価は資産の譲渡に基因し，それと因果関係のある給付であれば足り，名称の如何は問わない。精算金は土地の売却に基づいて受領したもので，形式的に総収入金額に該当する。

③　固定資産税は，賦課期日後に所有者の異同が生じても，課税関係に
　変動は生ぜず，後に資産の所有者となった者は，その納税義務を負担
　しない。また，譲渡当事者間においても，譲渡人が譲受人に対し，精
　算金相当額の求償権を取得するものでもない。
④　精算金の授受は，当事者間の契約によって，生じる債権債務関係に
　基づくものであり，精算金相当額の求償と評価することはできず，立
　替金の清算という実質を有しない。

Ⅲ　検　　討

　それでは本問の精算金の扱いを，これまでの検討を踏まえて考えてみ
よう。

　裁判所の判示は，固定資産税はその性格から負担すべき者は，その財
産の真実の所有者とする（以下，「真の所有者負担説」*10という。）。

　他方，課税庁は台帳主義により，精算金を負担しても負担者は納税義
務者でないため，それは固定資産税の負担ではないとする（以下，「税
法重視説」*11という。）。

　前者であれば立替金の回収，後者であれば売買に際して授受された対
価とされ，ここに大きな違いがある。どちらとすべきであろうか，最昭
和47年判決の調査官解説を見てみよう。

(1)　最昭和47年判決の意義

　最昭和47年判決につき調査官解説*12は，以下のように述べる。
①　地方税法の建前からみていくと，固定資産税の納税義務者は，台帳
　もしくは登記簿上所有者とされている者に外ならず，それ以外の者は，
　それが真の所有者であっても，納税義務を負担しない関係にある。
②　この関係を私法上にも推し及ぼすならば，原告が本件固定資産税を
　納付したのは，まさに法律上の原因に基づくものといえるのであって，
　税法の規定から離れて，別の納税義務者なる観念を入れる余地はない
　ことになる。
③　しかし，問題なのはさらに遡って，固定資産税そのものの性格はど
　うかの問題である。未登記不動産であれば，やはり真の所有者を探求
　して，これを台帳又は登記簿に搭載し，これを納税義務者として取り
　扱っていかねばなるまい。また，私的な取引においては，多くの場合，

固定資産税等の公租公課の負担を明確に取り決めるか，あるいは代金額に折り込んで取引しているのである。

④　これも，もとを正せば，真の所有者が，その物の負担としてこれらの税金を負担すべきであるという考え方が前提にあるからにほかならない。

⑤　したがって，課税上の技術的要請にもかかわらず，固定資産税の物税としての性格は，必ずしもすべての面で失われているとはいえない。台帳主義が，徴税上の便宜でのためであって，もっぱら，課税技術上の要請に基づくものであることは，諸家の認めるところである。

⑥　そうであれば，私法上は衡平の観念からその実質的負担者を決めることも許される。

Ⅳ　本事例への当てはめ

さて，当てはめである。

これまでに紹介した裁判所の判示「真の所有者負担説」により，固定資産税は資産の所有者が負担する物税であるという性質は，台帳に登録された納税義務者以外の者が，負担したとしても失われないとすべきである。

そうすると，売主が受領した精算金は私法上の法律関係，すなわち求償の結果に受領した金員であり，買主が固定資産税を負担したことになり，所得税法36,33条に定める譲渡に起因した「収入すべき金額」には当たらない。したがって，譲渡対価を構成するものでなく，売主は，本来は負担することのない売却後の期間に対応する固定資産税を回収したことに過ぎないものとなる。

しかし，課税庁は税法重視説に立って，課税台帳に登録された者以外の納税義務者は存在しないとの立場であり，筆者の立場による申告をすると修正申告の慫慂，及びこれに従わない場合は更正処分をなし，国税不服審判所もこれを支持することになる。加えて，「空き家」譲渡の特別控除の特例が否認され，適用できないことになる。

この結果，租税負担は増加するが，この是正には裁判所への提訴を余儀なくされ，多大な労力と費用を負担する必要が生じる。

これにより法的な経済性を重視すると税法重視説に立つ申告をなすの

が合理的となろう。

おわりに

　精算金につき長々と紙面を費やしてしまい，恐縮である。筆者は譲渡の特例を適用しないで済むような機会を見つけて，最高裁のいうところの，真の所有者負担説に従った申告を行い，課税庁が採用する税法重視説と対峙して，論争を挑んでみようと考えている。

　我が国は法治国家であり，税法の解釈に当たっても裁判所の判断によるべきと考えるが，読者の皆様はどのように思われるだろうか。

注釈

＊1　精算金の受領により譲渡対価の合計額が1億円を超えたため，「被相続人の居住用財産（空き家）に係る譲渡所得の特別控除の特例」の適用が受けられなかった事例」として，税理士に対する損害賠償請求があったとのことである。齋藤和助「税理士損害賠償請求」頻出事例に見る原因・予防策のポイント「事例82」Profession-net.com./Profession Journal/income-article-4451

＊2　金子宏『租税法』第23版　弘文堂　748頁

＊3　前掲＊2　755頁

＊4　この精算金の扱いについては，佐藤孝一氏が月刊税務事例47巻7号（2015年7月号）9頁以下に，及び谷口勢津夫教授が『租税判例百選』第6版にて詳しく論じられているので，参考にさせていただいた。

＊5　前掲＊2　747頁

＊6　最高裁第三小法廷昭和47年1月25日判決　民集26巻1号1頁
　　　『租税判例百選』第6版　有斐閣　No93　181頁　谷口勢津夫「固定資産税1
　　　真実の所有者に対する不当利得返還請求権」

＊7　D1－LAW　28223846　民集68巻7号722頁　法時68巻10号254頁　判タ1409号110頁

＊8　最高裁第三小法廷平成23年11月22日決定　私人間の不動産取引と異なり，強制競売手続きでは，その仕組み上，固定資産税の精算は想定されていないとして原告の請求を斥けている。

＊9　裁決事例集 No64　152頁

＊10　前掲＊6　182頁

＊11　前掲＊6　182頁

＊12　千種秀夫「不動産の固定資産税を課せられて納付した登記簿上の所有名義人の真の所有者に対する不当利得返還請求権の成否」『最高裁判所判例解説　民事篇　昭和47年度』1頁

修正申告を行う時期の違いによる，過少申告加算税の負担額
―加算税の負担軽減要件「更正を予知しない」の解釈―

事例

　間もなく申告期限を迎える相続案件の作業中に，養子に係る税額の二割加算について調べていたところ，ふと以前に期限内に申告した案件が心配になりました。念のため，申告内容を見直した結果，養子縁組により相続人となった孫につき，二割加算をすべきであったことを失念していたことが判明し，追加の納税額は約400万円（当初の税額は約2,000万円）となりました。申告後既に4年近く経過し，修正申告するのも今更という思いがあり，さてどうしたものかと悩んでいます。是正するとして修正申告を行う場合にその提出が，(1)調査の通知がある前，(2)調査の通知があったが調査の始まる前，(3)調査が開始されても調査官が上記の事実に気づく前，(4)最後に調査官の指摘による場合の加算税の扱いを教示ください。

回答

●図表－1　過少申告加算税の賦課割合（国税通則法65条1項〜5項）

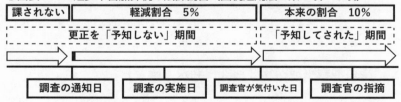

課されない	軽減割合　5%	本来の割合　10%
更正を「予知しない」期間		「予知してされた」期間
調査の通知日	調査の実施日	調査官が気付いた日	調査官の指摘

　図表－1のとおりに，修正申告書の提出が，税務調査（以下，調査という）の通知前の場合は，加算税は課されない，通知後であるが調査の実施日の前，調査が開始されても調査官が失念に気付く前であれば軽減

割合の5％，調査官が失念に気付き，指摘があった後は本来の割合10％の加算税が賦課されることになる。

　なお，増差税額が期限内申告税額又は50万円のいずれか多い金額を超えるときは，その超える部分の金額については5％に相当する金額が加算される。

はじめに

　従来は，修正申告書の提出がその申告に係る国税についての調査があったことにより，それについて更正があるべきことを予知してされたものでないとき（以下「予知しない」という。）は，国税通則法（以下「通則法」という。）65条5項（以下，「65条5項」という。）により過少申告加算税[*1]を課さないとされていたものを，平成28（2016）年度改正の際に，次のように改められた。

　修正申告書の提出が「予知しない」ものであるときは，その国税についての調査の事前通知がある前にされたときは，過少申告加算税は課さない。また事前通知があった後にされたときは増差税額の5％とし，「予知しない」ものでないときは10％[*2]を課する。

　さて，そうすると，修正申告書の提出が調査の通知前のときは明確であるが，調査の通知後から調査が実施されるまで，及び調査の実施中に提出したときに，その提出が「予知しない」か，どうかにより加算税の負担が異なることになる。そして「予知しない」か否かの判定は，事案ごとに事実を明らかにして判定する他はなく，納税者と課税庁間の争いが生じる微妙な分野である。

　それでは，「予知しない」かどうかが争われた事件の判決と裁決の二つを参考として，本問への回答にアプローチすることとしたい。

Ⅰ　東京地裁平成24年9月25日判決（確定）[*3]

　本事件は，調査中に提出された修正申告に対して，課税庁が過少申告加算税を課した処分が，「予知しない」ものとされて取り消された事件[*4]である。

(1)　事実の概要

半導体基板の製造及び設計開発などを営む株式会社Ａ（以下「Ａ」という。）は，平成16年8月期以降の毎事業年度に増加償却の届出書を提出し，機械装置の増加償却を実施していたが，平成20年8月期は届出書の提出を失念したままに増加償却を行って申告書を提出した。その後，失念に気付き増加償却特例が適用されないため減価償却超過額が生じたこと，また，延滞税の負担増加を避けるため調査（平成21年7月21日から同年8月21日まで）の実施中（平成21年7月28日午前）に修正申告書を提出し約10億6,000万円の納税を済ませたところ，課税庁が過少申告加算税賦課決定処分をしたのに対し，Ａが修正申告書の提出は「予知しない」もので，過少申告加算税を賦課することはできないと主張して，その取消しを求めて提訴した事件である。

争点は，Ａの修正申告書の提出が，過少申告加算税の適用除外要件である「予知しない」ものに当たるか否か，である。

(2) Ａ の 主 張

「65条5項」にいう「予知しない」ものかどうかという要件は，

① 税務職員が調査に着手し，非違事項を発見する端緒となる資料を発見し，

② これによってその後の調査が進行し，当初の申告が不適正で申告漏れが存することが明らかとなり，

③ 更正に至るであろうことが客観的に相当程度の確定性が認められる段階（以下「客観的確実時期」*5という。）に達した後に，

④ Ａがやがて更正になることを認識してから，修正申告をする決意を行って修正申告をしたものでないことをいうとする解釈（以下「客観的確実説」という。）が裁判例にて定着している。

⑤ 「65条5項」の趣旨は，納税者の自発的な修正申告を奨励，及び徴収のコストを軽減することにあり，上記の解釈はその趣旨に合致し，妥当である。

(3) 課税庁の主張

「65条5項」の解釈につき，

① 納税者は調査が開始されると，その時点で更正を予知するのが通常である。

② 調査が開始された後に修正申告書が提出された場合は，特別の事情

がない限り，更正を予知して行ったとすべきである。

③　「法人税の過少申告加算税及び無申告加算税の取扱いについて（事務運営指針）」では，「…法人に対する臨場調査…等により，その法人が調査のあったことを予知したと認められた後に修正申告書が提出された場合のその修正申告書の提出は，原則として…「更正を予知してされたもの」に当たると定めている*6。

④　課税実務では臨場調査等の具体的調査が行われた後に提出された修正申告書は，原則として調査により更正を予知して提出されたものとして取り扱っている。

(4)　裁判所の判断　請求認容　確定

　裁判所は，課税庁の調査担当者はＡの担当者から修正申告書を提出したことを知らされるまで，増加償却の「届出書」が提出されていないことを気付いていなかったことや，「届出書」の提出の有無や増加償却計算の適否について関心を示し，これに関する質問や資料提出依頼をすることがなかったと認定し，以下のとおりに判示してＡの請求を認容した。

①　「65条5項」にいう「予知しない」とは，

　　i　税務職員が調査に着手し，その申告が不適正であることを発見するに足るか，

　　ii　あるいは，その端緒となる資料を発見し，これを基にその後の調査が進行し，先の申告が不適正で申告漏れの存することが発覚し，更正に至るであろうということが，客観的に相当程度の確実性をもって認められる段階（いわゆる「客観的確実時期」）に達した後に，

　　iii　納税者がやがて更正に至るべきことを認識した上で，修正申告を決意し修正申告書を提出したものでないことをいうものと解する。

②　Ａは，届出書を提出していなかったことのみで，増加償却の特例の要件を満たさず，その結果申告が不適正なものとなったものである。これにより，客観的確実時期に達していたというには，届出書の不提出が発見されるであろうことが客観的，相当程度の確実性をもって認められる段階に達していたことが必要である。

③　調査担当者は確定申告書等を収集し，減価償却計算の適否に係る調査を行っていたが，確定申告書等は届出書の不提出を発見するに足る

資料とはいえず，届出書の不提出が発見される一般的抽象的可能性を有する程度の調査がされていたにすぎない。

④　③により，Ａが修正申告書を提出した時点では，客観的確実時期に達していなかった。

⑤　また，Ａが修正申告書を提出するに至る経緯等からすると，Ａは調査により届出書の不提出が発覚し，ひいては更正に至ることが相当程度確実であると認識しつつ修正申告を決意し修正申告書を提出したものともいえない。

Ⅱ　国税不服審判所平成30年１月29日裁決*7　請求認容

さて，次なるは最近の裁決である。

(1)　事実の概要

納税者Ｂが申告期限を過ぎた後に，相続税の納税相談を税務署に行い，対応した税務署員（以下「署員」という。）から申告をすべきとの指導と，５％の無申告加算税が課されるとの説明を受けた。その後，税理士に依頼して作成した申告書を税務署に持参したが，有価証券の評価に誤りがあることが判明した。

そこで，署員が誤りを訂正した申告書を作成することになり，Ｂがこれに同意して申告を行ったところ，課税庁は，この申告は更正又は決定を「予知しない」ものでないとして，通則法66条１項及び２項*8に定める無申告加算税の賦課決定処分をしたのに対し，Ｂがその取消しを求めた事案である。

争点は，期限後申告書の提出が，調査の進行によって決定処分のあることを「予知しない」ものか，どうかである。

(2)　Ｂの主張

①　期限後申告書を提出したのは，平成28年６月27日にＢの母（以下，単に「母」という。）が税務署に電話をして申告及び納税の相談を行い，署員より指導を受けたことがその契機である。

②　Ｂは，上記の指導を受け，期限後申告書の提出に至るまで，署員から相続税の調査を行う旨の通知，及び調査を行っている旨の説明を受けていない。

③　以上によりＢの期限後申告書の提出は，決定があるべきことを「予

知しない」ものである。

(3) 課税庁の主張

① 上記(2)①の母からの電話相談の後も申告書の提出がないので，署員は同年7月29日に母に電話連絡を行い，調査の実施（事前通知）と臨宅したい旨を伝えた。

② 同年8月2日に母から電話を受け，署員は電話を代わったBに対し，調査の事前通知を行った。

③ 同年8月10日にBと母が，税理士が作成した申告書を持参して来署した際に，署員は相続税の調査を行う旨を説明し，持参された申告書には有価証券の評価に誤りがあることを指摘している。

④ 署員は同年10月24日に期限後申告書の提出を受けるに先立ち，Bに対して調査結果の内容を説明した。

⑤ この事実関係からBは，③の8月10日には署員が調査を既に始めたことを認識することができたのであるから，やがて決定処分に至ることも認識可能であった。

(4) 審判所の判断

審判所は，以下のように事実を認定し，原処分庁の主張を斥けてBの請求を認容した。

① Bは相続税の申告に関する母と署員との相談結果を契機として，その申告と納付を決意し，税理士作成の申告書を職員に提示したところ，評価の誤りを指摘され，署員から申告書の案を作成する旨の提案があったことから，持参した申告書を提出せず，その後，署員との申告相談を経て期限後申告書を提出したものと認められる。

② 他方，署員は母から初めて相談を受けた際には，5％の割合で無申告加算税が課される旨を説明したが，Bと母と初めて面談した際には無申告加算税の割合については言及しなかった。

③ 期限後申告書が提出されることになったBと母との面談の際に，通則法66条1項，2項に基づく無申告加算税が課される旨の説明を行ったと認められ，これは面談の際にBが，無申告加算税の割合は5％と聞いていた旨の不服を申し述べたことから明らかである。

④ 原処分庁の署員がBに対し，調査の事前通知や調査を行う旨の説明はもとより，調査結果の説明や期限後申告の勧奨を行った事実は認

められない。

⑤　仮に，署員が調査を行い，調査に関する説明を行っていたとしても，Bや母に対する無申告加算税に対する説明経過に照らせば，Bにおいてやがて決定されるであろうとの認識の下で，期限後申告書を提出したものとは認められない。

＊　＊　＊　＊　＊

以上のように，平成24年の東京地裁判決では，「事務運営指針」による調査開始後に提出された修正申告書は，原則として「予知してされた」ものとしているとの主張が，また平成30年の裁決では「調査」が実施されたとする課税庁の主張が斥けられている。

Ⅲ　二つの事案が示唆するもの

過少申告と無申告の場合における加算税の軽減の定めである，「予知しない」の要件についての二つの判断を眺めると，次のとおりである。

「予知しない」とは，前述の東京地裁の判示にあるように，調査が進行し，更正に至るであろうことを客観的に相当程度の確実性をもって認識する以前に修正申告，及び期限後申告を決意し，その申告書を提出することであり，これは客観的確実性説[*9]といわれ，裁判所と学説の支持するところである[*10]。そして調査とは，納税や申告に関してその正確性を担保するために，課税庁が質問検査権に基づいて行うもので，課税要件事実につき関係者への質問，証拠資料を収集して関係の物件を検査する一連の行為を含むものである。そうすると納税者が課税庁の職員に対して行う申告や納税の相談は，質問検査権に基づくものでないため，調査には含まれないことになる。

このように理解をすると，修正申告においては調査の担当署員が更正するに足りる具体的な資料を得る以前に納税者が当初申告を修正すると「予知しない」ということになる。期限後申告も同様であり，調査によって申告を要することが具体的に明確になる以前に，期限後申告を提出すると「予知しない」ということになると考える。

Ⅳ　本問への当てはめ

申告納税制度では，期限内の適正な申告と納付の義務があり，これに

反したときはペナルティを課すこととされている。それは正しく義務を履行した者と，反した者とのバランスを保つこと，ひいては申告納税制度の普及・定着を図るためのものである*11。

　他方，課税庁の手を煩わすことなく，自発的に納税者自ら納税義務を履行するため修正申告書を提出する場合は，その提出の時期によって課さない，あるいは税率を軽減する措置が採用され，この定めが「65条5項」である。

　実務家の我々は，法に定める納税義務を実現することがその使命である。相続人が孫養子であることは申告書と添付された戸籍謄本を調べると容易に判ることもあり，迷わずに課税庁からの指摘がある前に修正申告書を提出すべきである。この場合は，加算税は賦課されない。そして調査の通知があったとしても修正申告書を事前に作成し，調査の開始前に申告書を提出する，あるいは調査の開始時にこれを提示して修正申告をする旨を明らかにするのがよいと考える*12。

おわりに

　専門家といえどもいつも完璧な仕事をやり遂げることは不可能である。ついうっかりした，失念してしまったということは避けることは困難であり，誰しも一度は本問のような事態に遭われたことがあると思われる。このような際に留意すべき点の一つに，一種の行政罰である加算税の負担がある。そしてこの加算税は課さないという不適用，課すとしても軽減された5％の割合，課税庁の事務負担を伴う場合は10％，増差税額が一定額を超える部分は15％，仮想・隠蔽があった場合は加算税に代えて35％，40％の重加算税を課すというかなり複雑な仕組みである。

　実務家としてこのような仕組みを理解し，なるべく負担が少ない方法を選ぶ必要があると思う。本稿が読者の皆様のお役に立つと幸いである。

注釈

＊1　加算税制度は昭和22年に創設。昭和25年のシャウプ勧告による税制改正により過少申告加算税は増加税額の5％とされ，昭和37年の国税通則法制定により期限内申告書の提出があり，その後に修正申告書の提出があった場合は，その

提出が国税について更正があるべきことを「予知しない」ものであるときは，課さないとされた。

* 2　過少申告加算税が課される場合は，増差税額が期限内申告の税額と50万円のいずれか多い金額を超えるときは，超える部分の税額の5％相当額が加算される。

* 3　判時2181号77頁　判タ1388号173頁

* 4　平成28年改正前の通則法65条が適用される事件である。

* 5　金子宏『租税法』第23版　弘文堂　884頁

* 6　平成12年7月3日付け国税庁長官通達（課所4－16ほか3課共同）本文③と通達した上で，「臨場のための日時の連絡を行った段階で修正申告書が提出された場合には，原則として『更正があることを予知してされたもの』に該当しない」と通達している。

* 7　裁決事例集110号13頁　TKCローライブラリー　No26012948

* 8　平成28年改正以前の税通65条が適用される事案である。無申告加算税は15％，これに税額が50万円を超えるときは，超える額の5％が加算される。

* 9　この要件の解釈については，「更正の予知」があったとする時点の捉え方の違いにより，「調査着手説」・「端緒把握説」・「不適正事項発見説」の三つがあるとされる。酒井克彦「加算税免除要件としての『更正を予知してされたものでないとき』」（上）税務事例48巻11号7頁

*10　前掲＊5　884頁

*11　前掲＊5　881頁

*12　前掲＊6　事務運営指針の通達を参照

◆著者プロフィール

山田　俊一（やまだ・しゅんいち）

1947年　京都市生まれ
1982年　税理士登録　以来，2020年まで東京地方税理士会，日本税
　　　　理士会連合会にて会務に携わる。
1995年　横浜国立大学大学院国際経済法学研究科修士課程修了
　　　　租税法専攻
2008年　成城大学大学院法学研究科博士後期課程単位取得満期退学
　　　　家族法専攻
2014年　横浜国立大学より博士（国際経済法学）の授与を受ける。
2007～2014年　早稲田大学法科大学院　租税法講師
2015～2018年　関東学院大学法科大学院　租税法講師
2008～2010年　税理士試験委員
現　在　　山田＆司馬法律会計事務所　代表税理士
　　　　　東京地方税理士会税法研究所主任研究員
　　　　　横浜商工会議所税制委員会委員

〔主な著書〕
『わかりやすい税理士報酬の決め方』『わかりやすい「中小企業の会計に関する指針」』『地方税実務 Q&A』『夫婦財産契約の理論と実務』『税理士実務必携難問事案のさばき方』『税理士実務必携　難問事案のさばき方＜第2集＞～ものの見方・考え方』（以上，ぎょうせい），『法人税重要項目の申告実務・記載例』（編著，中央経済社），『租税法判例と通達の相互関係』（共著，財経詳報社），他

税理士実務必携
難問事案のさばき方＜第3集＞
～豊富な相談事例からわかる「税法の見方・考え方」

令和3年6月23日　第1刷発行

　　著　　者　山田　俊一

　　発　　行　株式会社ぎょうせい

　　　　　　〒136-8575　東京都江東区新木場1-18-11
　　　　　　URL：https：//gyosei.jp

　　　　　　フリーコール　0120-953-431

　　　　　　ぎょうせい　お問い合わせ　検索　https：//gyosei.jp/inquiry/

〈検印省略〉

印刷　ぎょうせいデジタル㈱　　　　　　　　　　©2021　Printed in Japan
※乱丁・落丁本はお取り替えいたします
ISBN978-4-324-11032-4
（5108736-00-000）
〔略号：必携難問事案3〕